Claus Daniel (geb. 1945) hat an verschiedenen deutschen Universitäten Philosophie und Soziologie studiert und lebt heute als freiberuflicher Wissenschaftler in der Bundesrepublik und in Mexiko. Publikationen: »Theorien der der Subjektivität« (1981; campus studium 547); »Hegel verstehen« (1982; campus studium 552).

Campus Studium
Band 553

Claus Daniel

Kant verstehen

Einführung in seine theoretische Philosophie

Campus Verlag
Frankfurt/New York

CIP-Kurztitelaufnahme der Deutschen Bibliothek

Daniel, Claus:
Kant verstehen : Einf. in seine theoret.
Philosophie / Claus Daniel. - Frankfurt/Main ;
New York : Campus Verlag, 1984.
  (Campus : Studium ; Bd. 553)
  ISBN 3-593-32553-5

NE: Campus / Studium

Copyright © 1984 Campus Verlag GmbH, Frankfurt/Main
Umschlaggestaltung: Eckard Warminski, Frankfurt/Main
Satz: L. Huhn, Maintal
Druck und Bindung: Beltz Offsetdruck, Hemsbach
Printed in Germany

Inhalt

Vorbemerkung   9

Einleitung: Über den Gebrauch der reinen Vernunft 11

Teil I
Transzendentale Ästhetik – Strukturen der Rezeptivität

Kapitel 1
A priori und a posteriori 37

Philosophiegeschichtliches Beispiel 1: Apriori – Anamnese
der reinen Ideen? 37
Philosophiegeschichtliches Beispiel 2: Apriori – Scheinpro-
blem der Metaphysiker? 40
Synthetische Urteile a priori – Der Gegenstand einer Lehre
von der reinen theoretischen Vernunft 43
Kritisches Beispiel 1: Über Schwierigkeiten, das Analytische
vom Synthetischen zu scheiden 53
Soziologisches Beispiel: 1. Transzendentalphilosophie und
soziale Apriorien 57

Kapitel 2
Eindrücke in Raum und Zeit 69

Vorbemerkung: »Subjektive« und »objektive« Räume und
Zeiten 69
Anschauungsformen 70
Soziologisches Beispiel 2: Zur genetischen Erkenntnistheorie
von Raum und Zeit 79

Teil II
Transzendentale Analytik – Formen der Spontaneität

Kapitel 3
Zur ›metaphysischen Deduktion‹ der Kategorien 89

Philosopiegeschichtliches Beispiel 3: Aristoteles und
Porphyrios über Kategorien 89
Die Tafel der zwölf Stammbegriffe der reinen Vernunft 97

Kapitel 4
Zur transzendentalen Deduktion der reinen Verstandes-
begriffe – Schritte auf holprigen Pfaden 105

Soziologisch (-philosophisches) Beispiel 3: Anmerkungen
zum Begriff der Ich-Identität 117

Kapitel 5
Wie sind synthetische Urteile a priori möglich? 130

Kritisches Beispiel 3: Von der Mathematik in die Wirklichkeit 137

Kapitel 6
Zur Analytik der Grundsätze 142

Teil III
Transzendentale Dialektik – Ideen der reinen Vernunft

Philosophiegeschichtliches Beispiel 4: Höhlen und
Schatten – Über platonische Ideen 159

Kapitel 7
Dialektik – Widersprüche und Scheinprobleme des obersten
Erkenntnisvermögens 169

Soziologisches Beispiel 4: Eine dialektische Argumentationsfigur in der politischen Ökonomie 174

Kapitel 8
Vernunftschluß und Bedingungstotalität 182

Kapitel 9
Satz und Gegensatz – Über die Vernunftprinzipien. 190

    Die Paralogismen der reinen Vernunft 191
    Die Antinomien der reinen Vernunft 198
    Philosophiegeschichtliches Beispiel 5: Gottesbeweise 202
    Die Ideale der reinen Vernunft 208

Kapitel 10

Gott, Freiheit und Unsterblichkeit 213
    Kritisches Beispiel 4: Fichtes Elefant 219

Schlußwort: Feyerabend mit der reinen Vernunft? – Pfade
zwischen Absolutismus und Relativismus 223

Anmerkungen 228
Literaturverzeichnis 236
Sachregister 241
Personenregister 246

Vorbemerkung

Es mangelt bestimmt nicht an Arbeiten über Kant. An Stellplätzen würde es mangeln, wollte man alle Untersuchungen im Arbeitszimmer versammeln, die jemals zu Kants Philosophie oder auch nur zur »Kritik der reinen Vernunft« (KrV) veröffentlicht wurden. Kein zünftiger Philosoph in Deutschland (aber nicht nur dort) kommt um Verlautbarungen zu Kant herum. Also kommt auch niemand, der sich erstmals mit Philosophie beschäftigt, am Versuch vorbei, Kant zu verstehen.

Es wäre zweifellos keine falsche Strategie, würde er (sie) zu diesem Zwecke nach Darstellungen fahnden, die ihm (ihr) den Zugang beispielsweise zur KrV versprechen. Deren gibt es eine ganze Reihe, angefangen bei kurzen und knappen Zusammenfassungen in Lehrbüchern zur Geschichte der Philosophie über »Grundrisse« (z.B. Teichner 1978) und ausführlichere Kommentare für Studienanfänger (empfehlenswert Wilkerson 1976) bis hin zu sprachkritisch in alle Details gehende Gesamtdarstellungen (z.B. Strawson 1966; Bennett 1966, 1974; Broad 1978).

Ich möchte keine dieser Kommentierungen kopieren. Die knappen Darstellungen sind mir zu pauschal, die ausführlichen Übersichten folgen in bedauerlich vielen Fällen dem philosophischen Brunnenprinzip, das man allerdings auch den Werken Kants nachsagt und besonders an deutschen Monographien über Kant studieren kann: Sie sind tief und dunkel!

Mir kommt ein Buch wie das von Wilkerson, das auf Nachvollziehbarkeit der Darstellung genauso viel Wert legt wie auf sachgerechte Information, für meine Zwecke und Ziele weitaus vorbildlicher vor. Da ich jedoch ein weiteres mal vorhabe, in erster Linie lernenden, noch nicht gelehrten *Sozialwissenschaftlern* aus den verschiedensten Einzelgebieten einen ersten Einblick in die Philosophie des deutschen Idealismus, diesmal in die KrV zu geben, habe ich etwas andere Pfade eingeschlagen:

1) Zunächst geht es auch mir nicht um einen Kommentar, der jeden einzelnen Satz begleitet. Noch mehr muß auf den Anspruch verzichtet werden, einen Überblick über die philosophiegeschichtlichen Einflüsse auf Kant, über die unübersehbare Vielfalt seiner Nachwirkungen, geschweige denn über die schier unerschöpflichen Deutungsvorschläge für seine Werke zu geben. Ich greife »Motive« aus der KrV heraus und bemühe mich, sie mit Worten zusammenzufassen, die ich für verständlich halte. Sie sollen Anhaltspunkt für die begleitende Lektüre sein.

2) Anders als etwa Wilkerson versuche ich mich dennoch an einer Art Rahmenhandlung zu den ausgewählten Textstellen. Könnte nicht der Versuch, diese Motive in ein anderes exemplarisches Licht zu tauchen, den Zugang ein weiteres Stück erleichtern? Zu diesem Zwecke soll a) das eine oder andere von 1001 möglichen *philosophiegeschichtlichen Beispielen* für Problemstellungen umrissen werden, die in den ausgewählten Textstellen der KrV auftauchen. b) Gleichzeitig möchte ich das eine oder andere von 1001 Beispielen auswählen, das die Nachwirkungen kantischer Fragestellungen im Bereich der *Gesellschaftswissenschaft* andeutet. c) Schließlich werden auch einige Illustrationen für *Kritiken an Kant* gegeben.

Anlaß dieser Einführung war der Versuch, jemandem, der mir nahesteht, über einen denkwürdigen Typus akademischer Einführungsveranstaltungen in Kants Erkenntniskritik hinwegzuhelfen. Den Empfehlungen, das Unterfangen auszubauen und zu veröffentlichen, habe ich nachgegeben. Man war der Meinung, weil in der philosophischen Profession in Deutschland mit didaktischen Anstrengungen kein Blumentopf zu gewinnen sei, gäbe es noch Platz im Regal für Einführungen in die »Kritik der reinen Vernunft«.

Einleitung:
Über den Gebrauch
der reinen Vernunft

1. Praktische Philosophie

Kantlektüre: *Grundlegung zur Metaphysik der Sitten* (IV 33-64; AB 24-70)[1]

Darüber, *ob* Appelle an die VERNUNFT (ratio) der Menschen besondere Aussicht auf Erfolg haben, ließe sich gar trefflich streiten. Wenn sie sich der Vernunft bedienen, dann - so heißt es - beweisen sie *Rationalität*. Die Aufforderung an jemanden, er solle gefälligst »vernünftig« sein, bedeutet in vielen Fällen nicht mehr als die nachdrückliche Empfehlung, er möge sich an die vorgegebenen Regeln, Satzungen und Gebote halten. Wahrhaft *praktische Vernunft* beweise sich demgegenüber erst in guten Taten und Vorsätzen des animal rationale. Aber wodurch zeichnen sich rationale Akte, »gute« Vorhaben und Unternehmungen aus?

Betrachten wir die Taten und Untaten eines einzelnen Akteurs. Wenn er bewußt und wissentlich handelt, werden ihm bestimmte *Ziele* vorschweben (er möchte beispielsweise nach Mallorca verreisen). Eine Handlung impliziert also in der Regel das Streben nach einem Ziel oder nach Erreichung eines Zwecks. Ziele lassen sich im allgemeinen nur erreichen, wenn man über die entsprechenden *Mittel* verfügt. Natürlich können auch die *Umstände* die Erreichung der Ziele fördern oder beeinträchtigen; das Wetter ist nicht gut genug (»natürliche« Umstände) oder die Pflicht ruft (normative, bzw. institutionelle Rahmenbedingungen). Schließlich muß man auch das *Wissen* des Akteurs veranschlagen, wenn man die Rationalität oder Irrationalität seines Handelns beurteilen will. Wieviel wußte er von den »natürlichen Umständen«? Inwieweit war er sich über absehbare *Nebenfolgen* seines Tuns im Klaren? Erst wenn wir diese verschiedenen Gesichtspunkte des Handelns eines einzelnen zusammen betrachten, läßt sich etwas über die Rationalität seines Tuns aussagen:

Als »rational« bewerten wir schon im Alltag Handlungen eines einzelnen Menschen, wenn sein Wissen über Umstände und Mittel sowie seine sonstigen persönlichen Möglichkeiten der Handhabung der Mittel ausreichen, um die vorgegebenen oder selbstgesteckten Ziele zu erreichen. Die praktische Vernunft eines seine Mittel, sein Wissen, seine Umstände zielverwirklichend handhabenden Individuums bewiese sich in dieser Gestalt als *instrumentelle* oder *technische Vernunft* (Horkheimer).

Unter »Technik« verstehen wir heute das System von Gerätschaften und Instrumenten, all die Werkzeuge, Maschinen, Automaten nebst den Regeln zu ihrer Handhabung, die zur Hervorbringung aller möglichen und unmöglichen Dinge zweckdienlich sein sollen.

In diesem modernen Verständnis gibt es nicht nur Anklänge an Thesen und Begriffe der antiken Sittenlehre, sondern der traditionellen Diskussion um »Technik« lassen sich auch erste Hinweise auf eine »Vernünftigkeit« entnehmen, die über die »bloß technische« oder »instrumentelle« hinausgehen soll. »Techné« rechnete beispielsweise Aristoteles in seiner »Nikomachischen Ethik« zu den fünf »rationalen Tugenden der Seele« (vgl. auch Lloyd 1968, S. 224 ff.):

1.) *Techné* versteht sich bei ihm als Kunstfertigkeit (lat: ars), als ein überlegtes Wissen, das über gestaltendes und hervorbringendes Handeln, über Werktätigkeit (früher primär: Hand-Werktätigkeit) umgesetzt wird. Sie bedeutet also eine »auf ein Hervorbringen abzielende reflektierende Grundhaltung« (*Nikomachische Ethik*, S. 126).

2.) *Epistemé* ist Wissen unveränderlicher Wesenheiten (die wir später als »Formen« oder »Ideen« kennenlernen werden; vgl. Teil III). Zu diesem *wissenschaftlichen Wissen* gehört aber auch die Fähigkeit, bündige Schlüsse aus stichhaltigen Voraussetzungen ziehen zu können.

3.) Die »rationale Intuition« bzw. der »intuitive Verstand« (*nous* in einem spezifischen Sinn) hingegen vermittelt uns Einsicht in die ersten und obersten Prinzipien, von denen aus Schlußfolgerungen gezogen werden können.

4.) Die »praktische Intelligenz« (*phronesis*) versteht Aristoteles als Fähigkeit, in unentschiedenen und unübersichtlichen Lagen Mittel für allgemeine und besondere Zwecksetzungen abwägen zu können.

5.) »Weisheit« (*sophia*) schließlich betrachtet er als eine Kombination von ›nous‹ und ›epistemé‹, also wissenschaftlichem Wissen, das sich auf die höchsten und wertvollsten Objekte bezieht.

Die fünf aristotelischen Tugenden umfassen mithin rationale Fähigkeiten, vorbildliche Muster des Überlegens und Abwägens, wobei »techné« *Hervorbringungen* meint, an deren Ende eine vollendete Gestaltung oder ein selbständiges Produkt herauskommt (Bubner 1976, S. 75). Dahinter steht auch eine Unterscheidung von *Handlung* (praxis) und *Hervorbringung* (poiesis), die Aristoteles vorschlägt: »Hervorbringung und Handeln sind zwei verschiedene Tätigkeiten..., weshalb auch die auf ein Handeln abzielende reflektierende Grundhaltung etwas anderes ist als die auf ein Hervorbringen abzielende Grundhaltung (= techné - C.D.).« (*Nik. Ethik*, S. 126) Bubner macht diesen wichtigen Unterschied auf folgende Weise klar: »Die Poiesis ist an objektiven Produkten orientiert, die sie herstellt, so daß am Ende des Produktionsprozesses Dinge in der Welt als hervorgebracht von der Tätigkeit, aber selbständig gegen diese existieren. Die Praxis konzentriert sich ganz auf den Vollzug an sich, indem sie ihr Ziel im Akt verwirklicht« (1976, S. 70). In »Poiesis« klingt der Gedanke an Werktätigkeit, in »Praxis« der um ihrer selbst willen vollzogener Handlungen mit.

Bleiben wir zunächst bei der »techné« und nehmen wir sie zusammen mit der »phronesis« als Ausdruck für eine Vernünftigkeit, die Mittel für Zwecke sowie Mittel speziell für die Hervorbringung bestimmter Objekte (poiesis), allgemein für die Erreichung vorgegebener Ziele abwägt. Unter diesen Voraussetzungen bleiben wir weiterhin mit *technischer* oder *instrumenteller* Vernunft befaßt.

In der Tat reicht auch bei Kant die instrumentelle Vernunft von experimentellen Hervorbringungen über zweckgerechten Mitteleinsatz in »Haus-, Land- und Staatswirtschaft« bis hin zu den Vorschriften der für Kants Gesundheit so bedeutsamen »Diätik«: So dürfen »die mechanische oder chemische Kunst der Experimente, oder der Beobachtungen, für einen praktischen Teil der Naturlehre, endlich die Haus-, Land-, Staatswirtschaft, die Kunst des Umgangs, die Vorschrift der Diätik, selbst nicht die allgemeine Glückseligkeitslehre, sogar nicht einmal die Bezähmungen der Neigungen und Bändigung der Affekte zum Behuf der letzteren« (V 144; A XIV) zwar nicht zur reinen praktischen Vernunft, wohl aber zur instrumentellen gerechnet werden.

Vom Standpunkt der Handlungen eines einzelnen Akteurs her gesehen, läßt sich die instrumentelle Rationalität als private *Klugheit* und *Geschicklichkeit* verstehen: »Nun kann man die Geschicklichkeit in der Wahl der Mittel (!) zu seinem eigenen größten Wohlsein Klugheit im engsten Verstande nennen.« (IV 45; AB 42) »Nach Kant lassen sich überdies zwei Grundformen dieser alltagsweltlichen Klugheit unterscheiden:« »Das Wort Klugheit wird in zwiefachem Sinn genommen, einmal kann es den Namen Weltklugheit, im zweiten den der Privatklugheit führen. Die erste ist die Geschicklichkeit eines Menschen, auf andere Einfluß zu haben, um sie zu seinen Absichten zu gebrauchen. Die zweite die Einsicht, alle diese Absichten zu seinem eigenen dauernden Vorteil zu vereinigen.« (Ebd.)

Doch die ganze Klugheit würde diesem Menschen nichts nützen, wäre er nur eine Marionette, die einschränkungslos an den Fäden der Naturgesetze zappelte:

»Ein jedes Ding der Natur wirkt nach Gesetzen. Nur ein vernünftiges Wesen hat das Vermögen, *nach der Vorstellung* der Gesetze, d.h. nach Prinzipien, zu handeln, oder einen *Willen.* Da zur Ableitung der Handlungen von Gesetzen *Vernunft* erfordert wird, so ist der Wille nichts anderes als praktische Vernunft.« (IV 41; AB 36)

Menschen handeln nach der »Vorstellung der Gesetze«, sie verfolgen Pläne und Strategien. Die Frage einer Sittenlehre ist jedoch nicht die, welchen »Prinzipien« die Menschen *tatsächlich* anhängen, sondern welchen sie moralischer- oder vernünftigerweise folgen *sollten.* Nennen wir, mit Kant, Prinzipien, die unseren Willen *tatsächlich* anleiten: *Maximen.* Eine Maxime ist somit »das subjektive Prinzip zu handeln... und ist also der Grundsatz, nach welchem das Subjekt (tatsächlich-C.D) *handelt...*« (IV 51; AB 52). Gäbe es nun für alle Subjekte verbindliche, gleichzeitig aber *verpflichtende* (Sollen!) Handlungsprinzipien, dann lägen mit ihnen universelle Maßstäbe vor, an denen sich die Rationalität von Einzelhandlungen abschätzen ließe. Maximen, die mit diesen Maßstäben übereinkommen, könnten »vernünftig« heißen. Kant nennt derartige, Vernunft anzeigende und Handeln verpflichtende Prinzipien *Imperative:* »Die Vorstellung eines objektiven Prinzips, sofern es für einen Willen nötigend ist, heißt ein Gebot (der Vernunft) und die Formel des Gebots heißt Imperativ.« (IV 41; AB 37)

Weder mit der Einführung der Voraussetzung, Menschen könnten nach der »Vorstellung von Gesetzen«, also nach »Prinzipien«

handeln, noch mit der Unterscheidung von »Maximen« als tatsächlich handlungsleitenden und »Imperativen« als verpflichtenden Prinzipien, haben wir einen entscheidenden Schritt über jenen Bereich der »instrumentellen Vernunft« hinaus getan, welcher durch die Zweck-Mittel-Orientierung von Handlungen abgesteckt wird. Immer noch stehen wir vor der Frage, wann ein Akteur als mehr denn klug und geschickt, als mehr denn »instrumentell vernünftig« gelten kann. Als »klug« erscheint er uns dann, wenn wir seine Zielsetzungen nachvollziehen können (was nicht heißt, daß wir sie *teilen* müssen!), seinen Wissensbestand veranschlagen und unter derartigen Voraussetzungen sagen können, er habe die ihm zur Verfügung stehenden Mittel so eingesetzt, daß er sein Ziel erreichte und sein Werk vollbrachte. Unter Umständen schauen ihm dabei schärfere Beobachter von außen auf die Finger und fragen sich und ihn, ob er die bestmöglichen Wege eingeschlagen hat.

In beiden Fällen wären Imperative, die ihm einen »vernünftigen« Kurs vorschreiben, jedoch als *Regeln der Geschicklichkeit* oder *Imperative der Klugheit* zu verstehen.[2] Denn diese »stellen die praktische Notwendigkeit einer möglichen Handlung als Mittel, zu etwas anderem, was man will (oder doch möglich ist, daß man es wolle) zu gelangen, vor« (IV 43, AB 39). Dieser instrumentelle Erfolg ist es ja, worauf unser welt- und privatkluger Akteur aus ist. Das Gebieterische, Verpflichtende, am Imperativ zeigt sich am Begriff der »Notwendigkeit« und als Unterschied zur bloß subjektiven Maxime: *Wenn* irgendeine Gruppe von Menschen bestimmte Zielsetzungen teilt, *wenn* es Wissens- und Mittelbestände gibt, diese Ziele zu erreichen, *dann müssen* die Akteure eigentlich die zweckgerechten Mittel auswählen und einsetzen; anderenfalls kommen sie nicht zum Ziel, wird das Werk nicht vollbracht. Imperative sind in diesem Falle Gebote der Art: Wenn du x willst, dann mußt du y tun, auswählen, einsetzen... Kant nennt sie *hypothetische Imperative*; denn ihr Gebotscharakter hängt an der Wenn-Dann-Klausel. *Vorausgesetzt*, daß einer bestimmte Ziele hat, ist ihm mit allem Nachdruck zu empfehlen, sich der erfolgversprechenden Mittel zu bedienen - vorausgesetzt aber auch, der Beobachter hat wirklich Grund für seine Besserwisserei und der Akteur neigt nicht dazu, die Leidenschaften seine Vernunft überwuchern zu lassen. Kurz: »Der hypothetische Imperativ sagt also nur, daß die Handlung zu irgend einer *möglichen* oder *wirk-*

lichen Absicht gut sei. Im ersten Fall ist er ein *problematisch-*, im zweiten *assertorisch-* praktisches Prinzip.« (IV 43; AB 40)

Unser Akteur habe sich als geschickt in der Handhabung seiner Mittel und klug im Umgang mit anderen Menschen erwiesen. Sein Rationalität hat sich demnach als *Zweckrationalität* offenbart: »Zweckrationales Sichverhalten soll ein solches heißen, welches ausschließlich orientiert ist an (subjektiv) als adäquat vorgestellten Mitteln für (subjektiv) eindeutig erfaßte Zwecke.« (Weber 1956, S. 96) Das bedeutet vom *Aktorstandpunkt* aus definierte Rationalität, während der besserwisserische *Beobachter* dennoch bemäkeln kann, daß der Handelnde nur den guten, nicht aber den besten Willen gezeigt habe. Doch man kann es drehen und wenden, wie man will, einer kann »rational« im instrumentellen Sinn sein und dennoch finstere Absichten haben.

»Alle Wissenschaften haben irgend einen praktischen Teil, der aus Aufgaben besteht, daß irgend ein Zweck für uns möglich sei, und aus Imperativen, wie er erreicht werden könne. Diese können daher überhaupt Imperative der *Geschicklichkeit* heißen. Ob der Zweck vernünftig oder gut sei, davon ist hier gar nicht die Frage, sondern nur, was man tun müsse, um ihn zu erreichen. Die Vorschriften für den Arzt, um seinen Mann auf gründliche Art gesund zu machen, und für einen Giftmischer, um ihn sicher zu töten, sind insofern von gleichem Wert, als eine jede dazu dient, ihre Absicht vollkommen zu bewirken.« (IV 44; AB 41)

Zum wirklich guten Willen gehört offensichtlich mehr als die Geschicklichkeit. Geschicklichkeit und praktische Klugheit mag ja beim Umgang mit Sachen und bei der Vollbringung von Werken angehen, im Verhältnis zu anderen Menschen kann die rein instrumentelle oder strategische Einstellung zutiefst unsittlich sein. Um sich eines wahrhaft moralischen Handelns unseres Akteurs erfreuen und seines wirklich guten Willens inne werden zu können, müßte man offenkundig etwas darüber herausfinden, ob die von ihm verfolgten Ziele selbst »vernünftig und gut« sind. Erst dann ließen sich ja die Vorzüge der Heilkunst vor der Giftmischerei loben; denn ihren rein »technischen« Zweck können beide erfüllen. Also müßte nach Möglichkeiten Ausschau gehalten werden, die verschiedenartigen Zielsetzungen und Maximen selbst gegeneinander abzuwägen und sie vielleicht in eine Art Rangordnung zu bringen. Damit wäre jedoch in letzter Instanz nach obersten und alle Menschen verpflichtenden

Maximen zu suchen (vgl. 2 und 3 der aristotelischen Tugendordnung, o.S. 12 f.) und eine Vernünftigkeit, Weisheit (5), in Anspruch zu nehmen, die über die instrumentelle Rationalität hinausgeht.

Der Frage nach einer Rangordnung menschlicher Ziele und Zwecke hat sich natürlich auch schon Aristoteles gestellt. Müßte man nicht, so fragt er, ein oberstes, »letztes« Ziel ausweisen können? Denn wenn »wir nicht jede Wahl im Hinblick auf ein weiteres Ziel treffen« wollen - »das gibt nämlich ein Schreiten ins Endlose, somit ein leeres und sinnloses Streben -, dann ist offenbar dieses Endziel ›das Gut‹, und zwar das oberste Gut« (*Nik. Ethik*, S. 25). Doch schauen wir uns die historische Mannigfaltig- und gesellschaftliche Gegensätzlichkeit *tatsächlich* gesteckter Ziele und gesetzter Zwecke an, erscheint es als wenig aussichtsreiches Unterfangen, das »oberste Gut« durch eine Analyse dieses Materials herausfinden zu wollen. Und selbst wenn man dies fertigbrächte, wäre man nach Kants Verständnis das Problem wegen des grundlegenden Unterschieds von Anthropologie und *praktischer Philosophie* noch lange nicht los. Die »Anthropologie« untersucht die *tatsächlichen* Verhaltensformen der Menschen - die Mannigfaltigkeit der Ziele und Zwecke, denen sie anhängen, eingeschlossen (Apel u.a. 1980, S. 184).

Optimisten mögen hoffen, durch »anthropologische«, historische und sozialwissenschaftliche Studien auf allgemein anerkannte Normen zu stoßen. Aber daraus, daß eine Norm *tatsächlich* anerkannt *ist*, folgt beileibe nicht, daß sie anerkannt werden *sollte*; mit dem Verweis auf ihr durchgängiges Bestehen ist eine Norm noch nicht *begründet* (vgl. Oelmüller 1978). Die Hauptaufgabe der praktischen Philosophie besteht nach Kant aber gerade darin, zu zeigen, wie moralisch gehandelt werden *sollte*.

»Die Wissenschaft der Regel wie der Mensch sich verhalten soll, ist die praktische Philosophie und die Wissenschaft der Regel des wirklichen Verhaltens ist die Anthropologie.«

Wenn nun das, was getan werden sollte, nicht einfach als macht- und gewaltgestütztes Ansinnen oder als Ergebnis der blinden Entscheidung für das eine und gegen das andere Ziel gelten kann, müssen wir die Leitprinzipien moralischen Handelns *begründen* können. Begründungen bedürfen jedoch eines Kriteriums (vgl. Hegselmann, Frankfurt/ 1972, S. 166 ff.) - und nach allem, was zuvor gesagt wurde, wäre dies bei Kant als Kriterium für die »vernunftgemäße« Auswahl unter den subjektiven *Maximen* unseres *Willens* anzusetzen. D.h.: Es müßte eine Möglichkeit geben, unter den *tatsächlich* befolgten Maximen diejenigen auszuwählen, die einer mehr als instrumentellen Vernunft gemäß sind und gewählt werden *sollten*, wenn ein Interesse an nicht nur technischem, sondern an *moralischem* Handeln übriggeblieben ist. Wie diese Möglichkeit nach Kant eröffnet werden könnte, läßt sich am einfachsten anhand seiner Unterscheidung von »autonomem« und »heteronem« Willen zeigen.

»Heteronom« wäre unser Wille, würde er vollends »von außen«, von vorgegebenen Zielen, von gesellschaftlichen Zwängen, von natürlichen Einwirkungen bestimmt. »Autonom« hingegen wäre ein Wille, dessen Maximen allein von der reinen praktischen Vernunft geleitet werden. Aber was heißt »reine praktische Vernunft«? Wir betreten mit ihr den Bereich des »Selbstzwecks«, den wir an Aristoteles' Begriff der »poiesis« kennengelernt haben. Denn reine praktische Vernunft würde nur ein von der Vernunft *selbstgegebenes Gesetz* zur Triebfeder und zum Prinzip unseres Handelns erheben! Und dieses Gesetz würde letztlich um seiner selbst willen erkannt! »Selbstgeben« verweist auf die Unabhängigkeit des Handelns von äußeren und inneren Zwängen, wenigstens auf die Fähigkeit, mit diesen fertigzuwerden (»Selbstbestimmung aus Freiheit«). »Gesetz« zeigt die Differenz dieser Leitlinien zu den Regeln der Geschicklichkeit und Klugheit an. Die hypothetischen Imperative der instrumentellen Vernunft binden Rationalität ja nur an die zufälligen, gerade hier und jetzt in einer begrenzten Gruppierung geltenden Zwecke. »Gesetz« betont demgegenüber das Gebot der reinen Vernunft als *universell*, als ein die Menschen überall und jederzeit verpflichtendes Sollen. Also wäre der dementsprechende Imperativ ein von jedem äußerlich, heteronom vorgegebenen Zweck abgelöster *kategorischer:*

»Der kategorische Imperativ würde der sein, welcher eine Handlung als für sich selbst, ohne Beziehung auf einen anderen (von außen gegebenen – C.D.) Zweck, als objektiv-notwendig vorstellte.« (IV 43; AB 39)

Aber welchen *Inhalt* hat jenes selbstgegebene Gesetz; wozu verpflichtet es konkret? Im Bezug auf die Mannigfaltigkeit der Maximen, denen Menschen in der gesellschaftlichen Wirklichkeit folgen, müßte das Vernunftgesetz die Funktion eines Kriteriums übernehmen, das die Handlungen, die getan werden *sollten*, von denen unterscheidet, die zu unterlassen sind. Nun waren zur ersten Kennzeichnung dieses kategorisch gebietenden Vernunftgesetzes alle bloß empirisch, »äußerlich« aufzugreifenden Normen und Verhaltensvorschriften ausgeschieden worden. Mithin bleibt für die bestimmte »Formel« dieses Gesetzes, für den kategorischen Imperativ, nur die Fähigkeit und Möglichkeit des *Erlasses eines allgemeinen Gesetzes selbst*, übrig: »Denn da der Imperativ außer dem Gesetze nur die Notwendigkeit der Maxime enthält, diesem Gesetze gemäß zu sein, das Gesetz aber keine Bedingung enthält, auf die es eingeschränkt war, so bleibt nichts, als die Allgemeinheit eines Gesetzes übrig, welchen die Maximen der Handlung gemäß sein soll, und welche Gemäßheit allein den Imperativ eigentlich als notwendig vorstellt.« (IV 51; AB 51 f.) Daraus ergibt sich endlich der Gehalt der verpflichtenden Formel:

»Der kategorische Imperativ ist also nur ein einziger, und zwar dieser: *handle nur nach derjenigen Maxime, durch die du zugleich wollen kannst, daß sie ein allgemeines Gesetz werde.*« (Ebd.)

Moderne Sprachphilosophen haben uns daran erinnert, daß menschliche Kommunikation zerfiele oder gar nicht erst zustande käme, müßte man bei jeder Äußerung, die ein anderer tut, davon ausgehen, daß er lügt. Die *Verallgemeinerung* des Lügenprinzips würde Sprache, in die Lügen dennoch gefaßt werden müssen, zerstören. Ähnlich benutzt Kant (vgl. IX 52 ff.) die kategorische Formel, um das Beispiel einer Maxime durchzuspielen, demzufolge einer Rückzahlungsversprechen ohne die geringste Bereitschaft, sie zu halten, abgibt. Die Testfrage lautet: Kann dieser Lügenbold im Ernst wollen, daß diese seine Maxime zum Gesetz verallgemeinert wird? Das Ergebnis ist in diesem und den anderen Beispielfällen das gleiche: Der hinterhältige Akteur kann nicht wollen, daß *alle* Menschen so verfahren wie er, weil sich dann ja niemand mehr auf den anderen verlassen könnte und letztendlich jeder vernünftige menschliche Umgang unmöglich würde.

Im Hinweis auf den »menschlichen Umgang« liegt der Ansatzpunkt für die Einsicht, daß der kategorische Imperativ gar nicht so formal ist, wie er einem vorkommen mag. Er gestattet die Beurteilung subjektiver Maximen gleichsam unter dem Blickwinkel ihrer

Gesellschaftsfähigkeit. Kann ein Akteur - unter der Rahmenbedingung, daß er nicht vollends von Motiven zur Selbsterhaltung absieht[3] - tatsächlich die Art von Beziehungen zu anderen wollen, die sich ergäbe, würde seine Maxime zum allgemeinen verpflichtenden Gesetz erhoben? Mehr noch: Würde der menschliche Umgang wirklich konsequent auf Maximen gegründet, die nach Kriterien des kategorischen Imperativs *verallgemeinerungsfähig* sind, dann setzte sich eine *bestimmte*, von anderen, empirisch vorfindlichen Weisen der Vergesellschaftung drastisch verschiedene durch. Hegel wird diesen Vergesellschaftungstyp später als den »reiner Anerkennung« untersuchen. Aber auch da, wo von »herrschaftsfreien« sozialen Beziehungen die Rede ist, schwingen Motive des kategorischen Imperativs mit. Denn Herrschaft läß sich als eine Weise der Instrumentalisierung von Menschen für die Zwecke anderer, als eine Ausprägung technischer Rationalität im Verhältnis der Subjekte untereinander begreifen.

Der kategorische Imperativ zeigt eine *darüber hinausgehende* Weise der Vergesellschaftung an! Anders gesagt: Man stelle sich Zustände vor, in denen ein jeder Mensch den anderen wie eine sperrige Sache in der Umwelt behandelt, die man als Mittel für die eigenen Zwecke einsetzen kann. Nicht Vergesellschaftung, der Hobbessche Kriegszustand aller gegen alle, wäre das Resultat. Also bedarf es eines Minimums der *Anerkennung* des einen durch den anderen als »vernünftige *Person*«, d.h. als eines »Zwecke(s) an sich selbst« (IV 60; AB 65). Diese Beziehungsart, Vergesellschaftung in der Gestalt reiner Anerkennung, legt das inhaltliche Hauptmotiv des kategorischen Imperativs fest. Seine Formel läßt sich auch so fassen:

»Handle so, daß du die Menschheit, sowohl in deiner Person, als in der Person eines jeden anderen, jederzeit zugleich als Zweck, niemals bloß als Mittel brauchest.« (IV 61; AB 66 f.)

Daß Prinzipien reiner Anerkennung in den historisch vorfindlichen Gesellschaften immer wieder verletzt werden und nur unzulänglich verwirklicht sind, gibt kein Argument gegen die These her, es bedürfe ihrer zur Herstellung sozialer Beziehungen. Der Mensch ist, wie Kant sagt, vielleicht ein vernunftfähiges Tier (animal rationabile), bestimmt kein vernünftiges Wesen.

Reine *praktische* Vernunft, so können wir zusammenfassen, äußert sich in der Fähigkeit des vernunftbegabten Tieres, »nach der

Vorstellung der Gesetze, d.i. nach Prinzipien« zu handeln. *Reine praktische Vernunft folgt keinen äußeren Zwängen und Einwirkungen*[4], sondern dem selbstgegebenen Sittengesetz, dessen »Formel« der kategorische Imperativ darstellt. »Hier... ist vom objektiv-praktischen Gesetz die Rede, mithin von dem Verhältnisse eines Willens zu sich selbst, so fern er sich bloß durch Vernunft bestimmt, da dann alles, was aufs Empirische Bezug hat, von selbst wegfällt; weil, wenn die *Vernunft für sich allein* das Verhalten bestimmt..., sie diese notwendig a priori tun muß.« (IV 58 f.; AB 62 f.) Die Zentralfrage für eine **Praktische Philosophie** lautet demnach: Ist es »ein notwendiges Gesetz *für alle vernünftigen Wesen*, ihre Handlungen jederzeit nach solchen Maximen zu beurteilen, von denen sie selbst wollen können, daß sie zu allgemeinen Gesetzen dienen sollen?« – Und wenn es ein solches Gesetz gibt, wie ist seine Verbindung »völlig apriori« mit dem »Begriff des Willens« zu denken?

Es geht uns mit diesen Notizen nicht um die Einzelheiten der Kantischen Sittenlehre, sondern nur um *einen* wichtigen Punkt: Der kategorische Imperativ ist vom Gedanken der Selbstgesetzgebung der Vernunft nicht abzulösen! Dieser erwiese sich jedoch sofort als hinfällig, müßten wir davon ausgehen, unser Denken und Handeln sei restlos einem ganz anderen Typus von Gesetzen unterworfen: den Kausalgesetzen, die in der »äußeren« und in der Gesellschaft als »zweiter« Natur herrschen mögen! Also bedarf es einer Untersuchung, die das »objektiv-praktische Gesetz« des sittlichen und freien Willens gegen den Gedanken einer durchgängigen Gesetzmäßigkeit in der Natur abwägt. Und dazu wäre wiederum Klarheit über Art und Grad der Wirkungszusammenhänge in der Natur zu schaffen. Wie diese Klarheit geschafft werden könne, zählt zu den Hauptfragestellungen der **Theoretischen Philosophie**:

»Unser gesamtes Erkenntnisvermögen hat zwei Gebiete, das der Naturbegriffe, und das des Freiheitsbegriffs; denn durch beide ist es a priori gesetzgebend. Die Philosophie teilt sich nun auch, diesem gemäß, in die theoretische und die praktische.« (V 248; AB XVIII)

Mit diesem Zitat stoßen wir auf eine für die gesamte KrV prägende Fragestellung bzw. These: Unsere Erkenntnis stelle sich nicht nur im Bereich der praktischen Maxime als »a priori gesetzgebend«, als der Selbstgesetzgebung befähigt dar, sondern auch im Bereich der

Naturerkenntnis! Wie ist also die Behauptung zu verstehen, unser »Erkenntnisvermögen« sei auch durch »Naturbegriffe a priori gesetzgebend«? Mit dieser Frage betreten wir den Bereich der KrV, der theoretischen Philosophie Kants, in dem wir von nun an auch bleiben wollen.

2. Theoretische Philosophie

Kant-Lektüre: *KrV* II 20–25 (Vorrede zur Auflage B, S. VII– XVI)

Wo ein Wille ist, ist (manchmal) auch ein Weg. »Methodos« heißt im Griechischen: »der Weg« und *methodisches* Vorgehen gilt schon im Alltag als Ausweis vernünftiger Leute. »Methode« als Kanon von Regeln für den geschickten Umgang mit Mitteln verstanden, schafft gewisse Sicherheiten auf den Wegen zum Ziel. »Methode« als Regelwerk zur Ordnung unserer Beziehungen zu anderen Menschen kann uns vor unliebsamen Überraschungen mit den Nachbarn bewahren.

Doch auf den wirklich methodischen Umgang mit Gedanken und Taten halten sich im allgemeinen vor allem die Wissenschaftler etwas zugute. Bei ihrer Suche nach Erkenntnissen, bedienen sie sich der verschiedensten Untersuchungs- und Erhebungsmethoden wie z.B. der systematischen Beobachtung oder des gezielten Experimentes. Systematisch und gezielt, also im möglichst klaren Bewußtsein von Verfahrensregeln und Vorgehensweisen, deren sich andere genau so erfolgreich bedienen könnten, soll zu allgemeinverbindlichen Einsichten, zu *Erkenntnissen* vorgedrungen werden. Gewiß - nicht alle von uns sind »von Kindheit an für die Wissenschaften erzogen worden«; aber mit vielen anderen machte man uns glauben, »daß durch sie eine klare und fromme Erkenntnis alles dessen, was dem Leben frommt«, erreichbar sei (Descartes 1637, S. 5 f.) Anders gesagt: Unter wissenschaftlicher (theoretischer) Rationalität versteht man nicht zuletzt die *methodische* Absicherung von Erkenntnisbemühungen.

»Unsystematisch«, ohne große Methode, sind Erkenntnisbemühungen, »wenn sie nach viel gemachten Anstalten und Zurüstungen, so bald es zum Zwecke kommt, in's Stocken« geraten, »oder, um diesen zu erreichen, öfters wieder zurückgehen und einen andern Weg einschlagen« müssen (II 20; B VII). Diese Art des bloßen »Herumtappens« wäre eben durch »den sicheren Gang einer Wissenschaft« zu ersetzen. Leuchtendes Beispiel für diesen sicheren Gang ist für viele Wissenschaftler bis auf den heutigen Tag die *Mathematik.* Bei ihr sind die Regeln für das Operieren mit Zahlen und Mengen wohl definiert, allgemein anerkannt (»intersubjektiv verbindlich«) und – wenn man sich auf's Kalkulieren versteht – nicht nur erfolgversprechend, sondern erfolgverheißend einsetzbar. Ähnlich verhält es sich nach Kant mit der *Logik* als Kanon von Regeln zur Ordnung von sprachlichen Gebilden. »Daß die *Logik* diesen sicheren Gang schon von den ältesten Zeiten her gegangen sei, läßt sich daraus ersehen, daß sie seit dem *Aristoteles* keinen Schritt rückwärts hat tun dürfen, wenn man ihr nicht etwa die Wegschaffung einiger entbehrlichen Subtilitäten, oder deutlichere Bestimmung des Vorgetragenen als Verbesserung anrechnen will, welches aber mehr zur Eleganz, als zur Sicherheit der Wissenschaft gehört.« (Ebd.) Wir wissen heute, daß die Logik mit Frege, Russell, Wittgenstein im 19. und 20. Jh. nicht nur an Eleganz gewann, sondern auch maßgeblich ergänzt und verändert wurde. Kant konnte zu seiner Zeit jedoch mit Recht auf eine fast 2000-jährige Wirkungsgeschichte der aristotelischen Logik zurückblicken und annehmen, etwas wirklich Umwälzendes würde den Logikern nicht mehr einfallen.

Die Logik erkauft ihre Vorzüge jedoch um einen Preis; denn es handelt sich bei ihr um den Prototyp einer Wissenschaft, »welche nichts als die formalen Regeln alles Denkens... ausführlich darlegt und strenge beweist« (II 21; B IX). Von »allen Objekten der Erkenntnis und ihrem Unterschied« absehend (ebd.), befaßt sich die Logik mit der Bildung und Verknüpfung von Begriffen, Urteilen (Prädikationen), Aussagen nach allgemeinverbindlichen Regeln. Es geht in dieser Disziplin also nicht um »Wahrheit« im Sinne des Erfassens oder Verfehlens tatsächlicher Gegebenheiten, sondern nur darum, was mit einem »gesetzten« Wahrheitswert (z.B.) einer Aussage geschieht, wenn ich sie mit anderen nach einer Regel verknüpfe.

Nehmen wir das Beispiel einer ganz einfachen *Schlußfolgerung*: (1) »Alle G sind H« ist ein *Urteil.* (2) »Alle F sind G« ist ein anderes. Wenn wir uns die Frage verkneifen, woher die logischen Regeln stammen und wie ihre Allgemeinverbindlichkeit möglich ist, können wir behaupten: Nach allen Regeln der Schlußfolgernden Kunst ergibt sich zwangsläufig, mit Notwendigkeit, aus dem Urteil (1): »Alle G sind H« und aus dem Urteil (2): »Alle F sind G« die Schlußfolgerung (3): »Alle H sind F«. Denn, so vernehmen wir die Regel schon in der Schule: Wenn zwei Dinge (H, G) einem Dritten (F) gleich sind, sind sie auch untereinander gleich! Die Schlußfolgerung (3) ist »gültig«, obwohl F, G, H völlig leere *Formen* (Formeln), ungedeutete Symbole sind. An ihre Stelle kann eine ganze Fülle verschiedenartiger Sachverhalte als *Inhalt* eingesetzt werden. Für »G« beispielsweise »Griechen«, für »H« beispielsweise »Holländer« oder »Belgier« oder »Franzosen« etc. für »F« schließlich: »Europäer«. Wenn wir »Kalifornier« z.B. für H einsetzen, wird der Schluß aus *empirischen* Gründen, nicht aus logischen falsch!

Anhand der Schlußlehre, also der Argumentationslogik, lassen sich Grenzen zwischen drei elementaren philosophischen Fragestellungen ziehen, die Kant dann teilweise überschreiten wird:

a) Es ist eine *logische* Frage, ob eine gültige Beziehung zwischen den Prämissen und der Schlußfolgerung besteht.

b) Es ist eine »*inhaltliche*« (empirische) Frage; ob die Prämissen und die Schlußfolgerung zutreffende Einsichten in Sachverhalte, ob sie Erkenntnisse vermitteln.

c) Es stellt schließlich eine »*rhetorische*«, interaktions-pragmatische Fragestellung dar, ob das Argument überzeugend, nachvollziehbar, interessant o.ä. ist.[5]

Moderne Logiker vertreten im allgemeinen die Ansicht, die *Mathematik* gehöre in die Gruppe a), zu den exakten Formalwissenschaften, und zwischen Logik und Rechenkunst gäbe es Überschneidungen bis hin zur völligen Übereinstimmung:

»Es ist allerdings richtig, daß sich die mathematischen Wahrheiten explizit mit abstrakten, nicht-sprachlichen Dingen befassen, wie Zahlen und Funktionen; die logischen Wahrheiten dagegen... haben nicht solche Entitäten zum spezifischen Gegenstand. Aber es stellt sich heraus, daß die Logik uns trotz diesem Unterschied in ihren höheren Bereichen auf natürlichen Stufen zur Mathematik führt. Gewisse bescheidene Erweiterungen der logischen Theorie bringen uns in einen Bereich, der gewöhnlich in einen weiten Sinn des Wortes auch ›Logik‹ heißt und der abstrakte Entitäten einer speziellen Art zum Gegenstand hat. Diese Entitäten sind Klassen; und die logische Theorie der Klassen, die Mengenlehre, erweist sich als die grundlegende Disziplin der reinen Mathematik.« (Quine 1974, S. 24).

Was Kant in seiner Vorrede über die Mathematik sagt, scheint auf den ersten – unzutreffenden und weiter unten zu korrigierenden – Blick von dieser Ansicht *nicht* entscheidend entfernt. Warum sollte man nicht da, wo es bei Kant heißt: »*Mathematik* und *Physik* sind die beiden theoretischen Erkenntnisse der Vernunft, welche ihre *Objekte* a priori bestimmen« (II 21; B X), die Worte »abstrakte Entität« an die Stelle des Begriffs »Objekt« setzen können? Zahlen gelten seit alters her als einleuchtendes Beispiel für solch merkwürdigen Gebilde, die weder – wie handgreifliche Dinge – in Raum und Zeit existieren, noch – wie Empfindungen, Gefühle, Neigungen, Wünsche etc. – dem wechselhaften, zeitlichen Strom von Eindrücken einer Einzelperson angehören.

Es handelt sich bei ihnen nach der Auffassung einiger Logiker (Frege 1967[6]; Putnam 1971; Quine 1974) zwar um *Gedanken*-Gebilde, nichtsdestoweniger können wir Eigenschaften an ihnen und Beziehungen zwischen ihnen *entdecken*, welche sich nicht auf psychologische Gesetzmäßigkeiten und Befunde zurückführen lassen. Es gibt andere Ansichten vom »Objekt« (Thema) der Mathematik, aber eine durchgängige Auffassung bleibt die, wie in der Logik habe es der Verstand auch bei ihr »bloß mit sich selbst«, nicht aber auch mit Dingen in der Welt draußen zu tun. Daß die Physik ihr »Objekt« ebenfalls »a priori bestimmen« kann, verwiese somit nur auf den mathematischen Kern physikalischer Theorien. Ansonsten ist die Physik auf andere »Erkenntnisquellen« als die »der Vernunft« (II 22; B X) angewiesen – auf sinnliche Beobachtungen beispielsweise, mögen deren Möglichkeiten noch so sehr durch Apparate und Gerätschaften ausgedehnt worden sein.

Die Anteile der *reinen* (theoretischen) Vernunft kommen in der Formulierung zum Ausdruck, die beiden Musterdisziplinen bestimmten ihre Objekte *a priori*. »A priori« kann an dieser Stelle noch ganz bescheiden als Hinweis auf die *selbständigen* und *konstruktiven*, an keine Äußerlichkeiten, etwa an »äußere« Erfahrungen, gebundenen Anteile der Vernunft gelesen werden: Auch die Mathematik tappte geraume Zeit herum, bevor sie den »sicheren Gang einer Wissenschaft« gehen konnte. Ganz am Anfang, bei den Babyloniern beispielsweise, waren mathematische Einsichten noch mit dem Rezeptwissen für alltägliche Verrichtungen verschränkt. Die Babylonier kannten durchaus schon Grundlagen des pythagoreischen Lehrsatzes, mit dem uns Schulmathematiker bis auf den heutigen Tag quälen, aber es ging ihnen nicht um dessen gedankliche Voraussetzungen und Implikationen, sondern viel eher um das ordentliche Fügen von Balken für ein Haus (Mittelstraß 1970, S. 23 ff.). Den Eigenschaften eines gleichseitigen Dreiecks als einem »idealen« Gedankengebilde nachzuspüren, kam ihnen entschieden weniger in den Sinn. Denn ideelle Dreiecke, völlig lupenreine, findet man in der Wirklichkeit ja gar nicht vor. Nicht einmal mit Zirkel und Lineal können wir sie verwirklichen – in ihrer »reinen« Gestalt sind sie Gedankengebilde, *ideelle Konstruktionen*. Dennoch wurden sie von der griechischen Geometrie – nach verbreiteter Ansicht seit und mit *Thales von Milet* (6. Jh. v. Chr.) – zu einem bevorzugten Untersuchungsgegenstand erhoben. Über die Eigenschaften dieser ideellen Gebilde der Mathematik und Geometrie sollten *allgemeine* Urteile gefällt, Aussagen also getroffen werden, die für *alle* denkbaren geometrischen Idealfiguren und mathematischen Themenbereiche zu gelten hätten. Als *Konstruktionen* a priori, als erfahrungsunabhängige Hervorbringungen, sind die idealen Gebilde nicht an Äußerlichkeiten abgelesen, sondern Ergebnisse kraft der reinen Vernunft.

Lassen wir die Frage offen, ob die erwähnte Ansicht der mathematischen »Objekte« als »abstrakte Entitäten« mit ihrer Betrachtung als Hervorbringungen aus reiner Vernunft vereinbar ist oder nicht, Kant jedenfalls hebt die konstruktive Rolle der Vernunft bei der Gegenstandserkenntnis eindeutig hervor:

»Dem ersten, der den *gleichseitigen Triangel* demonstrierte (er mag nun *Thales* oder wie man will geheißen haben), dem ging ein Licht auf; denn er fand, daß er nicht dem, was er in der Figur sah, oder auch dem bloßen Begriffe derselben nachspüren und gleichsam davon ihre Eigenschaften ablernen, sondern durch das, was er nach Begriffen selbst a priori hineindachte und darstellte (durch Konstruktion), hervorbringen müsse, und daß er, um sicher etwas a priori zu wissen, er der Sache nichts beilegen müsse, als was aus dem notwendig folgte, was er seinem Begriffe gemäß selbst in sie gelegt hat.« (II 22; B XI f.)

In den Naturwissenschaften verhält es sich nicht viel anders. Bei ihnen ging es zwar »weit langsamer zu, bis sie den Heeresweg der Wissenschaft traf(en)« (II 23; B XIII), aber spätestens seit F. Bacon und R. Descartes kann Kant auch ihr den sicheren Gang bescheinigen. Sie hat ihn gleichermaßen durch den Einsatz der konstruktiven Vernunft erreicht, der sich nicht zuletzt in Experimenten ausdrückt.

»Sie (= die Naturforscher – C.D.) begriffen, daß die Vernunft nur das einsieht, was sie selbst nach ihrem Entwurfe hervorbringt, daß sie mit Prinzipien ihrer Urteile nach beständigen Gesetzen vorangehen und die Natur nötigen müsse, auf ihre Fragen zu antworten, nicht aber sich von ihr allein gleichsam am Leitbande gängeln lassen müsse...« (II 23; B XIV).

Logik, mehr aber noch: Mathematik und Physik bleiben für Kant das hehre Vorbild *wissenschaftlicher Rationalität*.

Auch nach inhaltlichen Erkenntnissen strebende Einzelwissenschaften bewegen sich nach Kantischem Verständnis erst auf dem Höhepunkt, wenn sie die Menge ihrer Sätze und Voraussetzungen in eine der Mathematik entsprechende Form zur systematischen Einheit einer *axiomatisch-deduktiven* Theorie gefügt haben. Diesen Theorietypus haben schon die alten Griechen gefördert und geschätzt. Bemühungen von Denkern wie Thales und Euklid ließen gut gebaute Theorien zunehmend »als eine Reihe von Sätzen« erscheinen, »die in bestimmter geordneter Weise voneinander logisch abhängig sind und, abgesehen von gewissen *ersten* Sätzen, dadurch bewiesen werden, daß man einzelne Sätze als logische Folgerung anderer, bereits gesicherter Sätze aufweist« (Mittelstraß 1970, S. 33 f.). Die »gewissen ersten Sätze« sind die *Axiome*, aus denen nach logischen Regeln des Schlußfolgerns, andere Sätze, *Theoreme* abgeleitet (»deduziert«) werden. Wo Kant sich ausdrücklich über »rationale Wissenschaft« äußert, kommen auch seine Vorlieben für diesen Theorietypus recht deutlich zum Vorschein:

»Dasjenige Ganze der Erkenntnis, was systematisch ist, kann schon darum *Wissenschaft* heißen, und, wenn die Verknüpfung der Erkenntnis in diesem System ein Zusammenhang von Gründen und Folgen ist, sogar *rationale* Wissenschaft. Wenn aber diese Gründe oder Prinzipien in ihr, wie z.B. in der Chemie, doch zuletzt bloß empirisch sind, und die Gesetze, aus denen die gegebenen Facta durch die Vernunft erklärt werden, bloß Erfahrungsgesetze sind, so führen sie kein Bewußtsein ihrer *Notwendigkeit* bei sich (sind nicht apodiktisch-gewiß) und alsdann verdient das Ganze in strengem Sinne nicht den Namen einer Wissenschaft, und Chemie sollte daher eher systematische Kunst als Wissenschaft heißen.

Eine rationale Naturlehre verdient also den Namen einer Naturwissenschaft nur alsdann, wenn die Naturgesetze, die in ihr zum Grunde liegen, a priori erkannt werden, und nicht bloße Erfahrungsgesetze sind.« (V 12; A Vf.)

Gleichzeitig macht uns dieses Zitat schon jetzt und mit Nachdruck darauf aufmerksam, daß es mit der oben gegebenen Erläuterung von »a priori« nicht getan ist. Denn Kant hat offensichtlich eine Naturwissenschaft im Sinn, die ihre zugrundeliegenden *Naturgesetze* a priori erkennt! Naturgesetze betreffen jedoch Zusammenhänge im Bereich wirklicher Dinge und Ereignisse in Raum und Zeit! Also greifen auch die Ansprüche der *reinen theoretischen* Vernunft weiter als bis zum geschickten Arrangement selbsterzeugter Symbole und inhaltsleerer Sätze!

Auch wenn wir das Problem solch merkwürdiger Naturgesetze a priori im Augenblick nicht angehen und nur auf die Erfahrungsgesetze der Physik, auf ihre empirischen (aposteriorischen) Prinzipien achten, bleibt der sichere Gang der Naturwissenschaften seit Bacon und Descartes ein Vorbild für Kant. Denn erst die modernen Naturwissenschaftler hätten begriffen, daß man »die Natur nötigen müsse, auf ihre Fragen zu antworten, nicht aber sich von ihr allein gleichsam am Leitbande gängeln lassen müsse...« (II 23; B XIII). *Auch im Bereich der theoretischen Philosophie muß Vernunft als Gesetzgeberin ausgewiesen werden.*

»Die Vernunft muß mit ihren Prinzipien, nach denen allein übereinkommende Erscheinungen für Gesetze gelten können, in einer Hand, und mit dem Experiment, das sie nach jenen ausdachte, in der anderen, an die Natur gehen. Zwar um von ihr belehrt zu werden, aber nicht in der Qualität eines Schülers, der sich alles vorsagen läßt, was der Lehrer will, sondern eines bestallten Richters, der die Zeugen nötigt, auf die Fragen zu antworten, die er ihnen vorlegt.« (III 446–448; A 23–27)

Vergleicht man sie mit Logik, Mathematik und Physik, so spottet die *Methaphysik*[7] zu Kants Zeiten und nach seiner Auffassung einer jeden Beschreibung. Mit dem Anspruch auftretend, sich gänzlich »über Erfahrungsbelehrung« zu erheben und die Selbstgesetzgebung der Vernunft auszuüben, auf dem Gebiet also, »wo Vernunft selbst ihr eigener Schüler sein soll« (II 24; B XIV), liegen die Dinge bei der Metaphysik sehr im Argen. Vom sicheren Gang der Wissenschaft ist das Schrittmaß der Metaphysik weit entfernt. Viel eher bietet sie den Anblick eines Kampfplatzes dar, »der ganz eigentlich dazu bestimmt zu sein scheint, seine Kräfte im Spielgefechte zu üben, auf dem noch niemals irgend ein Fechter sich auch den kleinsten Platz hat erkämpfen und auf seinen Sieg einen dauerhaften Besitz gründen können« (II 24; B XV). Die Methaphysiker tappen herum und – was noch schlimmer ist – glauben, die Prinzipien des Seins aus reinen Gedanken, dem »bloßen Begriff« herausspinnen zu können. Diesem Zustand müßte doch eigentlich abgeholfen werden können. Wäre es dabei nicht von Vorteil, jene »Umänderung der Denkart«, die der Mathematik und Naturwissenschaft »so vorteilhaft geworden ist«, auch einmal in Bereichen der Metaphysik auszuprobieren?

»Bisher nahm man an, alle unsere Erkenntnis müsse sich nach den Gegenständen richten; aber alle Versuche über sie a priori etwas durch Begriffe auszumachen, wodurch unsere Erkenntnis erweitert würde, gingen unter dieser Voraussetzung zunichte. Man versuche es daher einmal, ob wir nicht in den Aufgaben der Metaphysik damit besser fortkommen, daß wir annehmen, die Gegenstände müssen sich nach unserem Erkenntnis richten, welches so schon besser mit der verlangten Möglichkeit einer Erkenntnis derselben a priori zusammenstimmt, die über Gegenstände, ehe sie uns gegeben werden, etwas festsetzen soll.« (II 25; B XVI)

Das Problem der Metaphysik liegt in ihrem Anspruch, etwas über *wirkliche Dinge und Ereignisse* ohne Konsultationen der Erfahrung (z.B. der sinnlichen Beobachtung, des Experiments etc.), also *a priori*, herausfinden zu wollen. Kann man vielleicht zeigen, daß an diesem Anspruch doch etwas dran ist, wenn man eine Art *kopernikanischer Wende* vollzieht? Kopernikus ist zu besseren Erklärungen der Himmelsbewegungen dadurch vorgestoßen, daß er die alte Annahme aufgab, daß »ganze Sternheer drehe sich um den Zuschauer«. Er versuchte es sehr erfolgreich mit der umgekehrten Annahme, ließ also »den Zuschauer sich drehen und dagegen die Sterne in Ruhe«.

»In der Metaphysik kann man nun, was die *Anschauung* der Gegenstände betrifft, es auf ähnliche Weise versuchen. Wenn die Anschauung sich nach der Beschaffenheit der Gegenstände richten müßte, so sehe ich nicht ein, wie man a priori von ihr etwas wissen könne; richtet sich aber der Gegenstand (als Objekt der Sinne) nach der Beschaffenheit unseres Anschauungsvermögens, so kann ich mir diese Möglichkeit ganz wohl vorstellen.« (II 25; B XVII)

Eine konstruktive Rolle ist schließlich auch bestimmten *Begriffen* beim Aufbau der Erfahrung zuzuschreiben. Daß diese Gegenstände sich nach unseren Erkenntnisvermögen richten sollen, heißt natürlich nicht, wir brächten sie - oder Materie im allgemeinen - ausschließlich durch unser »gesetzgebendes« Denken und Handeln hervor! Zur Rede stehen die Ansprüche *reiner theoretischer Vernunft*. Sollte diese als *reine* Vernunft Erfolg haben, müßte sie unsere Erkenntnis über die Welt erweitern können, »ehe« - wie Kant sagt - die Gegenstände uns gegeben werden. Das heißt: Sie müßte etwas über die Welt rein »durch Begriffe ausmachen«, unser Wissen von Tatbeständen (Gegebenheiten) durch ihre selbstbestimmten Tätigkeiten erweitern können, *Wissen über Sachverhalte* vermitteln, das nicht restlos auf sinnliche Beobachtung, Experiment oder die bloße Zerlegung erfahrungshaltiger Begriffe (Analyse) zurückzuführen ist! *Ob sie das leisten kann, wenn ja: in welchem Ausmaß*, das ist die Grundfrage für eine kritische Untersuchung der reinen theoretischen Vernunft! Kritik der reinen Vernunft bedeutet mithin Aufklärung unseres Erkenntnisvermögens angesichts seiner metaphysischen Ansprüche. Ganz gleich wie das Ergebnis dieser Überprüfung ausfallen mag, nach Kant wäre nicht einmal das Programm einer derartigen Kritik sinnvoll, vollzöge man nicht das, was er seine »kopernikanische Wende« genannt hat, versuchte man es nicht einmal mit der Annahme, die Gegenstände müßten »sich nach unserem Erkenntnis« richten! Gegenstand meint nun aber mehr als Symbole oder andere sprachliche Gebilde!

Wir sind der Kantischen Vorrede zu seinem Unternehmen bis zum Vorschlag einer kopernikanischen Wende der Erkenntnistheorie gefolgt. Diese Passagen erlauben uns, zwei Grundfragen hervorzuheben, die für eine Kritik der metaphysischen Ansprüche reiner Vernunft maßgebend bleiben:

1) Wie ist der Anspruch zu verstehen, etwas »a priori... durch Begriffe« über *Gegenstände* ausmachen zu wollen, und inwieweit ist er einlösbar?

2) Was hat man sich darunter vorzustellen, die Gegenstände richteten sich »nach unserem Erkenntnisvermögen«, ohne daß damit behauptet sein soll, wir brächten die Dinge wie ein göttlicher Intellekt durch das reine Denken hervor?

Doch bevor wir diese Fragestellungen aufnehmen, ist ein zusätzlicher Aspekt am Begriff der *Vernunft* herauszustellen: In seinem *Abriß der Psychoanalyse* (1958) teilt Sigmund Freud den »psychischen

Apparat« der Menschen in drei berühmte »psychische Provinzen oder Instanzen« (S. 7) ein: ES, ICH und ÜBER-ICH. Aber nicht nur in dieser Schrift bedient er sich dabei einer Sprache, die jene drei Instanzen entweder wie zielgerichtet handelnde Akteure oder wie wirkende Faktoren erscheinen läßt: Das Über-Ich »sondert sich« vom ICH, das Ich »hat die Verfügung über die willkürlichen Bewegungen«, das Es »erbt« die Erfahrungen der Gattung und wirkt u.U. zerstörerisch auf das Ich ein usw. Der sprachlichen Tendenz nach verfährt die KrV sehr ähnlich, doch wirken und agieren in diesem Falle ganz andere seelischen Instanzen, nämlich die der alten Faktultätenpsychologie. »Facultas« bedeutet u.a. das Vermögen im Sinne der Fähigkeit, aber auch die Anlagen, die eine Person mit sich bringt. Die klassische Lehre von den Seelenprovinzen als Fakultäten hat seit den Zeiten der klassischen griechischen Philosophie mit verschiedenartigen Einteilungen für den psychischen Apparat gearbeitet, die Einteilung in *Sinn, Verstand und Vernunft* wird man jedoch als ein durchgehendes Gliederungsprinzip festhalten können - auch bei Kant:

> »Alle unsere Erkenntnis hebt von den Sinnen an, geht von da zum Verstande, und endigt bei der Vernunft, über welche nichts Höheres in uns angetroffen wird, den Stoff der Anschauung zu bearbeiten und unter die höchste Einheit des Denkens zu bringen.« (II 311 f.; B 355)

Diese Einteilung ist überdies fest in unserer Alltagssprache verankert: Man traut seinen Sinnen nicht, bedient sich mehr oder minder erfolgreich seines Verstandes und versucht - wo's geht - sich von der Vernunft leiten zu lassen. Gerade in der deutschen Sprache ist aber auch jene Tendenz fest verankert, alles Mögliche und Unmögliche in den Rang eines selbsttätigen Substantivs zu erheben: *der* Verstand sagt uns etwas, *die* Vernunft leuchtet uns voran, nur bei den Sinnen gehen wir davon aus, es seien deren fünfe, die wir möglichst beisammen haben sollten.

Das Verständnis des VERNUNFT-Begriffs der KrV wird durch die Eigenheiten derartiger Sprachspiele wahrlich nicht erleichtert. Wollte man den Sinnhorizont abstecken, in dem er sich bewegt, könnte man ihn zwischen folgenden zwei Polen ausspannen: Ein *spezieller Vernunftbegriff* legt - wie am Ende des letzten Zitats - »Vernunft« auf die Bedeutung des obersten *Erkenntnisvermögens* fest. Es steht an der Spitze der als Hierarchie geordneten psychischen Fakultäten. Der *allgemeinste Vernunftbegriff* wäre demgegenüber als derjenige auszuzeichnen, welcher an die Stelle des Wortes »Erkenntnis« im angeführten Zitat zu setzen wäre. Das heißt: Theoretische »Vernunft« verstünde sich so als Einheit und Zusammenwirken *aller* Vermögen bei der Gewinnung sicherer Erkenntnisse.

Doch diese Bedeutungsachse müßte man mindestens noch mit einer zweiten kreuzen. Am einen Ende dieser Achse stünden die psychischen Fakultäten tatsächlich als die »Instanzen«, als die sie alltagsweltlich angesehen werden. »Sinne« bedeuten damit den Gesichts-, Geruchs-, Geschmacks-, Gehör- und Tastsinn, »Verstand« beispielsweise das diskursive Denken, das Denken mit Hilfe begrifflicher Analysen und Zusammenfassungen, »Vernunft« das oberste »Vermögen der Prinzipien«, also die reinen konstruktiv gesetzgebenden Funktionen. Man kann dies sicher drehen und wenden, aber bei Kant gibt es zahllose Formulierungen, die genau in diese Richtung deuten. Gleichwohl wollte er mit der KrV alles andere denn einen Traktat über empirische Psychologie oder Anthropologie schreiben. Ihm ging es um die Voraussetzungen und Möglichkeiten *gültiger* Erkenntnisse aus reiner theoretischer Vernunft (s.o.) Zwar wird ihm heutzutage entgegengehalten, gerade das sei einer seiner Kardinalfehler gewesen (vgl. z.B. Rorty 1981, S. 149 ff.), doch halten wird uns hier für die Darstellung an seinen Anspruch, die Voraussetzungen und Möglichkeiten jeder Erkenntnisse aus reiner theoretischer Vernunft klären zu wollen. Das sind keine *empirischen* Fragen mehr, sondern solche allgemeinverbindlich *gültiger oder ungültiger Erkenntnisse*! Am anderen Ende der Achse könnte damit die Ansicht stehen, die »Faktultäten« bedeuteten nur vereinfachende und zusammenfassende Ausdrücke für unterscheidbare Systeme von »Mustern« oder »Strukturen«[8], die von *allen* Menschen in Anspruch genommen werden müssen, wenn sie eine bestimmte Praxis, hier: die der Erkenntnis von »Gegenständen«, in Gang setzen oder in Gang halten wollen.

Der berüchtigte Teufel im Detail haust in diesem Falle natürlich im »alle« und im müssen«. Wie weit reicht »alle«, wie streng ist »müssen«? Die Logiker glauben, ein derart notwendiges und allgemeinverbindliches Prinzip angeben zu können: den Satz vom ausgeschlossenen Widerspruch. Es *gibt* zwar in allen Sprachen einander strikt widersprechende Aussagen, Kontradiktionen, in Hülle und

Fülle; aber keine Sprache *legt fest,* daß Satzverbindungen der folgenden Art *wahr* sein könnten: »Der Tadsch Mahal ist weiß *und* (= gleichzeitig und einschränkungslos gilt) der Tadsch Mahal ist nicht weiß.« Aussagenverbindungen dieser Struktur gelten von vornherein, a priori, als *falsch.* Die Probleme mit »alle« scheinen wir damit immer noch nicht los zu sein. Es gibt nämlich Mathematiker, die Ausnahmen von dieser Regel bearbeiten (vgl. Becker 1975, S. 331 ff.) – Sie äußern sich allerdings in Sätzen, von denen sie annehmen, daß deren striktes Gegenteil einschränkungslos *nicht* zutrifft. Der für Kant verbindliche Gedanke lautet jedoch ebenfalls: *theoretische Rationalität* beweist sich nicht zuletzt in der widerspruchsfreien Ordnung der Gedanken und Aussagen.

Teil I
Transzendentale Ästhetik –
Strukturen der Rezeptivität

Kapitel 1
A priori und a posteriori

Kant-Lektüre: *KrV* II 45–58 (B 1–18)

> »*Es ist unmittelbar evident, daß eine Leugnung der synthetischen Urteile a priori bei aller versicherten Hochachtung vor Kant diesem bzw. der Kritik der reinen Vernunft den Boden unter den Füßen wegzieht...*« (Röttges 1981, S. 38)

Philosophiegeschichtliches Beispiel 1:
Apriori – Anamnese der reinen Ideen?

Basistext: Platon, *Menon,* Sämtl. Werke, Bd. 2, S. 21–28 (80d–87e)[9]

Auf die »Ideen« werden wir weiter unten (Teil III) noch ausführlicher zu sprechen kommen. Hier behandeln wir Ideen zunächst nur als Vorbilder (griech: paradeigmata), denen nichts, was unseren Sinnen in der veränderlichen Wirklichkeit gegeben werden könnte, entspricht. Kein wirkliches Dreieck, das wir fein säuberlich zu Papier bringen, kommt der »reinen«, mathematischen Idealfigur nahe, die wir im Sinne haben, wenn wir »das Dreieck« beispielsweise von »dem Kreis« unterscheiden. Uns schwebt in diesen Fällen vielmehr eine »ideale«, vollkommene Figur, eine »reine Form« (lat: forma) vor. Mit Hilfe dieser Form lassen sich gleichsam besondere Abgüsse herstellen, von denen keiner dem anderen völlig gleich sein kann und keiner die Vollkommenheit der Ursprungsform erreicht. Diese reine Form kann man auch »Idee« (griech: eidos oder idea) nennen.

Doch die Metapher mit der Guß- oder Prägeform ist etwas irreführend. Sokrates und Platon haben sich die Ideen nicht als *Konstruktionen* ausgemalt. Vor allem Platon sah die Welt der in *allgemeinen* und *wesentlichen* (eben: »prägenden«) Merkmalen aller Einzelexemplare einer Klasse erscheinenden Ideen als die eigentliche und maßgebende *Wirklichkeit* an! Deren Elemente, die einzelnen Ideen, sind von Ewigkeit an, unveränderlich und unvergänglich da. »In einem jeden Dialog (des platonischen Gesamtwerks – C.D.), in dem sie auftauchen, ist die Annahme ihrer Existenz unabhängig von jedem Denken, das sie auffaßt, ein durchgängiges Leitmotiv.« (Guthrie 1969, Bd. IV, S. 262)

Wenn wir die Idealgebilde *als* Idealgebilde niemals in der Welt der sinnlichen Gegebenheiten wahrnehmen können und wenn sie tatsächlich keine Konstruktionen nach Regeln unseres Vernunftgebrauchs darstellen sollten, wie können wir dann überhaupt etwas *erfahrungsunabhängig*, also a priori, über sie ausmachen?

Zur Lösung dieses Problems greift Platon in seinem Dialog »Menon« auf die berühmte Lehre vom Erkennen der Ideen als *Wiedererkennen*, Erinnerung (Anamnese), zurück: *Daß* wir etwas über die Ideen wissen, *bevor* wir jemals eigene Erfahrungen gemacht oder etwas von anderen gelernt haben, versucht Sokrates, der Hauptakteur der platonischen Dialoge, seinem Gesprächspartner Menon mit Hilfe eines einfachen Experiments klarzumachen. Er läßt einen griechisch sprechenden Sklaven des Menon kommen, dem keine besondere Ahnung in Geometrie nachgesagt werden kann. Menon soll nun darauf achten, ob der junge Sklave im Gespräch mit Sokrates lernt bzw. Gelerntes wiedergibt, oder ob sich sein Verhalten nur durch die Annahme einer Erinnerung an etwas, das er nicht erfahren haben kann (a priori), erklären läßt. Zu Beginn seines berühmten Frage- und Antwort-Spiels zeichnet Sokrates eine geometrische Figur, ein Viereck, in den Sand. Danach belehrt er den Sklaven tatsächlich nicht über diese Figur, sondern stellt ihm Fragen, die den Knaben zu konstruktiven, das Viereck erläuternden Antworten anregen: Schritt für Schritt, Frage um Frage, treibt Sokrates seinen als Sklave notwendigerweise geduldigen Gesprächspartner bis an einen Punkt, an dem dieser nicht mehr weiter weiß. »Aber beim Zeus, Sokrates, ich weiß es nicht.« An Menon gewandt, erläutert Sokrates nun sein weiteres Vorhaben: »Sieh nun aber auch zu, was er von dieser Verlegenheit aus mit mir suchend auch finden wird, indem ich ihn immer nur frage und niemals lehre.

Und gib wohl acht, ob du mich je darauf betriffst, daß ich ihn belehre und ihm vortrage und nicht seine eigenen Gedanken nur ihm abfrage.« (Platon, S. 25) Sokrates kann trotz des erklärten Unwissens des Knabens erfolgreich weiterfragen, den Befragten zu Antworten und zur Demonstration von Kenntnissen bewegen, über die dieser selbst erstaunt ist. »S: Was dünkt dich nun, Menon? Hat dieser irgendeine Vorstellung, die nicht sein war, zur Antwort gegeben? M: Nein, nur seine eignen. S: Und doch wußte er es vor kurzem noch nicht, wie wir gestanden? M: Ganz recht.« (S. 26 f.)

Wie soll man aber diesen erstaunlichen Beweis apriorischen Wissens erklären? Platons Sokrates greift dazu auf eine Lehre des Pythagoras und seiner Schüler, der sog. »Pythagoraer« zurück. Von Pythagoras wird folgende Anekdote berichtet: »... einst sei er gerade vorbeigegangen, als ein Hund geschlagen wurde; da habe er Mitleid empfunden und das Wort gesprochen: ›Hör auf und schlag das Tier nicht! Es ist ja die Seele eines befreundetes Mannes, die ich wiedererkannte, als ich das Winseln hörte!‹« (Capelle 1953, S. 100 f.) Für die Pythagoraer ist also die Seele eines Menschen nicht nur unsterblich, sie kann auch im Verlauf der Zeiten durch die Körper ganz verschiedener Lebewesen wandern. Platon nimmt diese These für seine Zwecke auf: Sokrates und Menon sind ja darin übereingekommen, daß der Sklave sein Wissen nicht auf *empirischem* Wege, nicht *a posteriori* aus einem Lernprozeß oder durch sinnliche Beobachtung gewonnen haben kann. Sein Wissen muß von vornherein (= a priori) in ihm angelegt gewesen sein. Aber wie?

»S: Wenn er sie (die Vorstellungen- C.D.) aber in diesem Leben nicht erlangt hat und daher nicht wußte: So hat er sie offenbar in einer anderen Zeit gehabt und gelernt.
M: Offenbar.
S: Ist nun nicht dieses die Zeit, wo er kein Mensch war?
M: Offenbar« (Platon, Menon S. 27).

Die Seele ist für Platon so unvergänglich wie die reinen Ideen selbst. Zwar kann sie nicht ihrerseits einschränkungslos als reine Form angesehen werden, aber durch ihre Unsterblichkeit kommt sie den reinen Wesenheiten sehr nahe. Oftmals reinkarniert, in verschiedenartigen Körpern »oftmals geboren«, hat sie alles, »was hier ist und in der Unterwelt« (ebd., S. 21 f.), vor allem aber die Wesenheiten immer schon angeschaut. Und in dem Maße, wie die Seele nicht vom Leib und leiblichen Zwängen »herabgezogen« wird (vgl. Platons Dialog *Phaidon*, Sämtl. Werke Bd. 3 S. 31), wird sie zur klaren Erinnerung der Ideen fähig. Weil die Seele schon alles auf ihrer Wanderung angeschaut hat, ist auch das ideelle Erkennen der reinen Formen letztlich nur *Wiedererkennen* (Anamnese). Wissen a priori ist möglich, weil wir dieses Erinnerungsvermögen der Seele an die Ideenwelt ganz unabhängig von jedem Lernen und jeder Erfahrung, vor jeder Erkenntnis, in Anspruch nehmen können.

Philosophiegeschichtliches Beispiel 2: Apriori – Scheinproblem der Metaphysiker?

Basistext: David Hume, *Eine Untersuchung über den menschlichen Verstand* (1738/40), Hamburg 1955, S. 17-69 und 74-95

Ein moderner »rationalistischer« Wissenschaftler mag zwar Gefallen an Platons Seelenlehre als guter Literatur und schöner mythischer Konstruktion finden, als wissenschaftliche Philosophie wird er sie gewiß nicht schätzen. Als Philosoph, der mit Ockhams Rasiermesser operiert[10], also nur so viel erfahrungsunabhängige Wesenheiten in seinen Theorien zuläßt, wie sich garnicht vermeiden lassen, wird ihm der ganze Apriorismus verdächtig vorkommen. Als Skeptiker in der Erkenntnistheorie wird er darin gar ein metaphysisches Scheinproblem erkennen, mit dem sich Philosophen nur deswegen beschäftigen, weil sie durchweg eine heillose Neigung haben, »Knoten in unsere Sprache« (Wittgenstein) zu machen, die sie dann als Sachprobleme mißverstehen und auflösen wollen.

Den apriorischen Knoten durchhauen will auch David Hume (1711-1776). Nach seiner Auffassung lassen sich die »Objekte«, mit denen die menschliche Vernunft befaßt ist, in zwei große Klassen einteilen: 1) Einmal geht es um »Beziehungen zwischen Vorstellungen«, also um Relationen zwischen den Inhalten unseres Bewußtseinsstromes. 2) Zum Zweiten müssen wir uns um »Tatsachen«, also um *empirische* Gegebenheiten wie handfeste Dinge, Ereignisse, Vorgänge kümmern (Basistext, S. 35).

Die Mathematik und die Geometrie fallen für Hume ganz eindeutig in die erste Klasse; denn beide löblichen Disziplinen befassen sich mit Beziehungen zwischen Figuren und Zahlen als *Gedankengebilden*. »*Daß das Quadrat der Hypothenuse gleich ist den Quadraten der beiden Seiten,* ist ein Satz, der eine Beziehung zwischen den Figuren ausdrückt. *Daß dreimal fünf gleich der Hälfte von dreißig ist,* drückt eine Beziehung zwischen diesen Zahlen aus. Sätze dieser Art sind durch die reine Tätigkeit des Denkens zu entdecken, ohne von irgendeinem Dasein in der Welt abhängig zu sein.« (Ebd.) Im Falle der ersten »Objektgruppe« gibt es also durchaus erfahrungsunabhängige Erkenntnisse, Einsichten apriori. Über diese ideellen Objekte lassen sich obendrein völlig unerschütterliche Urteile fällen. Daran, daß 3 x 5 die Hälfte von dreißig ist, läßt sich nämlich nicht rütteln!

Bei Tatsachenaussagen in der Gruppe 2 liegen die Dinge völlig anders. Wenn man etwas über die Empirie, also die Gegebenheiten unserer Erfahrungswelt aussagt, kann man niemals die Sicherheiten des 2 x 2 = 4 erreichen! Denn ohne den geringsten Widerspruch kann ich mir denken, daß ein noch so vertrauter Vorgang plötzlich ganz anders ablaufen könnte als bisher. »*Daß die Sonne morgen nicht aufgehen wird,* ist ein nicht minder verständlicher Satz und nicht widerspruchsvoller, als die Behauptung, *daß sie aufgehen wird.*« Das erste Ereignis ist vielleicht unwahrscheinlich, aber durchaus denkbar. Wenn wir uns um Tatsachen, wirkliche Ereignisse kümmern, kommt auch im Alltag der Suche nach *ursächlichen* Faktoren eine hervorragende Rolle zu. Wir sind's u.U. zufrieden, wenn wir herausfinden, was die *Ursache* eines irritierenden Ereignisses war. Ohne das Prinzip und den Begriff der *Kausalität* kämen wir in Alltag bestimmt nicht weiter.

Wie gelangen wir aber »zur Kenntnis von Ursache und Wirkung« (S. 37)? Nicht - wie in der Mathematik - durch »Denkakte apriori«!; nicht durch reine Vernunftoperationen, sondern durch Erfahrung. (z.B. Beobachtung oder Experiment). »Denn die Wirkung ist von der Ursache ganz und gar verschieden und kann folglich niemals in dieser entdeckt werden.« - »Mit einem Wort, jede Wirkung ist ein von ihrer Ursache verschiedenes Ereignis.« (S. 39 f.) Also kann man die Gedanken bzw. Sätze, die eine Ursache ausdrükken, zergliedern, analysieren wie man will, man wird nie durch diese rein gedankliche Operation, dieses apriorische Unternehmen, auf gerade die bestimmte Wirkung y stoßen, die normalerweise auf die Ursache x folgt. Man muß auf *Erfahrungen* (a posteriori) zurückgreifen, um den Zusammenhang zwischen x und y ausmachen zu können! Entscheidend ist also die These: »Apriorisch« könnte man Ursachenzusammenhänge nur erforschen, wenn man in dem »Begriff« der Ursache x (in den die Ursache ausdrückenden Begriffen und Sätzen) ohne Rücksicht auf Erfahrung die entsprechende Wirkung y aufzufinden vermöchte.

Tatsachenforschung, in diesem Falle: Zusammenhangsforschung, ist nach Hume letztlich an sinnliche Erfahrung und empirische Überprüfungskriterien gebunden. Es gilt, »daß... immer irgendeine Tatsache den Sinnen oder dem Gedächtnis gegenwärtig sein muß, von der diese unsere Schlüsse den ersten Ausgang nehmen« (S. 58). Was schon die mittelalterlichen *Empiristen* sagten: »Nullam ideam plane me habere in intellectu, quam non prius habuissem in sensu«, unterschreibt Hume mit allem Nachdruck: Es ist uns »unmöglich...., ein Ding zu *denken,* das wir nicht zuvor entweder durch unsere äußeren oder inneren Sinne *empfunden* haben«.

Wie kommen wir unter diesen Voraussetzungen aber zu unserer äußerst festsitzenden Meinung, morgen ginge die Sonne wieder im Osten auf, obwohl man sich im Prinzip stets das genaue Gegenteil ausmalen kann? Wieso erwarten wir von gleichartigen Ursachen gleichartige Wirkungen? Nach Hume ist die *Gewohnheit* die letzte Wurzel dieses festen Glaubens! Wir erleben das regelmäßige Auftreten zeitlich aufeinander folgender Sinnesausdrücke: Auf x folgt allemal y – wie wir sehen. Mithin bildet sich bei uns nach und nach die dann recht feste Gewohnheit aus, an das nachfolgende Eintreten von y zu glauben, wenn wir x erleben! »Wenn... viele gleichförmige Beispiele auftreten und demselben Gegenstand immer dasselbe Ereignis folgt, dann beginnen wir den Begriff von Ursache und Wirkung zu bilden. Wir *empfinden* nun ein neues Gefühl oder einen Eindruck, nämlich eine gewohnheitsmäßige Verknüpfung im Denken oder der Einbildung zwischen einem Gegenstand und seiner üblichen Begleitung...« (S. 95)

Daraus folgt aber auch: Es gibt keinen *absolut notwendigen,* unabding- und unaufhebbaren Zusammenhang zwischen Ursache und Wirkung! Wenn wir eine Kausalbeziehung feststellen, können wir *nicht* annehmen, y müsse unabdingbar, ohne jede denkbare Ausnahme auf x folgen. Wir sind halt nur daran *gewöhnt*, daß die Sonne jeden Morgen im Osten aufgeht. Wir können uns jedoch ohne weiteres eine Drehung der Erdachse *denken*, so daß unser Südbalkon am Mittag plötzlich im Schatten liegt. Die Beziehung zwischen Ursache und Wirkung ist keine *notwendige*, sondern nur eine *regelmäßige*, empirisch-kontingente! Wer nun den Anspruch erhebt, etwas über Wirkungszusammenhänge rein »aus dem Begriff«, *völlig a priori*, ohne Konsultation der Erfahrung (= a posteriori) herausfinden zu wollen, zieht nach diesem Verständnis in die Klasse der wilden metaphysischen Spekulanten ein. Solche Probleme sind Scheinprobleme, bestenfalls unterhaltsame oder schöngeistige Literatur wie Platons Reinkarnationslehre!

Synthetische Urteile a priori – Der Gegenstand einer Lehre von der reinen theoretischen Vernunft

Humes Argumente haben bei Kant einen tiefen Eindruck hinterlassen:

> »*Hume* ging hauptsächlich von einem einzigen, aber wichtigen Begriffe der Metaphysik, nämlich dem der *Verknüpfung der Ursache und Wirkung...* aus, und forderte die Vernunft, die da vorgibt, ihn in ihrem Schoße erzeugt zu haben, auf, ihm Rede und Antwort zu geben, mit welchem Rechte sie sich denkt, daß etwas so beschaffen sein könne, daß, wenn es gesetzt ist, dadurch auch etwas anderes notwendig gesetzt werden müsse; denn das sagt der Begriff der Ursache.« (III 115; A 8)

Freimütig bekennt Kant, erst Hume habe ihn aus seinen metaphysischen Träumereien gerissen. »Ich gestehe frei: die Erinnerung des David Hume war eben dasjenige, was mir vor vielen Jahren zuerst den dogmatischen Schlummer unterbrach und meinen Untersuchungen im Felde der Spekulativen Philosophie eine ganz andere Richtung gab.« (III 118; A 13) Nicht das Kolumbus-Trauma, das man besonders Berufsphilosophen nachsagt[11], die Erschütterung durch Humesche Argumente hat Kant vor allem veranlaßt, es einmal mit jener kopernikanischen Wende zu versuchen, wenn anders noch Ansprüche der reinen theoretischen Vernunft sollen verteidigt werden.

Im Folgenden nun werden maßgebliche Begriffe, Themen und Thesen dieser Umwälzung »unserer Denkungsart« - zusammengestellt in einer Tabelle - unter gelegentlicher Einbeziehung Humescher Überlegungen im einzelnen erläutert.

Erkenntnis-art 1	Erkenntnis-gewinn 2	Urteilstyp 3	Logische Wertigkeit 4	Erkenntnis-gegenstand 5	Beweis-strategien 6	Erkenntnis-vermögen 7
A priori	Analytisch	Erläuterungs-urteil	Notwendig + Allgemein	Vorstellungen	Explikation (Ableitung)	Verstand
A posteriori	Synthetisch	Erweiterungs-urteil	Kontingent	Tatsachen	Empirische Überprüfung	Sinn-lichkeit

Zu Spalte 1:

Wir haben gesehen: Hume teilt die »Gegenstände der menschlichen Vernunft« in zwei ihm »naturgemäß« erscheinende Klassen ein: In »Beziehungen von Vorstellungen« und in »Tatsachen«. Über »Vorstellungsbeziehungen« können wir Urteile apriori fällen, über Tatsachen nur Urteile aposteriori (Erfahrungsurteile). Wörtlich genommen, heißt »apriori« im Lateinischen »von vornherein«, »aposteriori« wäre dagegen als »im Nachhinein« zu lesen. In zunächst noch vager Form kann man sagen: Erkenntnis apriori ist Erkenntnis aus reiner Vernunft. Sie käme nach Hume dadurch zustande, daß wir etwas über »Objekte« durch bloßes Nachdenken, ohne jede Inanspruchnahme von Erfahrungen (Beobachtung, Experiment etc.) herausfinden. Diese Möglichkeit ist für ihn nur bei der ersten »Objekt«-gruppe, bei den Beziehungen zwischen unseren eigenen Vorstellungen, gegeben. In diesem Falle ergibt sich Einsicht tatsächlich durch die - wie Hume sagt - »reine Tätigkeit des Denkens«. Wenn ich etwas vom Rechnen verstehe, brauche ich nicht an Kuchenstücken abzuzählen, daß das Doppelte von 7 1/2 die Hälfte von 30 ist.

Wenn es um *Tatsachen* geht, setzt das »reine Denken« jedoch aus. Tatsachenerkenntnis ist immer aposteriorische, erfahrungsgebundene Erkenntnis. Das hat schlicht und einfach etwas damit zu tun, daß wir uns beim besten Willen nicht als Schöpfer sämtlicher Dinge und aller Materie in Raum und Zeit betrachten können. Nur für einen Gott, der dadurch, daß er etwas - frei von jeder Bindung an anderes als seine selbstgegebenen Regeln – *denkt* (intellectus archetypus), dieses Etwas zugleich *schafft*, wäre Humes Unterscheidung von »Vorstellungen« und »Tatsachen« hinfällig. Nur für diesen Schöpfergott gäbe es keine Trennung von apriori und aposteriori.

Zu Spalte 2:

Kant verdeutlicht den auch für ihn wichtigen Unterschied zwischen apriori und aposteriori mit Vorliebe an Beispielen aus der Logik der *Urteile.* Zahllosen inhaltlichen Urteilen ist die elementare logische Struktur SeP gemein. Diese Formel sagt uns: Einem (Satz-)Subjekt S kommt eine Eigenschaft, ein Prädikat P zu, wobei »e« als »ist« (sind) bzw. »hat die Eigenschaft...« gelesen werden kann. »e« ist die »Copula« des Urteils. »Alle Körper (= S) sind (= e) ausgedehnt« (= P) wäre demnach einer der vielen möglichen Einsetzungsfälle in diese Formel (II 52; A 7, B 11). Die Begriffe in einem Urteil, also S und P, stammen im allgemeinen aus zwei Sprachsystemen: 1.) aus der *Alltagssprache* und/oder 2.) aus einer »normierten«, also nach feststehenden Regeln gebildeten und für die Wissenschaftler einer bestimmten Disziplin oder Schule halbwegs verbindlichen *Wissenschaftssprache.*

»Alle Junggesellen sind unverheiratet«, ist ein bei Logikern beliebtes Beispiel für einen alltagssprachlichen Einsetzungsfall in die Strukturformel SeP. »Der Kreisumfang beträgt $2\pi r$« ist ein wissenschaftssprachliches Beispiel, in dem $2\pi r$ als eine komplexe mathematische Größe auftritt. Begriffe wie »Junggeselle« fassen eine Mannigfaltigkeit von Merkmalen eines »Objektes«, in diesem Falle: einer bestimmten Personengruppe, zusammen. Wissenschaftssprachlich kann man diesen sachlichen Befund auch so ausdrücken: Ein Begriff umgreift eine Menge von Begriffsdimensionen (Merkmalsbestimmungen) einer »Referenzklasse« von »Objekten« (Elementen). Zum Begriff »Junggeselle« gehört jedenfalls nach kaum bestrittener Ansicht die Eigenschaftsdimension »unverheiratet«. Wenn dem aber weitgehend unstrittig so ist, muß uns das Urteil »Alle Junggesellen sind glücklich verheiratet« als sprachlicher Widersinn, *Widerspruch* vorkommen. Es ist in Fällen dieser Qualität offenkundig »selbstwidersprüchlich«, zu vermuten, es gäbe einen Fall von S (= Junggeselle), dem das Merkmal P (= unverheiratet) abzusprechen wäre. Einen

Wissenschaftler, der das entschlossene Urteil fällte: »Alle Dreiecke haben vier Ecken«, würde die Zunft verstoßen.

In all den genannten Beispielen gehört die entsprechende Merkmalsdimension S zum feststehenden, also weder im Duden noch von den sonst so skeptischen Kollegen angezweifelten Sinnbestandteilen (Begriffsdimensionen) *des Begriffes S selbst.* Kugeln sind per definitionem rund. Wir können uns also dieser Dimensionen allein durch die *Analyse,* durch Begriffszergliederung als Zerlegung in Dimensionen, versichern. M.a.W: Durch zergliedernde, sagen wir dazu: *analytische Urteile* holen wir den entsprechenden Sinnbestandteil P aus S heraus. Natürlich kann man sich ganze Systeme miteinander verbundener Urteile und Begriffe vorstellen. Auch aus diesen Systemen kann man weitere Urteile und Begriffe nach allen Regeln der logischen Ableitungskunst »herausziehen« (Kant).

Läßt sich jedoch S mit P so verbinden, daß dem S ein Prädikat P *hinzugefügt* wird, *das nicht von vornherein eine anerkannte Begriffsdimension von S darstellt,* dann handelt es sich um *synthetische Urteile.* Kant nennt dafür als Beispiel: »Alle Körper sind schwer« (II 53; A 7, B 11) und meint offensichtlich, weder die Alltagssprache, noch die ihm bekannten, normierten Wissenschaftssprachen zeichneten »Schwere« (P) als Bestandteil des Sinngehalts von »Körper« (S) aus. »... Wenn ich sage: alle Körper sind schwer, so ist das Prädikat etwas ganz anderes, als das, was ich in dem bloßen Begriff eines Körpers überhaupt denke. Das Hinzufügen eines solchen Prädikats gibt also ein synthetisch Urteil.« (Ebd.)

Zu Spalte 3:

Es wäre gänzlich verfehlt, analytische Urteile als solche abzuwerten, in denen bloß das ausgesagt wird, was wir ohnehin schon wissen. »Alle Junggesellen sind unverheiratet« ist ein wenig erhellendes analytisches Urteil. Doch in das Prädikat »unverheiratet« gehen durchaus komplexe Informationen über bestimmte gesellschaftliche Institutionen wie die Ehe und über Rechtsregeln ein, die ihrerseits erst durch weitere – soziologische – Analyse aufzuhellen wären. *Analyse* kann uns etwas deutlicher vor Augen führen, womit wir zuvor vielleicht nur ganz vage Vorstellungen verbanden. Selbst *Entdeckungen* können auf dem Wege der zergliedernden Erläuterung gemacht werden; denn man kann aus einem System vorhandener Urteile (Sätze) auf verschlungenen Pfaden Schlußfolgerungen ziehen, auf die bisher noch niemand gekommen ist. Es heißt, ein Teil der Erkenntnisfortschritte in Logik und Mathematik seien auf diesem Wege erzielt worden. Kant nennt die analytischen Urteile daher auch *Erläuterungsurteile* (II 52; A 6, B 10).

Bei synthetischen, den *Erweiterungsurteilen*, liegt der Erkenntnisgewinn auf der Hand. Denn bringen wir ein zutreffendes (wahres) Erweiterungsurteil zustande, dann haben wir es – auf welchem Wege auch immer – geschafft, eine *neue*[12] Seite an einem Tatbestand S zu entdecken. Es wird zumindest etwas über S ausgesagt, was »im Begriff von S« nicht von vornherein (apriori) enthalten war.

»In allen Urteilen, worinnen das Verhältnis eines Subjekts zum Prädikat gedacht wird..., ist dieses Verhältnis auf zweierlei Art möglich. Entweder das Prädikat B gehört zum Subjekt A als etwas, was in diesem Begriffe A (versteckterweise) enthalten ist, oder B liegt ganz außer dem Begriff A, ob es zwar mit demselben in Verknüpfung steht. Im ersten Fall nenne ich das Urteil *analytisch*, in dem andern *synthetisch*. ... Die ersteren (= Subjekt-Prädikat-Verknüpfungen-C.D.) könnte man auch Erläuterungs-, die anderen *Erweiterungsurteile* heißen...« (Ebd.; Hervorh.-C.D.)

Zu Spalte 4:

»Notwendigkeit und strenge Allgemeinheit sind... sichere Kennzeichen einer Erkenntnis a priori und gehören auch unzertrennlich zueinander.« (II 47; B 5) Damit stehen wir wieder vor dem Problem des »alle« und »müssen« (s.o. S. 32 f.), denn a) *Notwendigkeit* ist das unbedingte Müssen, b) *Allgemeinheit* Verbindlichkeit für alle.

ad a: In vorsichtiger Annäherung ließe sich mit Kant behaupten, »Notwendigkeit« bezeichne eine logische Eigenschaft einer Klasse von Urteilen bzw. Aussagen.[13] Wie es auch heute noch durchaus üblich ist, schlägt Kant vor, diese Eigenschaft mit Hilfe des »Satzes vom Widerspruch« (vgl. II 53; A 8, B12) zu erläutern. Der Satz vom ausgeschlossenen Widerspruch wäre demnach ein Kriterium zur Ermittlung streng »notwendiger« Urteile. In der Formulierung von Cohen/Nagel (1962, S. 123) lautet dieser Grundsatz der Logik: »Nichts ist ein Element von sowohl a als auch nicht-a«. Anders gesagt: Wenn man einen Satz bejaht, ihm zustimmt, kann man nicht gleichzeitig sein genaues Gegenteil für wahr halten. Den Satz »Der Tadsch Mahal ist weiß« zu verneinen, ist gleichwertig damit, den Satz »Der Tadsch Mahal ist nicht weiß« zu bejahen. Nichts, ein S, kann eine bestimmte Eigenschaft (= P) und gleichzeitig das strikte Gegenteil dieser Eigenschaft (= ∼ P) aufweisen. Für denjenigen, welcher des Deutschen mächtig ist, gibt es überhaupt keine *logische* Möglichkeit, daran zu zweifeln, daß ein »Junggeselle« ein »unverheirateter Mann« ist. Es fehlt jeder logische und empirische Anhaltspunkt dafür, daß er auch die entgegengesetzte Eigenschaft ∼ P aufweisen könnte. Allerdings hängt diese »Notwendigkeit« rein an der geltenden Sprachregelung, derzufolge »unverheiratet« fest mit »Junggeselle« verbunden bleibt:

»Daß ein Körper ausgedehnt sei, ist ein Satz, der a priori feststeht und kein Erfahrungsurteil. Denn, ehe ich zur Erfahrung gehe, habe ich alle Bedingungen zu meinem Urteile schon in dem Begriffe, aus welchem ich das Prädikat nach dem Satze des Widerspruchs nur herausziehen, und dadurch zugleich der Notwendigkeit des Urteils bewußt werden kann, welche mir Erfahrung nicht einmal lehren würde.« (II 53 / A7, B 11 f.)

ad b: Auch »Allgemeinheit« im Sinne der Verbindlichkeit für alle kompetenten Sprecher ist nach Kant ein Kriterium zur Aussonderung apriorischer Urteile. »Wird ... ein Urteil in strenger Allgemeinheit gedacht, d.i. so, daß gar keine Ausnahme als möglich verstattet wird, so ist es nicht von der Erfahrung abgeleitet, sondern schlechterdings a priori gültig« (II 46 f.; B 3 f.). Gemeint ist offenkundig: SeP gilt für »alle« ohne jede denkbare Ausnahme.

Wir können nun auch einen wissenschaftssprachlich gefaßten Gegenbegriff zu »Notwendigkeit«, den Begriff der *»Kontingenz«*, einführen: SeP soll diesmal heißen: »Die Sonne geht morgen wieder im Osten auf.« Die Annahme des Gegenteils, so hat Hume gezeigt, ist jedoch ohne weiteres möglich, ergibt in diesem Falle keinen Selbstwiderspruch! Es bedeutet weder eine logische Absurdität, noch eine absolut ausgeschlossene empirische Möglichkeit, daß wir morgen durch einen Sonnenaufgang im Süden überrascht werden.

Halten wir also fest: Für Hume und Kant sind die apriorischen Urteile »notwendig« und »allgemein«, die aposteriorischen Urteile »kontingent«. Darin spiegelt sich eine Unterscheidung wider, die die gesamte Metaphysik der damaligen Zeit intensiv beschäftigt hat. G.W. *Leibniz* (1646–1716) faßt sie in folgender Form zusammen: »Es gibt ferner zwei Arten von *Wahrheiten: Vernunftwahrheiten* und *Tatsachenwahrheiten.* Die Vernunftwahrheiten sind notwendig und ihr Gegenteil ist unmöglich; die Tatsachenwahrheiten sind zufällig und ihr Gegenteil ist möglich. Wenn eine Wahrheit notwendig ist, so kann man durch Analyse ihren Grund auffinden, indem man sie in einfachere Ideen und Wahrheiten auflöst, bis man zu den ursprünglichen kommt.« (Leibniz 1958, S. 138)

Zu Spalte 5:

Wenn wir einen etwas freizügigen Gebrauch vom Leibnizschen Einteilungsvorschlag machen, können wir an dieser Stelle, zurückblickend, die erste Zeile unserer Tabelle als den Ort der *Vernunftwahrheiten,* die zweite als den Platz der *Tatsachenwahrheiten* ansehen. »Vernunftwahrheiten« bestünden damit aus einem System von *apriorischen,* also notwendigen und allgemeinverbindlichen Aussagen, die analytisch sind, also Erläuterungsurteile darstellen. »Tatsachenwahrheiten« bestünden dagegen aus einem System von *aposteriorischen,* also kontingenten, Aussagen, die synthetisch sind, mithin Erweiterungsurteile abgeben.

Für Hume sind nun »Vorstellungen« der Bezugspunkt jener Aussagen, welche – wenn sie korrekt sind – »Vernunftwahrheiten« heißen können. In dem Begriff der »Vorstellung« hat er allerdings sehr viel zusammengezogen: sprachliche Äußerungen, Gedanken, Phantasiegebilde, Gefühlseindrücke, Sinnesempfindungen, Wahrnehmungen scheinen allesamt zugelassen. Möglicherweise sind es aber auch nur »Ideen« als Inbegriff all dessen, was uns durch den Kopf gehen oder auf der Zunge liegen kann. Wie dem auch sei: Da Kant bei seinen Beispielen für apriorische Themen meist mit Begriffen wie »Körper« oder Urteilen wie »Alle Körper sind ausgedehnt« arbeitet, vereinfachen wir uns die Sache dadurch, daß wir »Vorstellung« mit »sprachlichem Ausdruck«, mit Äußerungen in Wort und Schrift gleichsetzen. Da Mathematik und mathematische Geometrie heutzutage als besondere Arten von Sprachen, Wissenschaftssprachen, gelten, sind diese Disziplinen – genau wie Hume dies will – eingeschlossen.

Machen wir uns die Differenz zwischen »Vorstellungen« und »Tatsachen« bei Hume noch einmal an einem geistreichen Satz klar. Er lautet: »Dieser Junggeselle ist krank«. Man kann diese Äußerung tatsächlich als eine »Vorstellung«, als ein Sprachgebilde ansehen und analysieren. Die Analyse würde uns z.b. mit so bedeutungsschwangeren *Sätzen a priori* wie: »Dieser unverheiratete Mann ist krank« versorgen. (Denn diese Aussage ist im Urteil im kantschen Sinn »enthalten«.) Wir können das Urteil aber auch als *Tatsachenaussage*, als Aussage über das *tatsächliche* Befinden dieses inzwischen wohl lästigen Burschen nehmen. Dann verfügen wir über ein *Urteil a posteriori;* denn es gibt keinen Widersinn, anzunehmen, der Knabe könne auch gesund sein. Belassen wir ihn in diesem Zustand!

Entscheidend ist die These Humes, nur »Vorstellungen« seien ein sinnvoller Gegenstand von apriorischen Urteilen. Oder das gleiche in eine Wendung gebracht, die Kant aus dem dogmatischen Schlummer gerissen haben muß: *Es gibt keine Tatsachenaussagen, die den Ansprüchen apriorischer Urteile genügten!*

Zu Spalte 6:

Bevor wir auf die gegenteilige Meinung Kants aufmerksam machen, ist noch ein Hinweis auf die unterschiedlichen Weisen der Entscheidungen darüber zu geben, wann ein apriorisches bzw. ein aposteriorisches Urteil »wahr« sein könnte. Wiederum - wie so oft in einem Einführungsbuch - müssen wir den Teufel im Detail meiden.

a) Wann ist für Hume ein *apriorisches* Urteil wahr? Besser: Wann ist es »korrekt«? Darüber befindet man mittels des Verfahrens der *Explikation* bzw. der Deduktion (Ableitung). Den Begriff »Explikation« kann man sowohl für das »Herausziehen« (Kant) von Prädikaten (Begriffsdimensionen) aus einem Begriff, als auch für die logische Ableitung von Urteilen aus vorausgesetzten anderen benutzen. Bleiben wir beim Beispiel von Urteilen mit der Form SeP. Bei einer Deduktion leiten wir ein oder mehrere Urteile aus sprachlich ausgedrückten Voraus-Setzungen, letztlich aus Axiomen ab. Aus den Voraussetzungen (Prämissen) P1: »Alle Menschen sind sterblich«, und P2: »Sokrates ist ein Mensch«, können wir *streng logisch,* also mit Notwendigkeit, das nachgeordnete Urteil C: »(Also gilt:) Sokrates ist sterblich« folgern. Die Ergebnisse derartiger Ableitungen, also Sätze vom Typ der Konklusion C, dürfen weder im Widerspruch zu den gemachten Voraussetzungen P1 und P2, noch im Gegensatz zu anderen Schlußfolgerungen stehen, die sich aus den gleichen Prämissen ziehen lassen. Vorbild für Deduktionen sind die strikten Beweisverfahren in Logik und Mathematik: »Ein logischer Beweis oder Bewegung besteht... in der Offenlegung einer Aussage als notwendige Konsequenz anderer Aussagen.« (Cohen/Nagel 1962, S. 130) »Notwendigkeit« meint hiermit einschränkungslose Ableitbarkeit nach logischen Regeln.

Auf das Apriori stoßen wir in Form von zwei elementaren Möglichkeiten, nach denen die Schlußfolgerung *apriori als wahr* eingesehen werden kann. 1.) Einmal kann sie als »a priori wahr« im Sinne von »richtig und regelgerecht gefolgert« gelten. Das bedeutet letztlich, C ließe sich ohne Erzeugung von Widersprüchen aus den anderen Aussagen (P1 und P2) »herausziehen«, folgern. 2.) Eine Schlußfolgerung erweist sich als a priori, als *inhaltlich* (tatsachenbezogen), »wahr« im Sinne von »zutreffend«, *wenn* sie regelgerecht aus Voraussetzungen gefolgert wurde, die ihrerseits zutreffen, also inhaltlich wahr sind. Wenn man weiß, daß die Prämissen wahr oder falsch sind, dann weiß man a priori etwas darüber, ob auch die Schlußfolgerungen inhaltlich wahr oder falsch sind, die aus ihnen strikt abgeleitet wurden. Die Sache hat den kleinen Haken, daß das eigentliche inhaltliche Wahrheitsproblem damit nur auf die Prämissen verschoben wurde. All diese apriorischen Einsichten sind jedoch nur auf *analytischem* Wege, also durch Analyse, Deduktion, Explikation gewonnen worden. Es handelt sich um bloße Erläuterungsurteile bzw. Vernunftwahrheiten.

b) Wann ist für Hume ein *aposteriorisches Urteil* wahr? Über die Stichhaltigkeit von Tatsachenwahrheiten läßt sich seines Erachtens nur im Rückgriff auf Erfahrungen entscheiden. Wir machen wissenschaftliche Erfahrungen, indem wir Tatsachenbehauptungen auf ihre Stichhaltigkeit hin überprüfen – und das bedeutet für Empiristen wie Hume nicht zuletzt, Beobachtungen anzustellen oder Experimente zu veranstalten (Experimente könnte man ja auch als besonders systematische Beobachtungen klassifizieren). Für Hume gilt: Die wissenschaftlichen Erfahrungen, die wir über Wirklichkeitszusammenhänge (Kausalitäten) auf dem Wege der Überprüfung unserer Vermutungen »an der Wirklichkeit« (a posteriori) machen, sind allesamt in *kontingenten* Aussagen ausgedrückt. Diese Aussagen haben zwar den Vorzug der *Erweiterungs*urteile, sie sind *synthetisch, aber nicht a priori!*

Zu Spalte 7:

Hierzu ist nur die ergänzende Notiz zu machen, daß »Verstand« oftmals als das Vermögen der Analyse und Explikation angesehen wird, während uns die Sinne - wie immer sie auch durch Gerätschaften erweitert sein mögen - die *inhaltlichen* Informationen liefern, um z.B. behaupten zu können, X träte mit Y verbunden auf. Jetzt stehen uns endlich alle vereinfachten Mittel zur Verfügung, die wir brauchen, um das erkenntnistheoretische Grundproblem zu verstehen, mit dem sich die KrV - anders als Hume - auseinandersetzt. Blättern wir noch einmal zur Tabelle auf Seite 44 zurück und lesen wir dort nur die Spalten 1 und 2, dann stoßen wir auf vier Grundmerkmale von Urteilen nach Kant: synthetisch, analytisch, a priori, a posteriori. Ganz mechanisch, nach den mathematischen Regeln der Kombinatorik, lassen sich aus diesen Grundmerkmalen auch vier Merkmalspaare für Urteile zusammensetzen.

1) Analytische Urteile a priori.
2) Analytische Urteile a posteriori.
3) Synthetische Urteile a posteriori.
4) Synthetische Urteile a priori.

Urteilsart (1) kann man mit Kant »erfahrungsunabhängige Erläuterungsurteile« nennen. Bei ihnen läßt sich ohne Rückgriff auf Erfahrung (a priori) einsehen, daß oder ob sie wahr sind. Man braucht dazu nur über den Sinn, den semantischen Gehalt ihrer Begriffe und Aussagen nachzudenken und diesen durch Explikation »herauszuziehen« (s.o. Erläuterung zu Spalte 6).

Urteilsart (2) stellt ein Merkmalspaar dar, das man gleich wieder vergessen kann. »Denn es wäre ungereimt, ein analytisches Urteil auf Erfahrung zu gründen, weil ich aus meinem Begriff gar nicht hinausgehen darf, um das Urteil abzufassen, und also kein Zeugnis der Erfahrung dazu nötig habe.« (II 53 A 7, B 11) Um den Sinngehalt von »Vernunftwahrheiten« zu erläutern, bedarf es keiner Beobachtungen und Experimente. Es reicht die bloße Zergliederung (Analyse) der Begriffe und Sätze ohne Rücksicht auf empirische Gegebenheiten aus.

Urteilsart (3) betrifft die in den Erläuterungen zu den Spalten 4, 5 und 6 der Tabelle skizzierten »erfahrungsabhängigen Erweiterungsurteile«. Es handelt sich bei ihnen also um die erfahrungsgestützten, damit unser Wissen erweiternden – wenn auch kontingenten – Aussagen über die tatsächlichen Gegebenheiten in der Welt (Tatsachenwahrheiten).

Urteilskraft (4) reißt die unüberbrückbare Kluft zwischen Kant und Hume auf. Snythetische Urteile a priori sind »erfahrungsunabhängige Erweiterungsurteile«, Urteile mithin, die merkwürdigerweise unser Wissen über die »Objekte« in der Welt erweitern sollen, ohne daß wir uns bei dieser Erweiterung auf »Empirie«, auf Erfahrung stützen müßten. In synthetischen Urteilen a priori würden also gleichsam *Tatsachenwahrheiten aus reiner (theoretischer) Vernunft* ausgesprochen! Kant ist der festen Überzeugung, genügend sinnvolle Beispiele für diese ungewöhnliche Urteilsart im Bereich der Mathematik und Geometrie vorzufinden. Die Zentralfrage der KrV lautet also nicht, *ob* es synthetische Urteile a priori überhaupt gibt, sondern wie die vorhandenen *möglich* sind (unter welchen Voraussetzungen sie gefällt werden können und wie ihre logische Struktur aussieht). An der Möglichkeit synthetischer Urteile a priori bemessen sich aber auch Reichweite und Ansprüche der Metaphysik als »Objekt«-Erkenntnis aus reiner Vernunft!

Kritisches Beispiel 1:
Über Schwierigkeiten, das Analytische vom Synthetischen zu scheiden

Basistext: W.v. O. Quine: *Two Dogmas of Empiricism*, in ders.: From a logical point of view, New York 1953

Niemand kann behaupten, die feinen Unterschiede zwischen »synthetisch-analytisch«, »a priori – a posteriori«, »notwendig-kontingent«, die wir von Kant und Hume gelernt haben, spielten heute keine Rolle mehr. Man schlage irgendeine Einführung in die Erkenntnis- und Wissenschaftstheorie auf und man wird auf festsitzende Ansichten wie z.B. folgende stoßen:

»Im engeren Sinne analytische wahre Aussagen (Sätze) sind aus rein logischen Gründen wahr, im weiteren Sinne analytisch wahre Aussagen (Sätze) sind wahr auf Grund von Bedeutungsfestlegungen... und synthetisch wahre Aussagen (Sätze) sind Aussagen (Sätze), die aus rein faktischen Gründen wahr sind.« (Leinfellner 1970, S. 28)

Andererseits gibt es eine Reihe von skeptischen Überlegungen zur Möglichkeit, die feinen Unterschiede zu machen, von denen die aufgezählten Eigenschaftspaare abhängig sind. Attacken, die Kant ins Mark treffen sollen, zielen natürlich auf seine Annahme, es *gäbe* synthetische Urteile a priori, und auf seine feste Meinung, die Mathematik liefere uns die Beispiele dafür. Noch erschütternder wäre der Nachweis, daß die ganze Unterscheidung von »analytisch« und »synthetisch« von vornherein hinfällig ist, denn ohne sie wären alle oben erwähnten vier Urteilsarten reine Begriffsspielerei.

Eine entsprechende und vieldiskutierte Offensive in diese Richtung hat Quine gestartet. Sie richtet sich gegen eine philosophische Position, die er »modernen Empirizismus« nennt. »Modern« heißt sie vermutlich deswegen, weil ihre Anhänger eine Reihe von Annahmen des uralten *Empirismus* kritisch umgeformt und logisch präzisiert haben. Eine der allgemeinen Ansichten, die man zur Kennzeichnung des Empirismus heranziehen könnte, die nämlich, äußere Erfahrung mit Hilfe unserer Sinne sei die Voraussetzung, Basis aller Erkenntnis, teilt auf seine Weise auch Kant:

»Daß alle unsere Erkenntnis mit der Erfahrung anfange, daran ist gar kein Zweifel; denn wodurch sollte das Erkenntnisvermögen sonst zur Ausübung erweckt werden, geschähe es nicht durch Gegenstände, die unsere Sinne rühren und teils von selbst Vorstellungen bewirken, teils unsere Verstandestätigkeit in Bewegung bringen, diese zu vergleichen, sie zu verknüpfen oder zu trennen, und so den rohen Stoff sinnlicher Eindrücke zu einer Erkenntnis der Gegenstände zu verarbeiten, die Erfahrung heißt? *Der Zeit nach* geht also keine Erkenntnis in uns vor der Erfahrung vorher, und mit dieser fängt alles an.« (II 45; B 1)

Viele Empiristen würden dieser Aussage - mit nachdrücklicher Zustimmung - nur die Ansicht entnehmen: Unsere Erkenntnis baut auf unmittelbar gegebenen sinnlichen Daten, *Beobachtungsdaten,* auf, die gewissermaßen den inhaltlichen Stoff hergeben, an dem unser begrifflich-sprachliches Vermögen seine zergliedernde bzw. ordnend zusammenfügende Arbeit verrichten kann (Kambartel 1968, S. 21).

In manchen empiristischen Kreisen verdichtet sich dies zur Auffassung, »wissenschaftlich« könnten nur die Aussagen heißen, die nach streng methodischen Regeln aus erfahrungsbezogenen Termen und Sätzen aufgebaut oder an Beobachtungen, protokollierenden Aussagen überprüft wurden. In logisch besonders strengen Formen führt der Weg nach Quine schließlich zum ersten zweier prägender Dogmen des modernen Empirizismus, zum Dogma des *Reduktionismus.* Das bedeutet für ihn »die Ansicht, daß jeder sinnvolle[14] Satz einem logischen Konstrukt aus Termen äquivalent ist, die sich auf unmittelbare Erfahrung beziehen« (1953, S. 20). Nur Begriffe (Terme) und Aussagen, welche sich mittels klarer und kontrollierbarer Regeln auf Aussagen über Beobachtungsergebnisse zurückführen lassen, haben etwas in der Wissenschaft zu suchen!

Wie diese Zurückführungen im einzelnen bewerkstelligt werden sollen, lassen wir hier dahingestellt. Uns interessiert das zweite Dogma des Empirizismus nach Quine: der Glaube an eine »fundamentale Spaltung zwischen Wahrheiten, die *analytisch* bzw. in Sinngehalten unabhängig von tatsächlichen Gegebenheiten begründet sind, und Wahrheiten, die *synthetisch* bzw. in Tatsachen begründet sind« (ebd.). In der Art und Weise, wie Quine die üblichen Ansichten vom Unterschied zwischen analytisch und synthetisch zusammenfaßt, drückt sich eine für die gesamte neuzeitliche Philosophie kennzeichnende Verschiebung von den *Fakultäten unseres Erkenntnisvermögens* weg und hin zur *Sprache* aus. »Man beachte die charakteristische Verschiebung von Kants quasi-psychologischer Betrachtung in Kategorien von *Begriffen,* welche in *Urteilen* enthalten sind, zur jüngeren linguistischen Kennzeichnung in Kategorien des *Sinns* der Wortbestandteile, von *Sätzen.*« (Haack, 1978, S. 172) Ein analytischer Satz, so heißt es nun, ist einer, der allein aufgrund des Sinngehalts seiner Bestandteile, unabhängig von aller Rücksprache bei der Erfahrung, *wahr* ist. Doch wie soll man diese Sorte Wahrheit, die Frege »logische Wahrheit« nennt, verstehen? Genau wie Kant gehen auch noch viele neuzeitliche Autoren davon aus, das Hauptkriterium für analytische Sätze bestünde in dem Test, wo die Behauptung des Gegenteils eines Ursprungssatzes, seine Negation, einen Selbstwiderspruch liefert oder nicht. Da der Junggeselle auch bei Quine unvermeidlich ist, erscheint er auch hier wieder brav auf der Bühne: »Kein unverheirateter Mann ist verheiratet«. In der Tat! Die Behauptung des Gegenteils wäre mindestens so absurd wie die Ansicht: »Dieses Dreieck hat vier Seiten!« Das können wir ganz einfach aufgrund des Sinngehalts der »Terme« in diesen tiefschürfenden Verlautbarungen einsehen.

Doch Quine ist mit schlichten Tests dieser Art und der darin enthaltenen Definition von Analytizität alles andere denn zufrieden. Er bemerkt dazu nur lakonisch: »Aber diese Definition hat einen geringen Erklärungswert; denn der Begriff der Selbst-Widersprüchlichkeit – im zweiten Sinn, der für diese Definition von Analytizität notwendig ist – ist auf die genau die gleiche Weise der Erklärung bedürftig wie der Begriff der Analytizität selbst. Diese beiden Begriffe präsentieren sich als zwei Seiten einer einzigen zweifelhaften Münze.« (1953, S. 20) Daß kein unverheirateter Mann verheiratet ist, erscheint uns als eine im weitere Sinn *logisch notwendige Wahrheit*. Die echten Probleme ergeben sich für Quine erst, wenn man andere Sätze in die Form logischer Wahrheiten bringen will. Hat Satz (2): »Kein Junggeselle ist verheiratet« nicht genau den gleichen Sinngehalt wie Satz (1): »Kein unverheirateter Mann ist verheiratet«? Von Sätzen und Begiffen, die das Gleiche bedeuten, sagt man, sie seien »synonym«. Also läßt sich das Verhältnis von Satz 2 zu Satz 1 auch so beschreiben: »Das Grundmerkmal eines solchen Satzes ist, daß er in eine logische Wahrheit umgeformt werden kann, indem man Synonym für Synonym einsetzt; so kann (2) in (1) umgeformt werden, indem man an die Stelle »unverheirateter Mann« sein Synonym »Junggeselle« einsetzt.« (Ebd., S. 22) Aber genau da ergibt sich für Quine das Problem: Wie streng läßt sich eigentlich die Gleichbedeutung von Ausdrücken festlegen? Wer legt sie fest? Der Duden? Lexika gehen von Gleichbedeutungen aus, so wie sie ohne große Überlegung immer schon verwendet werden. Hilft ein Wissenschaftler mit einer Kunstsprache, an die sich niemand hält, weiter? Man kann es nach Quine drehen und wenden wie man will, »was es nun bedeutet, eine Synonymität zu behaupten, was gerade die Wechselbeziehungen sein mögen, die notwendig und hinreichend sind, damit zwei linguistische Formen angemessen als synonym beschrieben werden könne, ist weit von aller Klarheit entfernt; doch, wie immer diese Wechselbeziehungen aussehen mögen, normalerweise gründen sie im (alltagsweltlichen – C.D.) Gebrauch.« (Ebd., S. 25) M.a.W.: Um Sätze mit scheinbar synonymen Ausdrücken in die Form logischer Wahrheiten zu bringen, muß man eine klare Vorstellung von den Bedingungen ihrer Synonymität haben. Die gibt es nach Quine nirgendwo. Also kann man Analytizität nicht von Synonymität her erläutern!

Damit liegen Strategie und Taktik der Quineschen Offensive auf der Hand: »Analytisch« ist ein unklarer Begriff. Er soll durch andere wie »Synonymität« ersetzt werden. Doch diese sind ihrerseits vage und setzen voraus, daß das, was geklärt werden muß, als scheinbar schon geklärt behandelt wird. Quine spielt nach diesem Muster eine Reihe anderer Erläuterungsversuche für »Analytizität« durch. Am Ende bleibt für ihn nur der wenig trostreiche Befund: »Daß eine derartige Unterscheidung (zwischen ›synthetisch‹ und ›analytisch‹ -C.D.) überhaupt getroffen werden muß, stellt ein unempirisches Dogma der Empirizisten, einen reinen Glaubensartikel dar.« (Ebd., S. 37) Und damit wären auch unsere vier, so mühselig herbeigeholten Urteilsarten eine reine Glaubenssache. Doch dem Kantianer bleibt der Trost, daß Quine nicht nur logische Wahrheiten, also einen bestimmten Typus analytischer Sätze anerkennen muß, sondern daß viele Logiker sich weiterhin dieser Unterscheidung bedienen, auch wenn es Musterfälle geben mag, die nicht in's Schema passen. Man darf wohl davon ausgehen: Die Kernfrage nach den synthetischen Urteilen a priori läßt sich nicht schon im Vorfeld abweisen.

Soziologisches Beispiel 1: Transzendentalphilosophie und soziale Apriorien

Basistexte[15]: A. Schütz: *Wissenschaftliche Interpretation und Alltagsverständnis menschlichen Handelns,* in ders.: Gesammelte Aufsätze Bd. 1, den Haag 1971, bes. S. 3-22, und darin die »Einführung« von A. Gurwitch, S. XV-XXXVIII.

Sozialwissenschaftler werden sich schon längst mit Befremden gefragt haben, was diese am Junggesellenleben festgemachten logischen Übungen mit ihrer sicherlich nicht so exakten, dafür aber realitätsgerechteren Disziplin zu tun haben könnten? Wenn das nicht ein ebenso aufwendiges wie steriles Unterfangen wäre, könnten wir die sozialwissenschaftliche Literatur der letzten x Jahre durchforsten und auszählen a) wie oft das brisante Wörtchen »transzendental« auftaucht und b) mit welcher Häufigkeit Argumentationsfiguren zu vermerken sind, die Kants Verständnis seiner Erkenntniskritik als *Transzendental*philosophie mehr oder minder nahekommen. Doch diese Arbeit hülfe uns zunächst wenig beim Verständnis von »transzendental«. Es gibt nämlich einen anhaltenden Streit der Kantexperten darüber, was Kant mit der Bezeichnung seiner Untersuchungen als »transzendental« gemeint haben könnte. Die Antwortversuche liegen im Spektrum fast aller denkbaren Möglichkeiten. Am einen Ende hört man: Es gibt keine Möglichkeit, irgendwelche Besonderheiten einer transzendentalphilosophischen Fragestellung oder eines transzendentalen Arguments aufzuweisen. Am anderen Ende stört die Neigung vieler Soziologen, munter transzendentale Überlegungen in Anspruch zu nehmen, ohne sich deren Verhältnis zu Kant klar zu machen. Es scheint allerdings einen Weg zu geben, das Problem mit Kants Unterstützung einfach zu verschieben. Denn er sagt einmal:

»Ich nenne alle Erkenntnis *transzendental*, die sich nicht so wohl mit Gegenständen, sondern mit unserer Erkenntnisart von Gegenständen, sofern diese a priori möglich sein soll, überhaupt beschäftigt.« (II 63; B 25)

Lesen wir: »Sofern diese (Erkenntnisart bzw. Erkenntnisbemühung – C.D.) a priori möglich sein soll« freizügig als: »Sofern geklärt werden kann, wie synthetische Urteile a priori möglich sind«, d.h. mit welchem Recht (quid iuris) wir diese in Anspruch nehmen können, dann fiele auf diesem Wege die spezifisch *transzendentale* Fragestellung mit der Kernfrage der KrV nach den »Bedingungen der Möglichkeit« *synthetischer Urteile a priori* zusammen.

Ich umkurve den fachphilosophischen Streit darüber, was genau unter »transzendentalen Fragestellungen« und Argumenten zu verstehen sei und frage nur, woran viele Soziologen gedacht haben könnten, wenn sie in's Kantianisieren geraten. Unter diesem Gesichtspunkt scheint mir das »oberste Principium aller synthetischen Urteile« (II 201/ A 158; B 197) der Hauptkandidat. K.O. Apel faßt es so zusammen: »Die Bedingungen der Möglichkeit der Erfahrung (sind) zugleich die Bedingungen der Möglichkeit der Gegenstände der Erfahrung.« (1973, Bd. 2, S. 224) Diese Formel enthält in der Tat drei Schlüsselbegriffe für das Verständnis soziologischer Apriorienlehren: 1) Bedingungen der *Möglichkeit*; 2) Bedingungen der *Möglich-*

keit der Erfahrung; 3) Bedingungen der Möglichkeit der *Gegenstände* der Erfahrung. Im Kantischen Originalton hört sich der Satz allerdings so an: »... die Bedingungen der *Möglichkeit der Erfahrung* überhaupt sind zugleich Bedingungen der *Möglichkeit der Gegenstände der Erfahrung*, und haben darum objektive Gültigkeit in einem synthetischen Urteile a priori« (II 201/ a 158; B 197). Kant beläßt offensichtlich die synthetischen Urteile a priori im Zentrum, die meisten der Anleihen bei ihm nehmenden Soziologen lassen sie weg. Bleiben wir also bei den drei Schlüsselbegriffen:

1) *Bedingungen der Möglichkeit:* Etwas ist der Fall und fällt auf. Wie ist das fragwürdige Ereignis möglich? Die Antworten auf die Frage nach seinen »Bedingungen« können ungemein vielfältig sein. Man gibt an, wodurch es bewirkt wurde, bestimmt seine Funkion im Ganzen, den Zweck, den es erfüllt, die Interessen, die es in Gang setzen oder halten, die Gründe dafür, an ihm festzuhalten usw.. Das sind jedoch *nicht* die »Bedingungen«, die Kant im Auge hat. Ihm geht es um ein besonderes Verhältnis zwischen Erkenntnisbedingungen und Erkenntnisgegenständen.

2) *Bedingungen der Möglichkeit der Erfahrung:* Welche (2a) »Bedingungen« unseres (2b) »Erkenntnisvermögens« *müssen* (2c) wir (2d: *alle*) um Erkenntnis bemühten Subjekte vorab (a priori, immer schon, d.h., um eine Erfahrung x überhaupt machen zu können) in Anspruch nehmen, wenn wir ein »Objekt« als Objekt bzw. als dieses bestimmte Objekt in allgemeinverbindlicher Form erkennen wollen? Der kantischen Position nähern wir uns an, wenn wir den eingangs recht allgemein gefaßten Positionen 2a bis 2d ganz bestimmte Beschränkungen auferlegen. Dann nämlich erweisen sich – wie noch zu zeigen sein wird – die »Bedingungen« (2a) als *Anschauungsformen* der Sinnlichkeit (s.u. Kap. 2), *Kategorien des Verstandes* (s.u. Teil II) und *Ideen der reinen Vernunft* (s.u. Teil III). Bei »Erkenntnisvermögen« (2b) ist bestimmt nicht die Hirnphysiologie eingeschlossen. Doch bevorzugt Kant ohne Zweifel zahlreiche Formulierungen, in denen sich die Fakultäten-*Psychologie* widerspiegelt. Im Kern meint er aber weder psychologische noch soziologische (»anthropologische«) Vermögen, sondern Systeme *logischer* Bedingungen der Möglichkeit der Erkenntnis. Die Fakultätenpsychologie würde somit nur einige damals geläufige Anhaltspunkte dafür geben, wie sich diese logischen Bedingungen sortieren lassen. Das »Müssen« (2c) wird nach

meiner Auffassung sehr streng verstanden. Im Sinne von: Es geht nicht anders! Wo und wann immer Erkenntnis zustande kommen soll, *müssen* die Erkennenden jene Bedingungen in Anspruch nehmen. Auch das »Alle« (2d) zielt m.E. auf strenge Allgemeinverbindlichkeit, die an sich niemanden auslassen darf. Die genannten vier Punkte lassen sich leicht in einem Deutungsvorschlag von *Gram* wiederfinden: »Ein Argument ist transzendental, wenn es die eine oder andere von zwei Arten von Schlußfolgerungen ausweist. Es kann eine notwendige Bedingung der Fähigkeit zeigen, eines Phänomens einer bestimmten Art inne zu sein. Es kann auch eine notwendige Bedingung unserer Fähigkeiten zeigen, zwischen bestimmten Arten von Phänomenen zu unterscheiden, deren wir in Begriffen spezifischer Merkmale der Phänomene inne sind.« (Neue Heft f. Phil., H. 14, S. 55)

Außer all dem ist noch (2e) an ein Grundmotiv der kantischen Philosophie zu erinnern, das in unserer Einleitung erwähnt wurde: die Erkenntnisbedingungen müssen zugleich als Prinzipien der Selbstgesetzgebung der theoretischen Vernunft angesehen werden können. Das läßt sich auch so ausdrücken: Transzendentalphilosophie ist verpflichtet »zu einer Theorie erkennender Subjektivität nach ihren für Erfahrung notwendigen aber von Erfahrungen unabhängigen Leistungen« (Krings/Wild 1972, S. 1527). Daß Bedingungen »von der Erfahrung unabhängig« sein sollen, lese ich so: Ihre Merkmale und Wirkungsweisen lassen sich nicht auf »von außen« auf uns einwirkende natürliche oder soziale Faktoren restlos zurückführen. Im Interesse von Abkürzungen möchte ich Überlegungen, die sich im Rahmen der drei Schlüsselbegriffe bzw. der Punkte 2a bis 2e bewegen, als Überlegungen zu *Apriorien* kennzeichnen.

3) *Bedingungen der Möglichkeit der Gegenstände der Erfahrung.* Es fehlt noch genau der maßgebliche Aspekt, der Kants *logische* Bedingungen der Möglichkeit der Erfahrungen zu *transzendentallogischen* macht. Erinnern wir uns an das Programm der kopernikanischen Wende, das es ja einmal mit der Ansicht versuchen will, »die Gegenstände müß(t)en sich nach unserem Erkenntnis(vermögen) richten« (II 25). Unter diesen Voraussetzungen lassen sich die Apriorien gleichsam als *Aufbauprinzipien* oder (Fort-)Bestandsbedingungen von »Objekten« ansehen. Wir stehen damit allerdings vor der hier noch nicht zu überwindenden Hürde des kantischen *Objektbegriffs*.

Legen wir also das dritte maßgebliche Merkmal vorläufig so aus, wie es (z.T.) in der soziologischen Literatur üblich ist: Die Apriorien sind subjektive Aufbau- und (Fort-)Bestandsbedingungen für wirkliche, also ihrerseits subjekt-, d.h. erfahrungsunabhängige und eine Reihe eigenständiger Merkmale tragender Dinge, Tatsachen, Ereignisse, die allerdings in der Form, in der sie da sind, nicht *existieren* oder weiter*existieren* könnten, wären die Apriorien nicht im Spiel. Ein Beispiel ist jetzt wohl dringend geboten.

Soziale Apriorien bei A. Schütz?

Es gibt ungezählte Soziologen, die sich ausdrücklich transzendental verstandener Argumente bedienen oder sich mit ihnen auseinandersetzen. So hat beispielsweise Sohn-Rethel schon mit seinen frühesten Werken zu einer »kritischen Liquidierung des Apriorismus« (1971, S. 27 ff.) ausgeholt. Habermas hingegen vertritt die Ansicht, unsere »Erkenntnis« lasse sich von »eingeborenen Interessen« leiten, die bestimmte Typen von Wissenschaft und menschlichen Handelns überhaupt erst möglich machen (Habermas 1968, S. 146 ff.). Gleichwohl wollen wir mit unserem Beispiel nicht an das anschließen, was in Frankfurt Schule gemacht hat. Ich wähle Materialien von und über A. Schütz aus, weil an ihnen auf dem kürzesten Wege gezeigt werden kann, in welcher Spannbreite der Apriorienlehre (also jener Schlüsselbegriffe 1 bis 3) Soziologen operieren können.[16]

Ausgangspunkt der soziologischen Untersuchungen von A. Schütz und zugleich ihr maßgebender Gegenstand ist die »Lebenswelt«. Man darf sich darunter vielleicht einen gedanklich niemals auszuschöpfenden Komplex von *alltäglichen* Taten, Dingen, mitmenschlichen Akten, Gedanken, Rezepten, Routinen, Normen, Metaphern, Wissensbeständen... vorstellen, dessen Elemente »wir« in Anspruch nehmen *müssen* (2 c, d), wollen wir uns hier und jetzt zurechtfinden. Ich muß nicht jedesmal überlegen, was die geschickteste Veranstaltung zum Öffnen einer Tür ist. Ich *weiß* mit Selbstverständlichkeit, was zu *tun* ist. Husserl spricht aus derartigen Gründen auch von der »selbstverständlich geltende(n) Lebensumwelt« (1976, S. 105). »In dieser Welt existieren wir ... Wir orientieren uns immer in dieser Welt unserer täglichen Erfahrung und haben eine gewisse Vertrautheit mit dem, was uns in ihr begegnet.« (Basistext, S. XVI) Es ist dies weder eine private, noch eine heile Welt! Sie ist allemal *gesellschaftlich*, eine »intersubjektive Welt des Alltags..., in der und auf die wir als Mensch unter unseren Mitmenschen wirken« (ebd., S. 8). Heil ist sie auch nicht. Zwar nehmen wir vieles, ja, das Meiste in ihr ohne Rückbesinnung als vertraut und regelgerecht hin, doch immer wieder stoßen wir auf alltagsweltliche Probleme, die Zweifel in uns hervorrufen und/oder uns zu verändertem oder veränderndem Handeln nötigen. An die Vorgegebenheit der Lebenswelt als ganzer, so lehren Husserl und seine Nachfolger, reicht der Zweifel und der radikale Eingriff allerdings in keinem Falle heran – auch nicht beim entschlossenen Aussteiger! »Derartige Fragen und Zweifel, derartige Korrekturen betreffen jedoch immer nur Details innerhalb der Welt, betreffen einzelnes in der Welt Existierendes, aber nie die Welt als solche und ganze.« (Ebd, S. XVII) Deswegen wird die Lebenswelt von diesen Autoren auch mit einem Horizont[17] verglichen, der sich zwar verändern und verschieben kann, aber *als* Horizont niemals verschwindet; man mag so lange um die Erde wandern wie man will. Die Lebenswelt ist also im buchstäblichen Sinn »unhintergehbar«. Was Einzelne und Gruppen auch tun oder lassen mögen, ob sie Routineakte vollziehen oder verwickelte philosophische Systeme bauen, noch bei ihrer radikalsten Abstandnahme von der alltäglichen Lebenswelt müssen sie diese dennoch »als seiende« voraussetzen und deren Elemente, insbesondere eine Fülle von Selbstverständlichkeiten in Anspruch nehmen. Mit einem Wort: Die Lebenwelt ist die eine, umfassendste Bedingung (2a) der Möglichkeit nicht nur der Erfahrung aller (2d) Einzelnen und Gruppen, sie stellt auch die Bedingung der Möglichkeit wissenschaftlicher Erkenntnis dar:

»Es gehört zu den allem wissenschaftlichen Denken und allen philosophischen Fragestellungen vorausliegenden Selbstverständlichkeiten, daß die Welt ist, immer im voraus ist, und daß jede Korrektur einer Meinung, einer erfahrenden oder sonstigen Meinung, schon seiende Welt voraussetzt, nämlich als einen Horizont von jeweils unzweifelhaft Seiend-Geltendem, und darin irgendeinen Bestand von Bekanntem und zweifellos Gewissem, mit dem das ev. als nichtig Entwertete in Widerspruch trat. Auch objektive Wissenschaft stellt nur Fragen auf dem Boden dieser ständig im voraus aus dem vorwissenschaftlichen Leben her seienden Welt.« (Husserl 1976, S. 113)

Die Ansicht, die Lebenswelt sei »immer im voraus«, »immer schon« vorausgesetzt und mit ihren Selbstverständlichkeiten noch bei den abgehobensten Höhenflügen der Erkenntnis in Anspruch genommen, verleiht der Wendung »immer schon« die branchenübliche Bedeutung des *Apriori*. Sie führt einen charakteristischen Schritt weg von den Erkenntnisvermögen (2b) eben in den alltagsweltlichen Horizont. Ob sie auch noch von anderen Punkten unseres einfachen Analyseschemas der drei Schlüsselbegriffe wegführt, ist erst noch zuzusehen:

Nennen wir jene unter 3) genannte Leistung von *Erkenntnis*bedingungen, nicht nur für die *Einsicht* in Sachverhalte und Ereignisse (Subjektseite), sondern zugleich für deren *Aufbau* oder (Fort-)*Bestand* (Objektseite) *notwendig* (2c), wenn auch vielleicht nicht hinreichend zu sein: *Konstitution* bzw. *konstitutiv*[18]. Über die mögliche »konstitutive« Rolle von Erkenntnisbedingungen nach der Ansicht unserer Beispielautoren haben wir noch zu wenig, über die konstitutiv-autonome Rolle der Vernunft (2e) und die mögliche Nichtzurückführbarkeit ihrer Gesetzgebung auf äußere Einflüsse noch gar nichts gesagt. Ausgangspunkt für die notwendigen Ergänzungen können die unendlich mannigfaltigen Wissensbestände sein, die »wir« bei den schlichtesten Verrichtungen in Anspruch nehmen »müssen«, um zurechtzukommen. Die Geltung der meisten Wissenselemente in diesem Vorrat nehmen wir als selbstverständlich an. Ohne groß zu überlegen, ob ich richtig liege, »weiß« ich einfach, wie »man« normalerweise - vielleicht sogar auf dem kürzesten Weg - von Köln nach Düsseldorf kommt. Schütz nennt die alltagsweltlichen Wissensformen treffend »unseren verfügbaren Wissensvorrat« (Basistext, S. 8).

»Jede Interpretation dieser Welt gründet sich auf einem Vorrat eigener oder uns von Eltern oder Lehrern vermittelter früherer Welterfahrungen, die in der Weise unseres ›verfügbaren Wissens‹ ein Bezugsschema bilden.«

Jeder Gegenstand, den wir wahrnehmen und untersuchen, ist also »von vornherein eingebettet in einen Horizont der Vertrautheit und des Bekanntseins, der - so wie er ist - bis auf weiteres als fraglos verfügbarer Wissensvorrat hingenommen wird, der allerdings jederzeit fragwürdig werden kann.« (Ebd.).

Weil »wir«, auch die hochgestochensten Wissenschaftler bei ihrer ›theoretischen Praxis‹ (vgl. Husserl 1976, S. 113)[19] - allemal (2c) auf Elemente dieses Wissensbestandes zurückgreifen müssen, wollen wir etwas erkennen oder näher untersuchen, werden wir niemals auf die mythischen »reinen Tatsachen« als Dinge an sich stoßen. Ein »Objekt« ist immer ein aus dem Horizont unseres verfügbaren Wissensbestandes heraus konstruierter oder konstituierter Erfahrungsgegenstand! »Genau genommen gibt es nirgends so etwas wie reine und einfache Tatsachen« (Basistext, S. 5). Entscheidend für Schütz ist dabei, daß die Erfahrungen »vom Ansatz her als *typische* Erfahrungen verfügbar« sind (ebd., S. 8). *Typisierung* bedeutet ein Grundmerkmal unserer eigenständigen Erkenntnisbeiträge.

»Zum Beispiel erfahre ich die Außenwelt nicht als eine Anordnung diskreter einmaliger Gegenstände, die in Raum und Zeit verteilt sind, sondern ›Berge‹, ›Bäume‹, ›Tiere‹, ›Mitmenschen‹. Angenommen, ich hätte bisher nie einen Irischen Setter gesehen. Begegnet mir aber einer, so weiß ich, daß es ein Tier und insbesondere ein Hund ist, der all die vertrauten Züge und das typische Verhalten eines Hundes zeigt und nicht – sagen wir – das einer Katze.«(Ebd.)

Damit wird natürlich nicht behauptet, die Eigenheiten und Einmaligkeiten eines Sachverhaltes seien unserer Erkenntnis verschlossen, doch wollen wir beim Beispiel der Typisierungen bleiben: Von den verfügbaren Typen und Typisierungen hängt ab, was ich von den an sich unerschöpflichen Merkmalen eines Sachverhaltes überhaupt »apperzipiere«, zur Kenntnis nehme, und *wie* ich ihn erfahre. Typen und Typisierungen sind ihrerseits in »Relevanzsystemen« verankert (vgl. ebd., S. 10), zu denen Interessen, Kriterien der Wertschätzung, Qualitätsmaßstäbe, Formen gefühlsmäßiger Zu- oder Abneigung u.a.m. gehören. So sagen einem beispielsweise Orientierungstypen in Gestalt normativer Erwartungen, was ein Postbeamter »normalerweise«, typischerweise tun sollte, wenn ich am Schalter den Akt x vorführe. Typisierungen sind von Relevanzen gesteuerte Ordnungsakte von Eindrücken derart, daß wir ein ›typisches Muster‹ im Objektbereich fortan festhalten können. Ich kann mich halbwegs darauf verlassen, daß zu verschiedenen Zeiten und Gelegenheiten Ähnliches eintritt. Der Irische Setter wird nicht plötzlich mit den Flügeln schlagen und davonfliegen.

Typen ähneln Humes »Gewohnheiten« – und wären damit *a posteriori!* In der Tat ist es nicht ganz einfach, ihre *konstitutive* Rolle einzuschätzen. Dem einzelnen Subjekt sind sie im allgemeinen als kulturell bedeutsame Wissensbestände vorgegeben und angelernt worden. Von seiner ›Spontaneität‹ kann somit ebensowenig die Rede sein wie von der »Irreduzibilität« der Typen. Sie werden ja insbesondere auf dem Wege des Spracherwerbs *weitergereicht*. »Mit der in unserer Gesellschaft gesprochenen Sprache erwerben wir eine ganze Anzahl mannigfaltiger Rezepte: Regeln zum Umgang mit Dingen, Weisen des Betragens und Verhaltens in typischen Situationen. Wir lernen, daß wir typische Mittel anwenden müssen, um typische Ergebnisse zu erreichen.« (Ebd., S. XXI) Aber unter einer allgemein gesellschaftlichen Perspektive sind die Typen nicht nur weitgehend Hervorbringungen von Menschen, sondern die aktuelle gesellschaftliche Praxis verändert sie bei der Aneignung und Anwendung auf eine selbständige (d.h. zumindest nicht eindeutig vorhersehbare) Art und Weise. »Alle kulturellen Gegenstände - Werkzeuge, Symbole, Sprachsysteme, Kunstwerke, soziale Institutionen etc. - weisen in Ursprung und Bedeutung auf die Tätigkeiten menschlicher Individuen zurück.« (Ebd., S. 12)

Typen können als kognitive Schemata, Typisierungen als Strategien der gedanklichen Ordnung von äußeren Eindrücken angesehen werden. Sie liegen damit als *Sinn*-Bestandteile recht eindeutig auf der Subjektseite Kantischer Überlegungen zu »Konstitution« (s.o. S. 60 f., Punkt 3). »Sinngehalt« soll in diesem Falle all das umfassen, was sprachliche Ausdrücke - vom »inneren« Gedanken über das gesprochene Wort zum geschriebenen Satz - bedeuten und meinen. Was diese Ausdrücke »bedeuten«, ist eine Klasse von Sachverhalten, z.B. Pferde. Was sie »meinen«, ist - grob gesprochen - der Umfang der (wesentlichen?) Merkmale für die Klassenzugehörigkeit, z.B. die Eigenschaft Vierbeiner zu sein.[20] Bei den sozialen Typen sind zumindest noch Bilder (Metaphern), bildhafte Vorstellungen und Äußerungen einzubeziehen, die auf ihre Weise ebenfalls etwas »meinen« und oft auch »bedeuten« können. Auf diesem Hintergrund läßt sich die »konstitutions-theoretische« Frage bei Typen so stellen: Auf welche Weise und in welchem Ausmaß sind Typen als sozialer Sinn wirklichkeitskonstituierend? Schütz und viele seiner Anhänger machen die Antwort an dem inzwischen geflügelten Wort von der »sozialen Konstruktion der Realität« oder der »sozialen Wirklichkeit als ständiger Hervorbringung« fest. Mit Hilfe von Typen *deuten* wir nach diesem Verständnis nicht nur die Sachverhalte und Ereignisse in der uns umgebenden sozialen (und natürlichen) Welt, sondern sie sind zugleich Bedingungen der Möglichkeit dafür, bestimmte soziale Beziehungen *herzustellen* und *aufrechtzuerhalten.*

Schärfer noch treten konstitutionstheoretische Überlegungen an der Schützschen Lehre von »Grundannahmen« hervor, die »für die natürliche Einstellung in der Lebenswelt charakteristisch sind« (Schütz 1971, Bd. III, S. 153). Für »charakteristisch« kann man leicht »konstitutiv« einsetzen und dann vor allem Schütz' Ansichten über die Rolle von »Idealisierungen« aufgreifen, die er unter der »Generalthese der reziproken Perspektiven« verhandelt (Basistext, S. 12-15): Zu den Selbstverständlichkeiten unseres Alltagswissens gehört auch die Annahme des Daseins von Mitmenschen, die sich ebenfalls eines Vorrats verfügbaren Wissens bedienen. »Ich impliziere damit prinzipiell, daß die Gegenstände dieser Welt dem Wissen meiner Mitmenschen zugänglich sind, also entweder bekannt oder erkennbar sind.« (Ebd., S. 12) Gleichzeitig ist es eine Selbstverständlichkeit, daß der gleiche Gegenstand »für mich etwas anderes bedeuten muß als für jeden beliebigen meiner Mitmenschen« (ebd., S. 13), denn er steht z.B. hier und ich ganz wo anders. Hinzu kommt: ich habe ganz besondere, viele nur mir eigene Lebenserfahrungen und er hat die seinen; seine Relevanzsysteme sind anders als die meinen. Es bedarf also irgendeines Mittels, diese »Differenzen individueller Perspektiven« zu überwinden. Das geschieht beim Alltagshandeln vor allem durch »zwei grundlegende Idealisierungen« (ebd.):

1) Idealisierung der Vertauschbarkeit der Standorte:

Wir alle gehen davon aus: Wenn die Person A und B den gleichen Gegenstand sehen, dann ändert sich nichts an den Eindrücken von den *typischen* Merkmalen des gemeinsam beobachteten Objekts, wenn A und B ihre Plätze tauschen. Wenn es ein Baum ist, sehen sie weiterhin einen »Baum«, wenn auch vielleicht mit Verschiebungen der Eindrücke *im Detail.* Würde A an die Stelle von B treten, wäre er *genau* mit dem Baum konfrontiert, dem B gegenübersteht - so lautet die »Grundannahme«.

2) Die Idealisierung der Kongruenz der Relevanzsysteme:

Solange keine Konflikte auftauchen, gehen A, B.... mit Selbstverständlichkeit davon aus, daß die Verschiedenheit der Betrachtungsweisen, die an die Einzigartigkeit ihres bisherigen Lebenslaufes und an die Unterschiede ihrer »Relevanzen« geknüpft sind, bei gemeinsamen Handlungen weitgehend ausgeklammert werden können. Der Begriff »Idealisierung« soll vermutlich auf eine Betrachtungsweise der Akteure in der Alltagswelt verweisen, die wie bei allen idealen Verläufen von allen tatsächlichen Störfaktoren absieht, einen lupenreinen Verlauf und einen ganz idealen Typ unterstellt. Diesen Idealisierungen wird eindeutig eine »konstitutive« Aufgabe zugetraut: Soziale Beziehungen wären nicht möglich, müßte ein jeder annehmen, das Objekt x sei für A an seinem Platz ein völlig anderes als für mich an dem meinen, die Perspektiven des anderen seien wegen seiner unverwechselbaren Eigenheit völlig anders als die meinen. Damit liegt zugleich das nachdrücklichste Exempel für *Sinn*bestandteile, Grundannahmen und Grundanschauungen auf der Subjektseite vor, die *wirkliche soziale Beziehungen,* wirkliche soziale Beziehungen für die Akteure *und* den äußeren Beobachter, überhaupt erst (mit) möglich machen! Wir stehen damit aber auch vor einem ganzen Berg von Fragen an diese ernsthaftere Variante einer soziologischen Apriorienlehre:

– Wer sind »wir«? Vielleicht die Menschen im Alltagsleben? Alle Sprecher mitteleuropäischer Sprachen? Alle Menschen überhaupt? Alle Europäer und Nordamerikaner einer bestimmten Epoche? M.a.W.: Sind konstitutive Sinngehalte wie die Schützschen Idealisierungen *universell* (Kant: »allgemein«) oder *provinziell*?

– *Müssen* »wir alle« uns dieser Idealisierungen bedienen, um soziale Beziehungen überhaupt zustande zu bringen oder gibt es gleichrangige Alternativen?

– Gibt es bei jenen »Bedingungen der Möglichkeit sozialer Beziehungen« eine gleichsam abzählbar endliche Liste von Kandidaten oder kommen wir bei Recherchen niemals an ein Ende?

– Wie ist es mit dieser »Lebenswelt«, die Kants »Erkenntnisvermögen« ersetzen soll? Weist sie *einheitliche* Strukturen (Merkmale) auf oder zerfällt sie in unendlich viele Sinnprovinzen, von denen eine jede gleich nahe zu Gott ist? Gäbe es allgemeine und konstitutive Prinzipien der Lebenswelt, wären das nicht die besten Kandidaten für eine Liste von sozialen Apriorien?

- Die Typen im verfügbaren Wissensvorrat werden nach Husserl, Schütz und anderen geschichtlich hervorgebracht, geschichtlich angeeignet, z.B. gelernt, und historisch verändert. Gilt das für *alle* Elemente der Lebenswelt? Wenn ja, dann würden Apriorien im strikten Gegensatz zu Kant kultur- und geschichtsrelativ angesetzt!

- Wenn sich die sozialen Apriorien tatsächlich auf Lernen, Spracherwerb und andere äußere Einflüsse vollständig zurückführen ließen, wie stünde es dann mit der für Kant so entscheidenden Selbstgesetzgebung der Vernunft?

- Angenommen, sozialen Apriorien wie den Schützschen ›Idealisierungen‹ ließe sich tatsächlich eine konstitutive Rolle zuschreiben. Wissen wir dann hinlänglich über soziale Realität bescheid, wenn wir diese konstitutiven und andere, ihnen nachgeordnete Sinnbestandteile *explizieren?* Dann wären allerdings die Kernsätze der Soziologie *sinnexegetische* Aussagen und damit genau nach Kants Verständnis *analytische* Sätze. Es gibt in der Tat Autoren, die diese Position entschieden vertreten (vgl. Winch 1966).

Es lassen sich also von Kant her durchaus Fragen an die moderne Soziologie stellen. Jene drei einfachen Schlüsselbegriffe erlauben überdies einen Überblick über eine bestimmte soziologische Konstitutionstheorie, die Problemliste über Fluchtlinien ihrer Unterarten.

Kapitel 2
Eindrücke in Raum und Zeit

Kant-Lektüre: KrV II 69–96 (A19–49; B 33–73) und III 61 f. (Abschn. D)

Vorbemerkung: Subjektive und objektive Räume und Zeiten

»Der Raum ist nicht etwas Objektives und Reales, weder eine Substanz, noch ein Akzidenz, noch ein Verhältnis; sondern ein Subjektives, ideales, aus der Natur der Erkenntniskraft nach einem festen Gesetz hervorgehendes Schema gleichsam, schlechthin alles äußerlich Empfundene einander beizuordnen.« (III 61)

Der Raum ist nichts Wirkliches, weder ein handfestes Ding, noch eine Dingeigenschaft noch eine Relation zwischen wirklichen Gegebenheiten, so lautet die These von Kant. Sie muß überraschen. Denn zu den Selbstverständlichkeiten unseres alltagsweltlichen Wissensvorrats gehört doch auch die Ansicht, Raum sei etwas draußen, etwas Tatsächliches und Wirkliches, in das man eindringen kann. In dieser Hinsicht haben uns Philosophen und Naturwissenschaftler bestärkt. Für Leibniz sind Raum und Zeit im Kern Ausdrücke für Relationen zwischen Gegenständen, während Newton Raum und Zeit als unendliche und unbegrenzte, nichtsdestoweniger unabhängig von uns bestehende Gegebenheiten ansieht. »Wie immer ihre Differenzen ausfallen, Leibniz und Newton würden wenigstens darin übereinstimmen, daß Raum und Zeit unabhängig von uns existieren, daß selbst dann, wenn es keine wahrnehmenden Subjekte gäbe, Raum und Zeit fortbestünden.« (Wilkerson 1976, S. 37) Kant sieht Raum und Zeit demgegenüber als etwas »Subjektives«, als Ordnungsschemata unserer »Erkenntniskraft«, unseres allgemeinen Erkenntnisvermögens an.

Diese gegensätzlichen Positionen lassen sich am Unterschied von Zeit-(Raum-)*Vorstellung* und *objektiver* Zeit (Raum) festmachen. Unter diesem Blickwinkel deutet in der Tat einiges darauf hin, daß der Entscheid für oder gegen die Voraussetzung einer *objektiven* Zeit und eines *objektiven* Raums sehr schwer, vielleicht garnicht zu fällen ist. Der Vorschlag, sich bei der Zeit[21] mit Thesen des englischen Hegelianers McTaggart zu behelfen, leuchtet mir ein (Bieri 1972, S. 19 ff. und Bergmann 1981, S. 31 f.). McTaggart unterscheidet

1.) Ereignisse, die in der Relation »früher als x«, »gleichzeitig mit x« und »später als x« geordnet sind. Diese von ihm sog. »B-Reihe« versteht er als eine unveränderliche und *objektive* Zeitordnung. »Sie ist als reale Zeitstruktur vom erfahrenden Bewußtsein unabhängig.«

2.) Ereignisse werden von uns aber auch nach »vergangen«, »gegenwärtig« und »zukünftig« zu einer »A-Reihe« geordnet. »Diese Ordnung ist nicht ›konstant‹, sie stellt eine Struktur des menschlichen Zeitbewußtseins dar, ist also eine subjektiv-intersubjektive und keine reale Struktur.« (Bergmann 1981, S. 31)

Die Aufgabe wäre demnach, die wechselnden Verhältnisse zwischen Ausprägungen des subjektiven Zeitbewußtseins und objektiver Zeitreihe auszumachen. Das ist allerdings nicht Kants Absicht. Für ihn sind Raum und Zeit Anschauungsformen. Er hat daher den Streit um objektive versus subjektive Zeit (bzw. Raum) vielleicht nicht geschlichtet; er hat jedoch in eine Richtung entschieden Stellung bezogen.

Anschauungsformen

Kant hat sich in der KrV die größte Mühe mit Gliederungen und Untergliederungen gemacht. Ich möchte jedoch von vornherein darauf verzichten, einen Überblick über die Feinheiten seiner Architektonik der reinen Vernunft zu geben. Anschließend an die Haupteinteilung der Erkenntnisvermögen bescheide ich mich mit folgender Grobgliederung:

Sinnlichkeit – Ihr entspricht in der KrV der Abschnitt »Transzendentale Aesthetik«.
Verstand – Abschnitt »Transzendentale Analytik«
Urteilskraft

Einbildungskraft – Das betrifft insbesondere den Abschnitt »Analytik der Grundsätze« als Teil der transzendentalen Analytik
Vernunft – Abschnitt »Transzendentale Dialektik«.

Die Lehre von Raum und Zeit ist das beherrschende Thema der transzendentalen Aesthetik, die Kant mit folgender Äußerung einleitet:

>»Auf welche Art und durch welche Mittel sich auch immer eine Erkenntnis auf Gegenstände beziehen mag, es ist doch diejenige, wodurch sie sich auf dieselbe unmittelbar bezieht, und worauf alles Denken als Mittel abzweckt, die *Anschauung*. Diese findet aber nur statt, sofern uns der Gegenstand gegeben wird; dieses aber ist wiederum, uns Menschen wenigstens, nur dadurch möglich, daß er das Gemüt auf gewisse Weise affiziere.
>Die Fähigkeit (Rezeptivität), Vorstellungen durch die Art, wie wir von Gegenständen affiziert werden, zu bekommen, heißt *Sinnlichkeit*. Vermittelst der Sinnlichkeit also werden uns Gegenstände gegeben, und sie allein liefert uns *Anschauungen;* durch den Verstand aber werden sie *gedacht*, und von ihm entspringen die *Begriffe*. Alles Denken aber muß sich, es sei geradezu (directe), oder im Umschweife (indirecte) vermittelst gewisser Merkmale, zuletzt auf Anschauungen, mithin, bei uns, auf Sinnlichkeit beziehen, weil uns auf andere Weise kein Gegenstand gegeben werden kann. Die Wirkung eines Gegenstandes auf die Vorstellungsfähigkeit, sofern wir von demselben affiziert werden, ist *Empfindung*. Diejenige Anschauung, welche sich auf den Gegenstand durch Empfindung bezieht, heißt *empirisch*. Der unbestimmte Gegenstand einer empirischen Anschauung heißt *Erscheinung*. In der Erscheinung nenne ich das, was der Empfindung korrespondiert, die *Materie* derselben, dasjenige aber, welches macht, daß das Mannigfaltige der Erscheinung in gewissen Verhältnissen geordnet werden kann, nenne ich die *Form* der Erscheinung.« (II 69 f.; A 19, B 33)

Dieses Eingangszitat faßt eine Reihe der wichtigsten Grundbegriffe zusammen, die jene »Erfahrung« näher kennzeichnen, mit der »alle unsere Erkenntnis... anfange« (II 45). »Empeiria« meinte im Griechischen Erfahrenheit als Rezeptwissen für die Behandlung von Einzelproblemen. Demgegenüber sei die Kenntnis *allgemeiner* Zusammenhänge ein höherer Wissenstyp (Aristoteles, Metaphysik-Schriften..., S. 18/981 a). Später wuchs dem Begriff der »Empirie« mehr die Bedeutung der »Sinneserfahrung« und/oder der Erhebung von Sinnes-(Beobachtungs-)Daten zu. Kant befaßt sich an dieser Stelle unter dem Titel »Transzendentale Aesthetik« ebenfalls mit der empirischen Basis unserer Erkenntnis. »Aesthetik« hat dabei nichts mit schöner Kunst zu tun, sondern leitet sich von »aesthesis«, der Lehre von den Wahrnehmungen und Empfindungen her. Heutzutage, wo Sprachanalyse hoch im Kurs steht, würde man vielleicht erwarten, Kant wolle in diesem Rahmen zu einer Klärung des Begriffs der »Erfahrung« ansetzen oder eine Strukturanalyse der Sätze (der empirischen Basissätze) in Angriff nehmen, in denen wir Erfahrungen ausdrücken. Ob man das nun als Nachteil empfindet oder nicht, sein Untersuchungsgegenstand bleibt demgegenüber das »unterste Erkenntnisvermögen«, das er »Sinnlichkeit« oder auch »Rezeptivität« nennt. Allerdings, das wurde schon betont, muß er deswegen nicht gleich die reine Erkenntnis*psychologie* betreiben, sondern er sucht 1. nach (transzendental-)*logischen* Bedingungen der Möglichkeit unserer (sinnlichen) Anschauungen. Anstatt zu studieren, wie wir den Begriff der »Erfahrung« alltagssprachlich verwenden oder wie er sich wissenschaftssprachlich normieren ließe, fragt er sich, wie wir Erfahrungen *machen*. 2. Ich kann mir ohnehin nicht so recht vorstellen, wie jemand einen Traktat über Erkenntnistheorie zustande brächte, ohne irgendwelche stillschweigende Annahmen darüber einfließen zu lassen, wie wir »psychologisch« oder »gesellschaftlich« zu Kenntnissen über Sachverhalte in der Welt gelangen. Man denke etwa an die verschwiegenen Ansichten vom *tatsächlichen* Vorgehen bei der Erkenntnis, die in scheinbar rein methodologischen Begriffen wie »Erhebungs-« oder »Beobachtungsdatum« mitschwingen. Man braucht Kant also die Fakultätenpsychologie garnicht so fürchterlich übel nehmen, wie es manche seiner Kritiker tun.

Die Sinnlichkeit (Rezeptivität) ist also das Vermögen des Realitätskontaktes. Auf welche Weise sonst wir uns auch immer auf unabhängig von unserem Erkenntnisvermögen existierende Gegenstände (Materie) beziehen mögen, der Weg führt allemal durch das Nadelöhr der *Anschauung* – und (emprische) Anschauungen können wir nur haben, »sofern uns der Gegenstand gegeben wird«. Daß er uns »gegeben« ist, heißt jedoch, daß er »das Gemüt auf gewisse Weise affiziere«, auf die Sinne wirkt, die wir beisammen haben müssen, um Erfahrungen machen zu können.

Wir stoßen an dieser Stelle auf einen entscheidenden Aspekt des kantischen Dingbegriffs: »Gegenstand« meint in den Eingangssätzen zur »Transzendentalen Aesthetik« offensichtlich Gegebenheiten »jenseits« der Anschauung und unserer übrigen Erkenntnismittel, etwas, worauf, die Anschauung sich bezieht. Es muß dies ein Etwas sein, das wirklich, »an sich« gegeben ist - und Fortbestand haben kann, auch wenn wir gerade nicht hinschauen oder nicht daran denken. Von diesen »Gegenständen an sich« sagt Kant, sie »affizierten unser Gemüt«, wirkten auf unsere Sinne ein. Wir empfangen gleichsam die von ihnen hervorgerufenen Sinneseindrücke, so daß die Sinnlichkeit auch als das Vermögen der *Rezeptivität* (lat.: recipere-empfangen) angesehen werden kann.

Isoliert man (gedanklich) einzelne Sinneseindrücke, hat man es mit *Empfindungen* zu tun. So rufen beispielsweise Lichtwellen einer bestimmten Länge Rot-Empfindungen bei uns hervor. Anschauungen, die sich vermittels Empfindungen auf Gegenstände »draußen« beziehen, nennt Kant *empirisch.* Denn rein logisch kann man sich durchaus eine andere Anschauungsart vorstellen. Sie heißt bei ihm: *intellektuelle* Anschauung. Wir könnten uns ihrer jedoch nur dann erfreuen, wenn wir die Dinge, die wir uns vorstellen, auf dem Wege dieser Vorstellung zugleich *hervorbrächten, schüfen* (vgl. z.B. II 95 f.; B 71 ff.). Einer solchen intellektuellen Anschauung wäre nur ein »unendliches Wesen«, Gott fähig. Wir endlichen Menschen müssen uns mit dem Empfang der Eindrücke äußerer, »gegebener«[22] Objekte bescheiden. Selbst wenn wir materielle Objekte herstellen, sind sie alles andere denn Produkte einer voraussetzungslosen Selbsttätigkeit oder gar des reinen Denkens, das auf keinen äußeren Stoff angewiesen wäre.

Der Blick zurück zeigt uns jetzt: *Anschauung, Vorstellung* und *Empfindung* sind drei maßgebliche Begriffe im Einleitungszitat zur Transzendentalen Aesthetik. Schwer auseinanderzuhalten, meinen sie nicht genau das Gleiche. Folgender Vorschlag (Broad 1978, S. 18) könnte vielleicht weiterhelfen: Unter »Vorstellungen« versteht Kant bestimmte Komplexe miteinander in Verbindung stehender Empfindungen, während »Empfindung« einzelne Sinneseindrücke, ein spezifisches Ergebnis der Einwirkungen eines »Gegenstandes« auf unsere Rezeptivität darstellt.[23] Unter diesen Voraussetzungen läßt sich beim Anschauungsbegriff ein erster *Akzent* setzen: »Anschauungen« sind Empfindungen bzw. Empfindungskomplexe, also Vorstellungen, die unter dem Gesichtspunkt *einer ganz bestimmten Ordnung* betrachtet werden. Der Gesichtspunkt der Ordnung verweist zugleich auf den *zweiten Akzent:* »Anschauung« bedeutet nicht einfach das passive Beeindrucktsein, nicht bloß einen Vorstellungskomplex als Ergebnis der Affektion unseres Gemüts durch äußere Gegebenheiten. In »Anschauung« wird auch ein Stück ordnender Selbsttätigkeit mitgedacht. Wir *haben* zwar Vorstellungen, wir *machen* uns aber auch Vorstellungen. Bevor wir uns auf Prinzipien der Anschauungs-Ordnung einlassen, können wir noch einen weiteren wichtigen Begriff aus dem Einleitungszitat, den der *Erscheinung* (in vorläufiger Form allerdings nur) aufnehmen: »Erscheinungen« (Phänomene) sind geordnete Vorstellungen einzelner Gegenstände oder Ereignisse in der Welt, oder Vorstellungskomplexe äußerer Sachverhalte. Damit wären sie gleich *bestimmten* Anschauungen.

Wie bringen wir Ordnung in unsere Vorstellungswelt? Kant bereitet die Antwort mit Hilfe der klassischen Unterscheidung von *Form* und *Inhalt* vor:

>»In der Erscheinung nenne ich das, was der Empfindung korrespondiert, die *Materie* derselben, dasjenige aber, welches macht, daß das Mannigfaltige der Erscheinung in gewissen Verhältnissen geordnet (!) werden kann, nenne ich die *Form* der Erscheinung.« (II 70)

MATERIE nennt er »das, was der Empfindung korrespondiert«. Das läßt mindestens zwei Lesarten zu: 1.) Materie ist das, was der Empfindung *entspricht*. In diesem Falle wäre Materie *gleich* der Mannigfaltigkeit der Empfindungen und Vorstellungen. 2.) Der Empfindung »korrespondieren« bei einer Erscheinung aber auch die »Gegenstände«, also jene Dinge an sich, welche die Empfindungen überhaupt erst hervorrufen. »Materie« bezieht sich in zweiten Fall auf die unäbhängig vom Empfinden, Denken, Sprechen »draußen« existierenden Substanzen. Da Kant den größten Wert darauf gelegt hat, seine Position als »transzendentalen Idealismus« von jedem absoluten Idealismus, also von der Philosophie abzugrenzen, die alle Materie als ideellen (empfundenen, gedachten) Stoff imaginiert, sollte man den zweiten Materiebegriff nicht verdrängen. Der erste spielt allerdings in der Transzendentalen Aesthetik die entscheidende Rolle. Behandeln wir Materie (zunächst!) nur als ungeordnete, chaotische Mannigfaltigkeit von Empfindungs- bzw. Vorstellungsinhalten.

Dieses Chaos wird in Form gebracht. FORM ist das, »welches macht, daß das Mannigfaltige der Erscheinung in gewissen Verhältnissen geordnet werden kann...« FORM bedeutet offensichtlich ein Ordnungsprinzip für den Vorstellungsstoff, eine Ordnungsfunktion unseres Erkenntnisvermögens, die der chaotischen Mannigfaltigkeit der Sinnesdaten ein bestimmtes Organisationsmuster auferlegt. Kant interessiert sich jedoch nicht so sehr für Formen, die wir vielleicht auf dem Wege der Abstraktion als »Muster« aus dem herausholen können, was uns die Sinne darbieten. Das wären nur Formen a posteriori! Er nimmt vielmehr an, daß wir dem Anschauungsmaterial bestimmte Formen *geben*. Derartige Ordnungsmuster wären mithin Formen *a priori*, nicht vom Erfahrungsmaterial abgezogen, sondern diesem von unserem Erkenntnisvermögen aufgeprägt. Man sollte sich die Formen a priori allerdings nicht als Kuchenformen denken, die man nach Belieben anwenden und nach dem Gebrauch wieder weglegen kann. Nach Kants Auffassung ist das unterste Erkenntnisvermögen so geartet, daß bei einer jeden Anschauung *jeder von uns* (»Allgemeinheit«) *alternativ- und ausnahmslos* (»Notwendigkeit«) die Sinnesdaten vorab (a priori) *raum-zeitlich* ordnen muß! M.a.W.: Die reinen (apriorischen) Formen *Raum* und *Zeit* sind diejenigen Ordnungsfunktionen unserer offensichtlich gar nicht so passiven Rezeptivität, durch welche die *Anschauung* zustande gebracht wird. Anschauungen sind raum-zeitlich geordneter Empfindungs-(Vorstellungs-)Stoff.

Wenn wir Erscheinungen vor uns haben, also einzelne Sachverhalte in der Welt erfaßt zu haben glauben, dann sind die jeweiligen Phänomene allemal (apriori) nach Raum-Zeit-Koordination voneinander abgegrenzt. Etwas Bestimmtes unterscheidet sich von einem Anderen wenigstens dadurch, daß es jetzt hier und nirgendwo anders ist (war, sein wird). »Die raum-zeitliche Position liefert den fundamentalen Grund für die Unterscheidung zwischen einer besonderen Gegebenheit und einer anderen der gleichen allgemeinen Art, mithin den fundamentalen Grund für die Identität besonderer Gegebenheiten.« (Strawson 1966, S. 49) Es ist überdies für uns alle in der Alltagswelt, auch für die meisten Philosophen, eine Selbstverständlichkeit: »Ein und derselbe Objekt kann nicht an zwei (Raum-)Stellen zur gleichen Zeit sein (obwohl natürlich seine Teile zur gleichen Zeit an verschiedenen Stellen sind) und keine zwei Objekte können die gleiche Stelle zur gleichen Zeit einnehmen (obwohl natürlich ein Objekt in einem anderen enthalten sein kann).« (Hacker 1982, S. 1)

Parallel zu der von »Raum« und »Zeit« trifft Kant eine Unterscheidung des »äußeren« vom »inneren Sinn«. »Sinn« sei als Ausdruck für die Fähigkeit gelesen, einen besonderen Typus von Eindrücken empfangen bzw. auf besondere Weise ordnen zu können. Dann ist der Raum die Ordnungsform des »äußeren Sinns«. Er entspricht mithin dem auf der Subjektseite anzusiedelnden Schema, »schlechthin alles äußerlich Empfundene einander beizuordnen« (III 61). Anders ausgedrückt: »Vermittelst des äußeren Sinns (einer Eigenschaft unsres Gemüts) stellen wir uns Gegenstände als außer uns, und diese insgesamt im Raume vor« (II 71; A 22, B 37).

Bleiben wir vorerst im Raum. Zur Kennzeichnung des äußeren Sinns könnte die Rücksicht auf jenen Doppelcharakter des Materiebegriffs vielleicht ganz hilfreich sein: a) Einmal liegt der Akzent bei der Qualifikation des äußeren Sinns auf dem »äußerlichen Gegenstand«, also mehr auf den Dingen an sich (»außer uns«), die Eindrücke hervorrufen, welche – aufgrund der Wirkungsweise des äußeren Sinns – allemal Eindrücke von Gegenständen im Raum und mit räumlichen Bestimmungen sind[24]. b) Zum zweiten liegt der Akzent auf den Erscheinungen *als* Anschauungen eines *äußeren* Gegenstandes – und als solcher ist er a priori im Raum und mit räumlichen Bestimmungen versehen. Einmal (a) geht es um Anschauungen *äußerer Gegenstände*, zum anderen (b) um *Anschauungen* äußerer Gegenstände[25]. Wie sich beide Akzente vertragen, ob sie sich »vermitteln« lassen, muß hier noch offenbleiben. Kant vertritt in der »Transzendentalen Aesthetik« jedenfalls die Meinung, die Empfindungen wechselten ihren Inhalt (Materie b) je nach der Art der äußeren Gegenstände (Materie a), durch die wir affiziert werden. Aber stets lege die Funktionsweise unseres äußeren Sinns den einzelnen Erscheinungen äußerer Objekte das Grundmerkmal der Räumlichkeit bzw. räumliche Bestimmungen auf. »Der Raum ist eine notwendige Vorstellung, a priori, die allen äußeren Anschauungen zum Grunde liegt.« (II 72) In diesem Rahmen untersucht Kant in allen Einzelheiten, was die Anschauungsform »Raum« kennzeichnet, etwa das Grundmerkmal der *Einheitlichkeit*. D.h.: Es können nicht zwei oder mehrere getrennte Räume angenommen werden, sondern immer nur Teile des einen umfassenden Raumes usf.

Ähnlich verfährt er mit der Anschauungsform »Zeit«. Sie ist jedoch die Ordnungsform des »inneren Sinns«: Wir sind der intellektuellen Anschauung nicht begabt. Der Weg der Erfahrung führt zwangsläufig durch den Engpaß unserer fünf Sinne. Selbst die Physiker müssen die Zeigerausschläge ihrer Geräte oder den Computerausdruck lesen. Die Sinne liefern uns Empfindungen, Vorstellungen, Anschauungen. All dies sind aber Bewußtseinszustände, Eindrücke in unserem inneren Sinn, die von vornherein (a priori) in *zeitliche* Ordnung gebracht werden. Sie treten in zeitlicher Abfolge auf, haben Dauer, entstehen, vergehen.

»Zeit« ist für Kant die reine (apriorische) Form des »inneren Sinns«: »Die Zeit ist nicht etwas, was für sich selbst bestünde, oder den Dingen als objektive Bestimmung anhinge, mithin übrig bliebe, wenn man von allen subjektiven Bedingungen der Anschauung derselben abstrahiert... Die Zeit ist nichts anderes, als die Form des inneren Sinnes, d.i des Anschauens unseres selbst und unseres innern Zustandes.« (II 80; A 32, B 49)

Wenn wir über unsere Bewußtseinszustände, über unseren inneren Zustand nachdenken, erfahren wir diese Zustände durchweg und notwendigerweise als zeitlich geordnete. Nun gilt nach Kant, daß wir über Sachverhalte, ob sie nun »drinnen« oder »draußen« sind, nur etwas auf dem Wege der *Erfahrung*, mit den Mitteln unserer Sinnlichkeit, ausmachen können. Also stehen *alle* Sachverhalte a priori in einer Zeitordnung:

»Die Zeit ist die formale Bedingung a priori aller Erscheinungen überhaupt. Der Raum, als die eine Form aller äußeren Anschauung ist als Bedingung a priori bloß auf äußere Erscheinungen eingeschränkt. Dagegen, weil alle Vorstellungen, sie mögen nun äußere Dinge zum Gegenstande haben oder nicht, doch an sich selbst, als Bestimmungen des Gemüts, zum inneren Zustand gehören; dieser innere Zustand aber unter der formalen Bedingung der inneren Anschauung, mithin der Zeit gehöret: so ist die Zeit eine Bedingung a priori von aller Erscheinung überhaupt, und zwar die unmittelbare Bedingung der inneren (unserer Seele) und eben dadurch mittelbar auch der äußern Erscheinungen.« (II 81/ A 34; B 49)

Wiederum wäre es recht voreilig, diese Ansicht von der Vorrangstellung der Zeit als Anschauungsform des »inneren Sinns« in den altbackenen Bereich der Fakultätenpsychologie abzuschieben. Kants These wurde in jüngster Zeit aufgenommen: »Einmal ist Zeiterfahrung universeller als jede andere. Wo und auf welche Weise immer etwas erfahren wird, wird Zeit miterfahren. Man kann sich aus keiner unserer Erfahrungsweisen die Zeit wegdenken, während etwa eine Abstraktion von Raum- und Gegenstandserfahrung sehr wohl möglich ist. Zweitens ist die Erfahrung von Zeit nicht sinnlich, sondern Bedingung für jeden Typ von sinnlicher Erfahrung. Und schließlich kann die Erfahrung von Zeit mit der Erfahrung von der Zeit dieser Erfahrung selbst auftreten, sich also selbst als zeitlich darstellen. Das ist bei keiner anderen Erfahrung der Fall: Unsere Erfahrung von Raum und von Gegenständen stellt sich nie selber als räumlich oder gegenständlich dar« (Bieri 1972, S. 13). Bieris Behauptung, eine »Abstraktion von Raum- und Gegenstandserfahrung« sei sehr wohl möglich, ist im Verhältnis zu Kants Ansichten etwas irreführend. Hinwegdenken können wir uns weder Raum noch Zeit. Sie sind stets, a priori, als Ordnungsfunktionen für Empfindungsstoff bei allen Erfahrungen mit im Spiel. Wohl aber können wir uns ausmalen, der Raum sei leer und eine zeitlang geschähe nichts. Kurzum: Alles was »wir« erfahren, schauen wir notwendigerweise (a priori) in einem Koordinatensystem von Raum und Zeit an. »Zeit« ist – anders als der Raum – die »Form des inneren Sinnes, d.i. des Anschauens unserer selbst und unseres inneren Zustandes.« (II 80 f.)

Zeit kann also keine »Bestimmung äußerer Erscheinungen sein«, sie bestimmt nach Kant allein »das Verhältnis der Vorstellungen in unserem inneren Zustande« (ebd.) Von daher hätte er vermutlich wenig für McTaggarts Ansicht von der »objektiven« Zeit übrig gehabt und aller Wahrscheinlichkeit nach den Verdacht geäußert, sie sei nur Ausdruck unserer Versuche, die Details der Zeit-Form dadurch klarzumachen, daß wir Zeit gleichsam veräußerlichen: »Und eben weil diese innere Anschauung keine Gestalt gibt, suchen wir auch diesen Mangel durch Analogien zu ersetzen, und stellen die Zeitfolge durch eine ins Unendliche fortgehende Linie vor, in welcher das Mannigfaltige eine Reihe ausmacht, die nur von einer Dimension ist…« (Ebd.; Merkmal der Eindimensionalität und Linearität der Zeit). Die Grundthese der Transzendentalen Aesthetik bleibt jedoch: Raum und Zeit sind beide Formen unseres Anschauungsvermögen, Ordnungsprinzipien des (inneren und äußeren) »Sinns« und nichts »draußen«.

Soziologisches Beispiel 2:
Zur genetischen Erkenntnistheorie von Raum und Zeit

Basistexte:

Hans. G. Furth: *Intelligenz und Erkennen - Die Grundlagen der genetischen Erkenntnistheorie Piagets*, Frankfurt/M. 1972, S. 20-44.
Bärbel Inhelder: *Einige Aspekte von Piagets Genetischer Theorie des Erkennens*, in Furth 1972, S. 45-71.

Es ist wohl Zeit, wiederum eine knappe Illustration in anderen Zusammenhängen zu versuchen. Auch sie kann an dem lästigen Problem festgemacht werden, auf das wir dauernd gestoßen sind: Wer sind denn nun »wir« (alle), die ihre Empfindungen a priori in raumzeitlichen Koordinaten ordnen »müssen«? Etwa nur Erwachsene, die »Raum« und »Zeit« in all den raffinierten Hinsichten zu handhaben verstehen, die Kant sowohl bei seiner »metaphysischen« als auch bei der »transzendentalen Erörterung« von Raum und Zeit aufdeckt? In der Tat glauben Piaget und seine Mitarbeiter, mit ihren sozialpsychologischen Experimenten gezeigt zu haben, daß Kinder erst ab einer bestimmten Entwicklungsphase in der Lage sind, all die »Selbstverständlichkeiten« einzusehen und zu handhaben, die »wir« Erwachsene - genau wie Kant - als Eigenschaften des dreidimensionalen (euklidischen) Raums anerkennen. Im Alter zwischen 3 und 7 Jahren seien Kinder noch nicht in der Lage, einzusehen, daß räumlich ausgedehnte Gegenstände, ihre »invariante« und »konstante« Länge behielten, auch wenn sie gegeneinander verschoben werden. »Wenn zwei gleich lange Stäbe übereinandergelegt werden und dann der eine zu dem anderen in der Weise parallel verschoben wird, daß ihre Enden nicht mehr in einer Linie liegen, so behaupten, wie wir in unseren Untersuchungen festgestellt haben, 75 Prozent der fünfjährigen Versuchspersonen, daß der Stab, der »sich beweg hat« oder den anderen »überholt« sich im Vergleich zu dem anderen in seiner Länge verändert habe. Nach dem Alter von acht Jahren jedoch behaupten 85 Prozent der Kinder mit Überzeugung, daß sich die Dimensionen trotz der Verschiebung nicht verändert haben...« (Basistext, S. 63) Ähnlich verhält es sich auch bei der Anschauungsform der Zeit. Die »uns«, den Erwachsenen, geläufige Vorstellung einer »homogenen Zeit, die die eigenen Handlungen untereinander, mit denen anderer und mit den Laufbahnen der Dinge verbindet« (Piaget 1974, S. 360), steht Kindern erst ab einer bestimmten Entwicklungsstufe zur Verfügung. Vorher ist die praktische Zeit »für jede einzelne Handlung eine spezielle Zeit« (ebd.). Raum- und Zeitvorstellungen auf diese Weise als Ergebnis eines Entwicklungsprozesses vom frühkindlichen Startpunkt aus betrachtet, führt in den Problemhorizont einer gegensätzlichen Erklärungsmöglichkeit: Entweder lassen sich die Entwicklungsmuster und Entwicklungsschübe von »kognitiven Mustern« wie den Raum- und Zeitvorstellungen auf äußere Einflüsse aus Natur und Gesellschaft zurückführen oder man »stattet den menschlichen Organismus mit fertigen Erkenntniskategorien aus, die mit sinnlichen Stimuli gefüllt werden« (Basistext, S. 40) bzw. unterstellt einen biologisch-gesetzmäßigen Prozeß des Heranreifens jener kognitiven Muster.

Die erste der beiden entwicklungspsychologischen Alternativen ist der erkenntnistheoretischen Position des »Empirismus« garnicht so unähnlich, die zweite – des öfteren »Nativismus« bzw. »Maturationismus« genannt – kommt dem reinen »Apriorismus« einigermaßen nahe. Piaget und seine Schüler steuern einen Kurs zwischen beiden Polen, der erstaunlicherweise bis zu Sokrates' Anstrengungen zurückführt, dem Menon das Vorhandensein (bei Piaget: die Entwicklung) von *ungelernten*, in diesem Sinne also apriorischen, Fähigkeiten zur Gewinnung von Erkenntnissen nachzuweisen. »Wir haben diese experimentellen Verfahrensweisen an unseren Genfer Schulen nicht »gelehrt«, als unsere Versuchspersonen in diesem Alter waren. Sie entdeckten diese Verfahren ohne besonderen Unterricht, sobald die Entwicklung der formalen Denkstrukturen eingesetzt hatte.« (Ebd., S. 59) Noch gradliniger bewegt er sich in Richtung auf die Kantsche Lehre; denn der Anspruch ist offensichtlich, zu zeigen, daß die »Mechanismen der Erkenntnis« weder a) allein in der Reifung begründet« sind (weil ein strikt biologischgesetzmäßiges Entwicklungsmuster *nicht* behauptet werden kann), noch b) »ausschließlich aus Lernen auf der Basis von Erfahrung« stammen. Die »Lernkapazität ist selbst an Entwicklung gebunden« (ebd., S. 60). Kein Anhänger Piagets leugnet die gesellschaftlichen Einflüsse auf die kognitive Entwicklung: »Die soziale oder Ich-Entwicklung ist immer auf ein Gleichgewicht oder eine Reziprozität zwischen den Handlungen des Ich und den auf das Ich bezogenen Handlungen des anderen gerichtet.« (Kohlberg, 1974, S. 10 f.) Dennoch wird c) betont, die »Genesis der Mechanismen der Erkenntnis« resultiere »nicht ausschließlich aus sozialen Übermittlungen (ein Kind transformiert die empfangenen Elemente, wenn es sie assimiliert)« (Basistext, S. 60). Infolgedessen können auch die Raum- und Zeitvorstellungen weder als passive Widerspiegelungen objektiver Beziehungen, noch als Errungenschaften a posteriori, dem eigenen oder sozialen Lernen entstammend, angesehen werden.

Wie ist diese eigentümliche Zwischenstellung gemeint? Sie hängt zunächst einmal mit der charakteristischen Piagetschen Ansicht vom »operativen« Charakter unserer Erkenntnisweise und Erkenntnismittel zusammen. »Erkenntnis« bedeutet für ihn grundsätzlich kein passives Entgegennehmen von Eindrücken äußerer Gegebenheiten, sondern eine »Operation..., die ihre Gegenstände selbst konstruiert« (ebd., S. 26). Die kopernikanische Wende, die Kant vorschlug, um die Möglichkeiten der Gesetzgebung durch reine theoretische Vernunft auszuloten, hinterläßt bei Piaget und seinen Schülern offensichtlich einen nachhaltigen Eindruck: »Ein Ding in der Welt ist erst dann ein Objekt der Erkenntnis, wenn der erkennende Organismus mit ihm in Interaktion tritt und es als ein Objekt konstituiert.« (Ebd., S. 41) Zu den Bedingungen der Möglichkeit, etwas »als ein Objekt zu konstituieren« (!), gehören auch die weder rein angeborenen, noch bloß aposteriorischen Anschauungsformen »Raum« und »Zeit« (wobei Piaget, etwas anders als Kant, den Begriff der Zeit und den der Geschwindigkeit als kongruent ansieht [1974, S. 358]). Piaget macht sie gewiß nicht an besonderen Erkenntnisvermögen fest. Vielmehr rastet bei ihm an der Stelle des anscheinend altfränkischen Begriffs des »Vermögens« der Allerweltsbegriff »Struktur« ein. Im einfachsten Fall darf man sich unter einer Struktur vielleicht eine Menge von (beliebig gearteten) *Beziehungen* vorstellen, die zwischen (beliebig gearteten) Elementen bestehen. Das reicht zunächst aus, um einen ersten Hinweis auf den Wegweisern zu Piagets Pfaden zwischen Nativismus und Empirismus lesen zu können: »Eine biologische Organisation oder ein Organismus impliziert eine Struktur, die auf ihre Umwelt reagiert. Die Struktur konstituiert sich aus Faktoren und erhält ihre Integrität durch Faktoren, die dem Organismus nicht völlig äußerlich sind.« (Basistext, S. 32) Auch dem biologischen Organismus Mensch wohnen solche Strukturen inne; er »impliziert« sie oder - wie es in Anlehnung an das Apriori heißt - sie sind »vorgängig«, liegen seinen Reaktionen »zugrunde«.

Der Strukturen bedient sich der Organismus einerseits, um sich die Umwelt zu *assimilieren*: »Assimilation ist ein entscheidender Begriff für die Beziehung eines Stimulus zu einem reagierenden Organismus und drückt eine innere Korrespondenz oder Gleichheit zwischen einem Phänomen der Umwelt und der Struktur innerhalb des Organismus aus.« (Ebd., S. 33) Aufgrund der Funktionsweise seiner Strukturen macht sich der Organismus Umweltbestandteile zugänglich und zueigen. Ein der Assimilation gegenläufiger Prozeß heißt »Akkomodation«: »Assimilation wird der Akkomodation gegenübergestellt werden, einer vom Organismus her nach außen gerichteten Tendenz der inneren Struktur, sich an ein bestimmtes Umweltereignis anzupassen.« (Ebd.)

Das läßt sich einfach auch so fassen: Piaget und seine Schüler arbeiten mit einem Grundmodell, demzufolge Organismen nach und nach über mehr und bessere Strukturen verfügen, die ihnen gestatten, Erfahrungen zu *machen*, in äußere Gegebenheiten einzugreifen oder sich auf Sachverhalte und Ereignisse in der Welt einzustellen. Manchmal wird überdies betont, dieses Wechselverhältnis zwischen Organismus und Umwelt zeichne sich durch eine Tendenz zum (Fließ-)Gleichgewicht aus: »Die Entwicklung der kognitiven Struktur ist auf ein besseres *Äquilibrium* dieser Interaktion zwischen Organismus und Umwelt gerichtet, das heißt auf ein besseres Gleichgewicht oder eine bessere Reziprozität zwischen dem auf das (wahrgenommene) Objekt (oder die Situation) bezogenen Handeln des Organismus und dem auf den Organismus bezogenen Handeln des (wahrgenommenen) Objekts.« (Kohlberg 1974, S. 9) Kognitive Strukturen stellen also einerseits erkenntnisermöglichende »Systeme interner Relationen« dar, zum anderen kommt ihre Entwicklung erst unter dem Einfluß der Umwelt zustande. Kognitive Strukturen verweisen stets auf den Aspekt der »Spontaneität«, der Selbst-*Tätigkeit* des Organismus. Sie sind für Kohlberg »immer Strukturen (Schemata) des *Handelns*«; die von den Strukturen ermöglichte Erkenntnis kann nicht von tätigen Eingriffen abgelöst werden.

Doch, welche nähere Bestimmung erfährt der Begriff »kognitive Struktur«, der an die Stelle von »Bedingung der Möglichkeit der Erkenntnis« gesetzt wurde? Ein Anlauf zur Antwort findet sich bei Kohlberg (1974, S. 11): »Unter kognitiver Struktur sind die Regeln der Verarbeitung von Informationen oder der Verbindung von Erfahrungen zu verstehen«. »Struktur« würde, so gesehen, nicht mehr bloß abstrakt »Systeme interner Relationen«, sondern jeweils eine bestimmte Menge von *Regeln* bedeuten. Regeln können vermutlich als geordnete und allgemeinverbindliche Vorgehensweisen und Verhaltensvorschriften verstanden werden. Wer die Reihe 3, 6, 9... fortzusetzen versteht, kennt eine (mathematische) Regel! Strukturen als Regelkomplexe sollen der Verarbeitung von »Informationen«, all der Signale also dienen, die wir aus der Umwelt empfangen, sowie der Verbindung (Synthesis) von »Erfahrungen«. Ich nehme an, mit »Erfahrung« sind in diesem Falle Empfindungen und Anschauungen (Wahrnehmungen) gemeint.

Unter der Hand haben sich die Kantischen »Vermögen« damit zur »Kompetenz« als der Fähigkeit verändert, sich der jeweiligen Regel oder Menge von Regeln erfolgreich bedienen zu können. Die Frage, ob alle kognitive Kompetenz gleich Erkenntnis-Regel-Kompetenz ist, lassen wir allerdings offen. Gestützt auf den Struktur- und Regelbegriff, schlägt Kohlberg eine Definition für »Erkennen« vor: »Erkennen (das sich am deutlichsten im Denken darstellt) bedeutet, Dinge verbinden oder Ereignisse in Beziehung setzen, und dieses In-Beziehung-Setzen ist ein aktiver, verbindender Prozeß, nicht eine passive Verbindung von Ereignissen durch äußerliche Assoziation und Repetition.« (Ebd., S. 11) In letzter Instanz erweisen sich die geheimnisvollen »Strukturen« mithin als Weisen (modi) des regelrechten Verknüpfens. Kohlberg nennt daher diese Formen geregelter Synthesis – genau wie Kant – KATEGORIEN! »Grundsätzlicher gesagt, bedeutet es, daß der Prozeß des In-Beziehung-Setzens einzelner Ereignisse auf vorgängigen (!), vom Organismus entwickelten Modi des In-Beziehung-Setzens beruht. Die allgemeinsten Modi des In-Beziehung-Setzens werden als ›Erfahrungskategorien‹ bezeichnet.« (Ebd.) Offensichtlich weisen die als Kategorien gedeuteten Strukturen drei kennzeichnende Eigenschaften auf:

- Sie sind *notwendig*, wenn die Aussage ernst gemeint sein sollte, daß sie »auf jede Erfahrung anwendbar sind« (ebd., S. 12);
- Sie sind *apriorisch*; denn sie gelten, wenn auch aufgrund eines Ent-

wicklungsprozesses als allemal »vorgängig«. Sie »liegen« den einzelnen Erkenntnisakten »zugrunde« und sind »nicht etwas zu einem gegebenen Organismus Hinzugefügtes, von außen Kommendes..., sondern (entsprechen) der Natur des Organismus..« (Basistext, S. 32);

- Sie sind *allgemeinverbindlich*,wobei »wir« mal wieder die Auswahl haben, wer »wir« wohl sind: Alle biologischen Organismen?, alle menschlich-biologischen Organismen?, alle Europäer?, alle Schweizer?, alle Schweizer Kinder?

Die Pfade zwischen Nativismus und Empirismus zeichnen sich nun klarer ab: Die »Theorien der kognitiven Entwicklung (sind) ›interaktionistisch‹, d.h. sie gehen davon aus, daß die fundamentale intellektuelle Struktur weder angeborene Modelle im Organismus, noch Modelle in Ereignissen (Stimulus-Eventualitäten) in der Umwelt reflektiert, sondern ein Produkt der Formung der Aktion zwischen dem Organismus und der Umwelt ist« (Kohlberg 1974, S. 13). Damit bestätigt sich auch nochmals die von der kopernikanischen Wende beeindruckte Auffassung von Erkenntnis: »Erkenntnis ist in der Piagetschen Theorie niemals ein Zustand, weder ein subjektiver noch ein repräsentativer oder ein objektiver. Erkenntnis ist eine Tätigkeit. Sie kann als eine Strukturierung der Umwelt gemäß zugrunde liegenden Strukturen oder als eine Strukturierung des in lebendiger Interaktion mit der Umwelt stehenden Subjekts aufgefaßt werden.« (Basistext, S. 43).
Das eigentliche Charakteristikum der Piagetschen Lehre ist sicherlich das Stufenmodell der kognitiven Entwicklung (vgl. ebd., S. 51 ff.), doch – so habe ich an anderer Stelle anzudeuten versucht (Daniel 1983, S. 96 ff.) – in diesem Falle wären eher Verbindungslinien zu Hegel als zu Kant zu ziehen. Die Brücke zu Kant hat die Ansicht der »Strukturen« als »Modi des In-Beziehung-Setzens« zu einem ihrer tragenden Pfeiler. Denn KATEGORIEN bilden das Hauptthema des zweiten Abschnitts der Kantischen Erkenntniskritik, also der »Transzendentalen Analytik« (s. u. Teil II). Anders als die Entwicklungspsychologen versucht Kant jedoch, eine Trennung zwischen Raum/Zeit als Formen der reinen Anschauung und den eigentlichen KATEGORIEN aufrechtzuerhalten. »Die Zeit ist kein diskursiver, oder, wie man ihn nennt, allgemeiner Begriff, sondern

eine reine Form der sinnlichen Anschauung. Verschiedene Zeiten sind nur Teile eben derselben Zeit.« (II 79/A 31; B 47). Das gilt entsprechend für den Raum (II 73).

Es ist nicht einfach, sich des Unterschieds zwischen Kategorie und Anschauungsform bei Kant zu vergewissern. Vielleicht hilft ein schlichtes Bild: Raum und Zeit sind wie Fäden in einem Fadenkreuz. Was immer wir z.B. »draußen« anpeilen, »wir müssen« es als in dem *einen, einheitlichen* Raum befindlich und in räumlichen Beziehungen stehend anpeilen. Alle Teilräume und Teilzeiten sind nur Untergliederungen dieser einheitlichen Anschauungsformen. Demgegenüber steht der allgemeine Begriff »Säugetier« ziemlich oben in einer Hierarchie von Artbegriffen, welche jeweils andere Begriffe mit eigenständigen Merkmalen »unter sich« haben, die nicht im Sinngehalt von »Säugetier« enthalten sind: »Hund«, »Katze« etc. Wie unzulänglich die Absichten damit auch ausgemalt sein mögen, die Kant mit seiner Unterscheidung von Anschauungsformen und Kategorien verbindet, heraus schaut ein für die »Transzendentale Aesthetik« entscheidender Gesichtspunkt: *Wir können von DINGEN in Raum und Zeit noch gar nicht reden, solange nicht die Funktion der KATE-GORIEN geklärt ist.*

Teil II
Transzendentale Analytik –
Formen der Spontaneität

Kapitel 3
Zur ›metaphysischen Deduktion‹ der reinen Verstandesbegriffe

Kant-Lektüre: II 97–100 (A 50–55, B 74–79); II 111–121 (A 70–83, B 95–100).

Philosophiegeschichtliches Beispiel 3: Aristoteles und Porphyrios über Kategorien

Basistext: Aristoteles: *Kategorien - Lehre vom Satz*; (darin auch: Porphyrius: *Einleitung in die Kategorien)* Hamburg 1958, S. 45 (4. Kapitel/1b–2a)

Etwa ab der Mitte des 11. Jh. beginnt das Leben in den mittelalterlichen Städten sich finanziell und kulturell von den finsteren Zeiten davor so weit zu erholen, daß der katholische Klerus daran denken kann, die einfachen Dom- und Kathedralschulen zum ›studium generale‹, zu Universitäten auszubauen. Um 1200 entsteht die berümteste mittelalterliche Universität aus einem Zusammenschluß der Kathedralschulen in Paris. Probleme und Themen der christlichen Theologie beherrschen natürlich das Lehren und Lernen an diesen neuen Akademien. »Die höchste Wissenschaft wird... für den Christen die Wissenschaft der Hl. Schrift sein, das Studium der inspirierten Texte, die die Offenbarung enthalten.« (van Steenberghen, 1977, S. 59) Die sieben etwas profaneren Künste (septem artes liberales[26]), also das *Trivium* (der Dreiweg) mit den Zweigen: Grammatik (Lehre vom richtigen Schreiben und Sprechen), Dialektik (als Kunst, fragwürdige von stichhaltigeren Behauptungen zu unterscheiden) und Rhetorik (als Kunst der Überzeugung) sowie das *Quadrivium* (der Viererweg mit Mathematik, Geometrie, Astronomie und Musik), dienten letztlich ebenfalls der Vorbereitung auf den theologischen

Diskurs. Der Lehrstoff der theologisch-philosophischen Übungen an den Universitäten speiste sich dabei, grob gesehen, aus drei Hauptquellen:

1.) Am reichhaltigsten sprudelte die Quelle aus den Manuskripten der sog. »Kirchenväter« (patres), unter denen der hl. *Augustinus* (354-430) eine herausragende Stellung einnimmt. Wenn man sich klarmacht, wie mühselig es damals war, Manuskripte herzustellen und zu verbreiten, daß die mönchische Hand- und Abschrift lange Zeit hindurch das wichtigste Mittel zur Erhaltung und Weitergabe von Skripten war, läßt sich eine besondere Art des mittelalterlichen Umgangs mit den alten Autoritäten gut verstehen: Die Aussagen der patres, insbesondere Augustins, werden nicht allein durch Abschreiben weitergereicht, ihre Thesen zu bestimmten Themen - etwa der Dreifaltigkeitslehre - werden fleißig herausgezogen und meist ohne weiteren Kommentar zusammengestellt. Auf diese Weise entsteht eine für das gesamte akademische Schrifttum des Mittelalters kennzeichnende Literaturgattung: Die *Sentenzen* (von sententia = Meinung, Ansicht, Satz) oder *Catenen* (von catena = Kette, Fessel). Diese Ketten kommentarlos verbundener Aussagen der Kirchenväter zu bestimmten Themen erhalten ihre einflußreichste Form mit den »libri quattuor sententiarum« des *Petrus Lombardus* (ca. 1100-1164). Seine vier Bücher der Sentenzen werden zum Standardwerk des Unterrichts an mittelalterlichen Hochschulen.

2.) Eine zweite Hauptquelle entspringt aus der christlichen Mystik. Was Augustinus für die Patristik, die Lehre der Kirchenväter, ist (Pseudo-) *Dionysius Areopagita* (um 500 n. Chr.)[27] für die mystische Theologie. Die Einsicht in Gottes Wesen, so lehrt er, läßt sich mit keiner Anstrengung der Vernunft erreichen. Für Gott können wir keine erläuternden Namen finden, die uns Gewißheit über sein Dasein und seine Eigenschaften versprächen. Diese durch kein Erkennen oder Benennen zu überbrückende Kluft zwischen Mensch und Gott, dieses Mysterium, ließe sich nur durch eine Art ekstatischer Versenkung in Gott, durch uneingeschränkte Gottesliebe und ungetrübten Glauben überwinden: »... lasse nicht davon ab, dich in mystischer Schau zu üben, entsage den Künsten des Verstandes, tue ab von dir, was immer noch den Sinnen oder der Klugheit verhaftet ist, befreie dich vollkommen von allem Sein oder Nichtsein, und erhebe dich, wenn du es kannst, bis zur Höhe des Nicht-mehr-Unterscheidens, über das All hinaus, bis dicht an die Schwelle des Verschmelzens mit Dem, der über jedem Wesen und über jedes Wissen ist.« (Dionysos in Vorländer 1964, S. 207).

3.) Die dritte, uns in erster Linie interessierende Quelle speist sich aus den damals bekannten Texten der antiken Philosophie, unter denen Werke Platons, später zunehmend auch die des Aristoteles, eine herausragende Rolle spielten. Zweifellos trifft es zu, daß der Einfluß Platons auf die Patristik und damit auf die spätere scholastische Philosophie an den mittelalterlichen Universitäten bis in das 12. Jh. hinein größer gewesen ist als der des Aristoteles. Überschätzen sollte man ihn aber nicht, denn bis zum Ende des 12. Jh. lagen von Platons Originaltexten nur ein »Timaios«-Fragment, der »Phaidon« und der »Menon« in brauchbarer lateinischer Übersetzung vor. Gleichwohl läßt sich eine *augustinisch-platonische* Fraktion im Streit der mittelalterlichen Schulen mit groben Pinselstrichen umreißen.

Eine andere, die *thomistisch-aristotelische*, vermag sich auf die Versuche des Anicius Manlius Severinus *Boethius* (ca. 480–524) zu berufen, der neben seinen politischen Ambitionen im Gotenreich des Theoderich das Programm verfolgte, sämtliche Werke des Aristoteles ins Lateinische, die spätere Gelehrtensprache des europäischen Mittelalters, zu übertragen. Der 524 hingerichtete Boethius konnte seinen Plan nicht zum Ende bringen. Aber er etablierte sich schließlich als die Autorität, die mit ihren Aristoteles-Übersetzungen und -Kommentaren den Einfluß der sog. »logica vetus« (alten Logik) auf die mittelalterliche Scholastik sicherte.

Eine intensivere Kenntnisnahme des aristotelischen Gesamtwerks anhand lateinischer Übersetzungen beginnt im 13. Jh. eigentlich erst am Ende eines langen Umweges: 421 wird der Patriarch von Konstantinopel, *Nestor*, auf dem Kirchenkonzil von Ephesos als Ketzer verurteilt[28]. Nestor und die Nestorianer fliehen nach Persien, wo sie eine bis nach Indien und China hinein einflußreiche Schule gründeten. Dem Werk des Aristoteles hatten sie immer schon eine besondere Aufmerksamkeit geschenkt. Mit dem Sieg der Araber über die Perser werden viele Gelehrte, auch nestorianische, an den Hof des Kalifen gezogen. Aristoteles wird ins Arabische übersetzt. Und der »einmal ins Arabische übersetzte Aristoteles dringt so weit, wie der Islam herrscht, und das heißt: im Osten bis zum Indus und im Westen bis zu den Pyrenäen« (Pieper 1960, S. 148). In Spanien sind es arabisch schreibende Autoren - oft jüdischer Herkunft -, deren Aristoteles-Interpretationen ein solches Gewicht gewinnen, daß einer von ihnen, *Averroes* (1126–1198)[29], umstandslos »der Kommentator« genannt wird. Die Geschlossenheit des aristotelischen Weltbildes, sein Einfluß auf den politisch und religiös offensiven Islam geben die entscheidenden Anstöße zu den großen Summen (summae), die christliche, an Aristoteles geschulte Autoren wie *Thomas von Aquin* (1125–1274) den gefährlichen Heiden entgegenhalten. Sie verfügen mit der »logica nova« über große Teile des überlieferten und ins Lateinische übertragenen Gesamtwerkes von Aristoteles[30].

Die »logica vetus« umfaßt demgegenüber nur a) Aristoteles' Arbeit über die KATEGORIEN (De Categoriis) und b) über die Auslegungskunst (Griech: Peri Hermeneias; Lat. De Interpretatione). Hinzu kommen c) die entsprechenden Kommentare des Boethius, vor allem aber d) die Kommentierungen in der »Isagoge« (Einleitung), die Porphyrius (232–304) zur Kategorienlehre des Aristoteles geschrieben hat.

Die im engeren Sinn mit der Logik befaßten Schriften des Aristoteles werden auch als »Organon« (griech. »Werkzeug«) bezeichnet. »De Categoriis« und »De Interpretatione« stellen die beiden Eingangstexte des Organon dar. Im vierten Kapitel von »De Categoriis« (Basistext, S. 45) vertritt Aristoteles die nachhaltig wirksame Ansicht, wenn wir einmal von Relationsbestimmungen absähen und nur auf begriffliche Ordnung achteten, stießen wir auf eine Liste von genau zehn Begriffen, in die eine jede wirkliche Gegebenheit eingeordnet werden könne. Thomas von Aquin nennt diese 10 Kategorien »decem genera« (Thomas 1980, S. 16). In einer Tafel zusammengefaßt, schauen sie so aus:

Kategorie 1: SUBSTANZ – Sie benennt den konkreten Einzelfall, Einzelsachverhalt oder ein Einzelding wie z.B. ein Pferd.

Kategorie 2: QUANTITÄT – Damit sind Maße wie Länge, Breite, Höhe etc gemeint. Das Pferd ist z.B. 1.50 m hoch.

Kategorie 3: QUALITÄT – Nun stehen die Eigenschaften unseres Pferdes zur Rede. Es ist weiß.

Kategorie 4: RELATION – Es hat überdies Eigenschaften, die es ins Verhältnis zu anderen Dingen in der Welt setzen. Es ist doppelt so groß wie das Jungpferd nebenan.

Kategorie 5: ORT - Als Antwort auf die Frage: »Wo«? hören wir: Es steht auf der Weide.

Kategorie 6: ZEIT - Nicht nur hier, sondern auch *jetzt* steht es auf der grünen Weide.

Kategorie 7: STELLUNG (Lage) - Es befindet sich vor dem Wassertrog.

Kategorie 8: ZUSTAND (Haben) - Zu der gegenwärtigen Befindlichkeit des Pferds gehört, daß es einen Sattel trägt.

Kategorie 9: AKTION (Wirken) - Zu seinen kennzeichnenden Aktivitäten gehört, daß es galoppiert.

Kategorie 10: AFFEKTION (Leiden) - Wenn wir auf die Formen seines Beeinflußtseins achten, sehen wir beispielsweise, daß es eben weggeführt wird.

Beginnend mit dem 5. Kapitel von »De Categoriis« unternimmt Aristoteles eine genauere Erläuterung, Kategorie für Kategorie, um daran anschließend - ab dem 10. Kapitel etwa - eine Untersuchung von logischen Dimensionen (sog. »Postprädikamente«) durchzuführen, die sich mit allen oder einigen der Kategorien verbinden lassen. So zum Beispiel die Bestimmungen des *Gegensatzes* (Kap. 10). Doch wollen wir uns noch etwas bei den *decem genera* aufhalten, um zur Isagoge überleiten zu können:

Aller Wahrscheinlichkeit nach verstand Aristoteles seine zehn Grundbegriffe als ein Einteilungssystem für *wirkliche* Dinge und Geschehnisse in der Welt. Was - im Unterschied etwa zum bloß Phantasierten - wirklich oder in Wahrheit in der Welt da ist, wird in der klassischen griechischen Philosophie meist mit dem Begriff »ousia« belegt. Dem Ursprungssinn nach meinte »ousia« handfesten Besitz oder Reichtum. Ähnlich verhält es sich mit dem lateinischen Wort »substantia«, das u.a. einen Warenvorrat oder vorhandenen Bestand von Dingen betrifft. Philosophen pflegen das Materielle zu vergeistigen. Sowohl »ousia« als auch »substantia« werden zu Kategorien erweitert, die das, was »an sich«, in Wahrheit oder Wirklichkeit da ist, das *Wesen*, bezeichnen sollen. So heißt es sowohl im Philosophen- als auch im Umgangsdeutsch: Die Ansicht meines verehrten Kollegen entbehrt jeder Substanz!

Mittelalterlichen Gepflogenheiten folgend, wurde die aristotelische Kategorie Nummer 1 oben mit »Substanz« überschrieben und damit auch eine für »De Categoriis« prägende Lehre angerührt: »Wahre Wirklichkeit« (Ansichsein) kommt nach Aristoteles letztlich nur benennbaren *Einzelsachverhalten* wie Sokrates, dem bestimmten Pferd etc. zu! Einzelsachverhalte sind dabei allerdings als eine Einheit von *Stoff* (z.B. Holz) und *Form* (zum Tisch geformtes Holz) zu verstehen: »Für Aristoteles, jedenfalls nach der Lehre der ›Kategorien‹, ist ›Substanz‹ ein Begriff, der in erster Linie auf das konkrete individuelle Objekt, den (bestimmten - C.D.) Komplex von Stoff und Form, diesen Tisch, diesen Stuhl, Sokrates, dieses Exemplar eines Katzenhais etc. angewendet wird.« (Lloyd 1968, S. 52) Handfeste Einzeldinge als *primäre Substanzen* (ousiai1) sind es mithin, die mit der ersten Kategorie erfaßt und mittels der neun anderen weiter qualifiziert werden sollen. »Brunellus«, das Pferd bzw. der Esel, der spätestens seit Boethius und statt unseres Junggesellen durch die mittelalterliche Logik trabt, fällt als Einzelexemplar eindeutig in die Kategorie 1.

Aber selbst Brunellus wirft philosophische Probleme auf. So, wie er da vor uns steht, gehört er eindeutig zur Tier-*Art* (species) »Esel« und zur allgemeinen Gattung (genus) »Tier«. (Von den vielen Ober- und Unterarten, in die er sich sonst noch einordnen ließe, sei abgesehen.) Wir wollen seine Art- und Gattungsmerkmale FORM-Bestimmungen nennen. Denn es handelt sich ja - wie bei dem zum Tisch und nicht zum Stuhl geformten Holz um die *allgemeinen* Artbestimmungen, die dem Einzelexemplar »Brunellus« eigentümlich sind. Hinzu kommt: Die Eselei ist keine beliebige oder zufällige Eigenschaft des lieben Tieres wie z.B. seine weißen Ohrenspitzen. Sie umgreift vielmehr die Artmerkmale, die *allen* entsprechenden Exemplaren *zwangsläufig* zukommen. Bei ihnen handelt es sich also um *wesentliche* Formbestimmungen, die auch *sekundäre Substanzen* (ousiai 2) genannt werden können und zu den wichtigsten Qualifikationen der 1. Kategorie gehören:

»Jede Substanz scheint ein Dieses zu bezeichnen, und bei den ersten Substanzen (»erste« = »primäre« - C.D.) ist es zweifellos und wahr, daß sie das tun. Das, worauf man hier hinweist, ist unteilbar und der Zahl nach eins. Bei den zweiten (»zweite« = »sekundäre« - C.D.) Substanzen... ist das Subjekt nicht eins wie die erste Substanz, sondern Mensch (als Gattungsmerkmal -C.D.) wird von vielen Subjekten ausgesagt.« (Basistext, S. 49)

Demgegenüber wären eher zufällige Eigenschaften des Brunellus wie seine weißen Ohrenspitzen als *Akzidentien* anzusehen, während sich *wesentliche* Eigenschaften gemäß den Kategorien 2 bis 10 bestimmen.[31]

Nach all dem tut Porphyrius gut daran, seinen Gesprächspartner Chrysaorios darauf aufmerksam zu machen, daß es für das Verständnis von »De Categoriis« entscheidend sei, zu wissen, was es mit Gattungen und Arten auf sich habe (ebd. S. 11). Um mit ihnen klarzukommen, schlägt er fünf Gesichtspunkte vor, unter denen sie betrachtet werden könnten. Sie werden im allgemeinen »Prädikabilia« genannt: a) genus; b) species; c) differentia; d) accidens und e) proprium. Gehen wir sie, kurz, durch:

a) Ein Satz wie »Brunellus ist ein Tier« schreibt einem Einzelexemplar, einer primären Substanz (Kategorie 1) ein *Gattungsmerkmal* (genus »Tier«) zu. Dieses ließe sich gewiß weiter nach Unterarten gliedern, doch reicht der Hinweis aus: Oberartmerkmale schreiben einem *wirklichen* Einzelexemplar Eigenschaften zu, die ihm *tatsächlich* und *wesentlich* (sekundäre Substanz) zukommen sollen. Wenn er die Artmerkmale der Eselei nicht aufwiese, wäre Brunellus ein ganz anderes Lebewesen.

b) Zur Gattung »Tier« gehören die vernunftbegabten Tiere, also Menschen, genau so wie die übrigen animales. »Tier« ist die Gattung, »Mensch« bedeutet eine »species« dieser Gattung, nämlich das animal rationabile. »Infimae species« wären solche Arten, die sich nicht weiter in Unterarten zerlegen lassen. Wiederum galt der Mensch in Antike und Mittelalter als das schlagendste Beispiel dafür.

c) Unter »differentia« sind all die Merkmale versammelt, die man angeben muß, wenn man die Zugehörigkeit eines Exemplars zu einer ganz bestimmten und keiner anderen Art (Gattung) angeben will. Es gilt also, auf die spezifische Differenz (differentia specifica) zu achten, die zwischen einem Esel und einem Maultier besteht. Dementsprechend galt Vernunft als ein Grundmerkmal, das Sokrates in die species der Menschen und sonst keine andere einrangiert. All diese Gattungs-, Art- und Unterartausdrücke beziehen sich auf die *wesentlichen* Merkmale (sekundäre Substanzen) handfester Einzelsachverhalte (primäre Substanzen). Letztere haben natürlich noch andere, eher zufällige Eigenschaften wie die weißen Ohrenspitzen des Brunellus.

d) *Akzidenz* ist der Ausdruck für diese »nicht-essentiellen« Einzelbestimmungen von Substanzen. »Sokrates ist weise«. Gewiß! Es hätte aber auch sein können, daß er wie manche seiner Zeitgenossen mit weniger Verstand gesegnet worden wäre.

e) *Proprium* (Besonderheit) scheint auf den allerersten Blick von »differentia« nicht verschieden. Denn damit sind ebenfalls Merkmale gemeint, die zu *allen* Exemplaren *nur* einer bestimmten species gehören. Der Unterschied besteht jedoch darin, daß sie keine *essentiellen* Allgemeineigenschaften verkörpern! So galt den Alten die Fähigkeit des Menschen, einmal herzhaft lachen zu können, als eine Eigenschaft dieser Sorte. Sie sei für den Menschen nicht so typisch wie seine Vernunftbegabung.

Porphyrius' Prädikabilien lassen sich zu einem berühmten Schema, dem »porphyrischen Baum« anordnen:

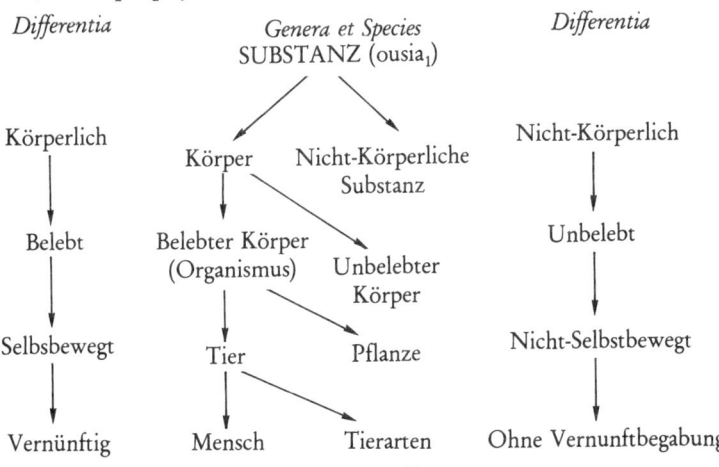

Es wäre außerordentlich voreilig, Übungen dieser Art mit Achselzucken und dem flinken Etikett: »scholastische Spitzfindigkeiten« abzutun. Die »logica vetus« mit der Kategorienlehre gehört zu den vielen Lehrstücken des Aristoteles, die – zusammen mit dem Werk der Kommentatoren – über Jahrtausende hinweg einen außerordentlichen Einfluß auf abendländisches Denken und Sprechen ausgeübt haben. Bis auf den heutigen Tag wird man immer wieder auf Anläufe stoßen, eine Liste von *Grundbegriffen* oder *Basisregeln* aufzustellen, die »wir alle« verwenden »müssen«, um etwas zu denken, zu besprechen oder zu beeinflussen. Für Kant ist dieses Programm noch selbstverständlicher als heute. Doch weil er sich aufgrund einer kopernikanischen Wende mit der *konstitutiven* Rolle von Elementen unserer Erkenntnisvermögen beschäftigt, erhält das aristotelische Problem bei ihm eine ganz neue Fassung: Läßt sich, insofern wie in »De Categoriis«, eine *endliche Liste* mit Begriffen aufstellen, die wir alle verwenden und nach denen sich »die Gegenstände richten müssen«?

Die Tafel der zwölf Stammbegriffe der reinen Vernunft

Eine Schwierigkeit der aristotelischen Kategorienlehre liegt auf der Hand: Er gibt so gut wie keine Antwort auf die Frage, wieso es ausgerechnet zehn und nur diese zehn Kategorien geben soll. Eine systematische Ableitung der *decem genera* wird man in »De Categoriis« vergeblich suchen. »Es war ein eines scharfsinnigen Mannes würdiger Anschlag des *Aristoteles*, diese Grundbegriffe aufzusuchen. Da er aber kein Principium hatte, so raffte er sie auf, wie sie ihm aufstießen, und trieb deren erst zehn auf, die er *Kategorien* (Prädikamente) nannte.« (II 119/A 81; B 107) Kant steht also 1.) vor der Schwierigkeit, einen »Leitfaden« für die Aufstellung einer Kategorientafel finden zu müssen. 2.) Selbstverständlich muß er überdies auch in der Kategorienlehre an den Grundzügen seines Philosophierens festhalten. Diesen zufolge kann von »Kategorien« erst die Rede sein, wenn die Grundbegriffe als *apriorische* Formen bestimmt, sowie in ihrer Bedeutung für die Möglichkeiten einer Selbstgesetzgebung der reinen theoretischen Vernunft und damit im Zusammenspiel mit den Leistungen der Anschauungsformen als Prinzipien der Gegenstands-*Konstitution* ausgewiesen sind. Wiederum macht ein Eingangszitat diese Ansprüche und ihre Verbindung zur Fakultätenpsychologie klar:

»Unsere Erkenntnis entspringt aus zwei Grundquellen des Gemüts, deren die erste ist, die Vorstellungen zu empfangen (die Rezeptivität der Eindrücke), die zweite das Vermögen, durch diese Vorstellungen einen Gegenstellung (als bloße Bestimmung des Gemüts) *gedacht*. Anschauung und Begriffe machen also die Elemente all unsrer Erkenntnis aus, so daß weder Begriffe, ohne ihnen auf einige Art korrespondierende Anschauung, noch Anschauung ohne Begriffe, ein Erkenntnis abgeben können. Beide sind entweder rein, oder empirisch. *Empirisch,* wenn Empfindung (die die wirkliche Gegenwart des Gegenstandes voraussetzt) darin enthalten ist; *rein* aber, wenn der Vorstellung keine Empfindung beigemischt ist. Man kann die letzere die Materie der sinnlichen Erkenntnis nennen. Daher enthält reine Anschauung lediglich die Form, unter welcher etwas angeschaut wird, und reiner Begriff allein die Form des Denkens eines Gegenstands überhaupt. Nur allein reine Anschauung oder Begriffe sind a priori möglich, empirische nur a posteriori. Wollen wir die *Rezeptivität* unseres Gemüts, Vorstellungen zu empfangen, sofern es auf irgend eine Weise affiziert wird, *Sinnlichkeit* nennen: so ist dagegen das Vermögen, Vorstellungen selbst hervorzubringen, oder die *Spontaneität* des Erkenntnisses der *Verstand.* Unsere Natur bringt es so mit sich, daß die *Anschaung* niemals anders als *sinnlich* sein kann, d. h. nur die Art enthält, wie wir von den Gegenständen affiziert werden. Dagegen ist das Vermögen, den Gegenstand sinnlicher Anschauung zu *denken,* der *Verstand.* Keine dieser Eigenschaften ist der andern vorzuziehen. Ohne Sinnlichkeit würde uns kein Gegenstand gegeben, und ohne Verstand keiner gedacht werden. Gedanken ohne Inhalt sind leer, Anschauungen ohne Begriffe sind blind.« (II 97/A 50 f; B 74 f.)

Anders als an in der Spalte 7 der Tabelle auf Seite 44 angekündigt, scheint Kant an dieser Stelle nur auf zwei »Grundquellen des Gemüts« abzuheben: *Sinnlichkeit* (Rezeptivität der Eindrücke) und *Verstand* (Spontaneität der Begriffe). Allein, es handelt sich hierbei nur um Parterre und erste Etage eines Gebäudes, das später von der *Vernunft* zu krönen ist. Verhandelt werden im Augenblick also nur *Anschauungen,* raum-zeitlich geformte Vorstellungs-(Empfindungs-)Komplexe in ihrer Beziehung zu *Begriffen* des Verstandes. Durch Anschauungen wird den Erkennenden der äußere Gegenstand gegeben. Wiederum müssen wir auf den Doppelcharakter des kantischen Dingbegriffs achten. Denn jener gegebene Gegenstand versteht sich an der angegebenen Stelle m.E. als das denkunabhängige *Ding an sich* (Materie), das uns via Empfinden »gegeben« ist. Doch erst in Zusammenarbeit mit den ebenfalls schon a priori ordnenden Anschauungsformen (Raum und Zeit) bewerkstelligen die Kategorien eine aktive (spontane) Verknüpfung von Anschauungen (als Einheit von Anschauungsform und Anschauungsstoff) zum allgemeinverbindlichen *Wissen* (Erkennen) eines äußeren Objekts! »Objekt« meint in diesem zweiten Falle jedoch den Erkenntnisgegenstand im allgemeinen, bei dem die aktiv ordnenden und gegenstandsorientierten Anteile unserer Erkenntnisvermögen veranschlagt sind. Dieses Erkenntnisobjekt nennt Kant auch »phainomenon« oder »Ding als Erscheinung«. Der zweite Objektbegriff bezieht sich also auf »Dinge für uns«, auf Dinge, so wie sie uns »erscheinen«. »Erscheinen« darf jedoch nicht als: »wie sie uns bloß vorkommen« (Schein) gelesen werden! In »Dingen als Erscheinung« ist der apriorische, autonome, gesetzgeberische Anteil der theoretischen Vernunftvermögen mitgemeint, ohne den es nach Kant gar keine allgemeinverbindliche Erkenntnis geben könnte. Ich schließe mich also mit allem Nachdruck der Ansicht an, »die kritische Trennung aller Gegenstände überhaupt in Phainomena und Noumena« trage als ein Grundgedanke die gesamte Philosophie Kants und könne auf keinen Fall »als unkritischer Rest eliminiert« werden (Röttges 1981, S. 15). Dinge als Erscheinung erkennen wir nicht zuletzt durch die aktiven Anteile des Vermögens der Anschauung und des Vermögens der Begriffe.

Sowohl Anschauungen als auch Begriffe lassen sich nach Kant in »reine« und »empirische« einteilen. »Empirisch« heißen beide, wenn Empfindungsstoff oder Materie (Materie$_b$) mit im Spiel ist, die von Eindrücken der Dinge an sich (Materie$_a$) zeugt. »Rein« heißen die Anschauungsformen und Verstandesbegriffe, wenn allein auf ihre Ordnungsfunktion unter Absehung vom jeweiligen Empfindungsstoff geachtet wird. »Daher enthält reine Anschauung lediglich die Form, unter welcher etwas angeschaut wird, und reiner Begriff allein die Form des Denkens eines Gegenstandes überhaupt« (o.a.). Bei den »reinen Anschauungen« ist allerdings noch eine weitere wichtige Unterscheidung zu beachten:

a) *Empirische Anschauungen* sind Punkte im Fadenkreuz von Raum und Zeit, denen Empfindungen »beigemischt« sind.

b) *Reine Anschauung* bezeichnet zum ersten *Aktivitäten*. (Man schaut sich aktiv etwas an). Und zwar besteht die »Reinheit« dieser Anschauung darin, die beiden Anschauungsformen Raum und Zeit ganz unabhängig vom in ihnen enthaltenen Empfindungsstoff zu durchforsten, mit Hilfe der Kategorien näher zu bestimmen, empfindungsfreie Einzelheiten (z.B. Teile des Raums) im Fadenkreuz zu ordnen oder aufeinander zu beziehen.

c) *Reine Anschauung* nennt Kant aber manchmal auch die beiden unabhängig von Empfindungsstoff angeschauten Anschauungsformen und deren Bestimmungen selbst.

»Rein« oder »empirisch« können aber auch die *Begriffe* sein:

d) *Empirische Begriffe* stehen beispielsweise dann zur Verfügung, wenn wir durch »Abstraktion« empirische Merkmalsklassen bilden. Das heißt: Von der Mannigfaltigkeit der Merkmale interessierender Einzelsachverhalte ziehen wir auf dem Wege genauer Beobachtungen eine Teilmenge von Eigenschaften ab, von der wir - a posteriori also! - sagen können, sie kämen allen Exemplaren der Art mehr oder minder nachdrücklich zu. Wir stellen bei unserer Beobachtung fest, daß Rosen (fast ausnahmslos) Dornen haben. Von vielen anderen Eigenschaften, Größe, Dicke der Stengel etc. wird dabei abgesehen. Kant befaßte sich jedoch in der KrV nur sehr am Rande mit der Frage, was »Zusammenfassung« empirischer Merkmale und Begriffsbildung durch »Abstraktion« heißen könne. Belassen wir es ebenfalls dabei und bei der offenen Frage, wie sich empirische Allgemeinbegriffe zu den sekundären Substanzen des Aristoteles verhalten mögen.[32]

e) *Reine Verstandsbegriffe.* Sinnliche Anschauungen haben »Affektionen« unseres Anschauungsvermögens zur Voraussetzung. Begriffe gründen in »Funktionen« (II 109/A 68; B 93). »Funktion« nennt Kant die »Einheit der Handlung«, den einheitlichen Akt, »verschiedene Vorstellungen unter einer gemeinschaftlichen zu ordnen« (ebd.). In dieser Fassung besteht natürlich noch kein Unterschied zum Vorgehen, *empirische* Exemplare unter *empirische* Merkmale zu »subsumieren« bzw. für *empirische* Arten *empirische* Gattungsmerkmale aufzuspüren. Diesen *Aktvollzug*, die Tathandlung, »verschiedene Vorstellungen zueinander hinzuzutun, und ihre Mannigfaltigkeit in einer Erkenntnis zu begreifen« (II 116/ A 77; B 103), also das Zusammenfassen von Einzelheiten unter einer allgemeineren Vorstellung, nennt Kant auch *Synthesis.* Gleichzeitig führt er, zumindest an diesen Stellen, zur näheren Kennzeichnung der zusammenfassenden Aktivität eine neue Seelenkraft ein:

»Die Synthesis überhaupt ist, wie wir künftig sehen werden, die bloße Wirkung der Einbildungskraft, einer blinden, obgleich unentbehrlichen Funktion der Seele, ohne die wir überall gar keine Erkenntnis haben würden, der wir uns aber selten nur einmal bewußt sind.« (II 117/A 78; B 104)

Das Verhältnis der Einbildungskraft zu den bisher erwähnten Fakultäten und zur später ebenfalls auftauchenden Urteilskraft müssen wir offenhalten. Festzuhalten wäre zunächst nur: Die Synthesen

(Zusammenfassungen) von Einzelheiten durch die Einbildungskraft zu bestimmten Mengen gelten als Ergebnis einer weitgehend unbewußt ablaufenden Aktivität, *Funktion*. Die von der Einbildungskraft zustande gebrachten Synthesen *vorzustellen*, bewußt zu machen und zugleich als Regeln in die Richtung auf Erkenntnis von Gegenständen zu *steuern* bedeutet die Grund-*Funktion* des Verstandes: »Allein, diese Synthesis *auf Begriffe* zu bringen, das ist eine Funktion, die dem Verstande zukommt, und wodurch er uns allererst die Erkenntnis in eigentlicher Bedeutung verschaffet.« (Ebd.) Wenn es um die entscheidenden *reinen* Verstandesbegriffe geht, wäre also eine *reine* Synthesis als Grundlage ihrer Wirkungsweise anzusetzen! Nach allem, was zuvor gesagt wurde, wäre diese als eine Zusammenfassung von reinen Anschauungen (Punkt c) zu verstehen, welche vom Verstand zur bewußten Erkenntnis gebracht und gesteuert wird:

> »Analytisch werden verschiedene Vorstellungen *unter* einen Begriff gebracht (ein Geschäft, wovon die allgemeine Logik handelt). Aber nicht die Vorstellungen, sondern die *reine Synthesis* der Vorstellungen *auf* Begriffe zu bringen, lehrt die transzendentale Logik. Das Erste, was uns zum Behuf der Erkenntnis aller Gegenstände a priori gegeben sein muß, ist das *Mannigfaltige* der reinen (!) Anschauung; die *Synthesis* dieses Mannigfaltigen durch die Einbildungskraft ist das Zweite, gibt aber noch keine Erkenntnis. Die Begriffe, welche dieser reinen Synthesis *Einheit* geben, und lediglich in der Vorstellung dieser notwendigen synthetischen Einheit bestehen, tun das Dritte zum Erkenntnisse eines vorkommenden Gegenstandes, und beruhen auf dem Verstande.« (II 117/ A 78 f; B 104)

Nur *reine* Begriffe verdienen den Namen KATEGORIEN. Für sie ist überdies maßgeblich, daß sie nicht von der Erfahrung abgezogen sind (Punkt d), sondern Regeln a priori der Steuerung von Synthesen darstellen. Kant geht also davon aus, daß »eine Erfahrung, wie wir sie tatsächlich haben, unmöglich wäre, verfügten wir nicht über gewisse Begriffe und wendeten wir nicht gewisse Begriffe an, die nicht durch Abstraktion aus irgendetwas abgeleitet sind, das uns durch unsere Sinne gegeben wird« (Broad 1978, S. 72). Doch, wie kommt man auf diese Kategorien und wie sehen sie aus?

Versteht man »Deduktion« nicht als logisch saubere Ableitung von Sätzen aus anderen Sätzen, sondern als wohl begründete Aussagenmenge zur Herleitung von Kategorien gemäß eines Grundgedankens (»Principiums«), dann ermangelt es Aristoteles offensichtlich dieser Deduktion. Gleichwohl gibt Aristoteles auch Kant den »Leitfaden der Entdeckung aller reinen Verstandesbegriffe« an die Hand. Mit seinen Analytiken, den Texten zur Urteils- und Schlußlehre, habe er das nur wenig verbesserungsbedürftige Gerüst der Logik geliefert und die aristotelische *Urteilslehre* böte sich als Haken an, an dem sich der Leitfaden festmachen ließe. Denn zu erkennen, daß einzelne Objekte unter einen Begriff fallen, heißt, ein *Urteil* zu fällen: »Brunellus ist ein Esel«. M.a.W.: »Von ... Begriffen kann nun der Verstand keinen anderen Gebrauch machen, als daß er dadurch urteilt« (II 110/ A 68; B 93). Nimmt man kleine Korrekturen und Klärungen der aristotelischen Urteilslehre vor (vgl. II 112 ff.), sieht man überdies »von allem Inhalt eines Urteils überhaupt« ab, um »nur auf die bloße Verstandesform darin Acht (zu) geben«, so findet man nach Kant auf einem Weg, den er nicht in allen Einzelheiten vorführt, »daß die Funktion des Denkens in demselben (= Urteil –C.D.) unter vier Titel gebracht werden könne« (II 111/A 70; B 95). Diese »vier Titel« entsprechen den vier Überschriften über jeweils drei Urteilsarten der Urteilstafel auf Seite II 111.

Um wenigstens eine Illustration zu geben, wie diese Tafel gemeint ist, greifen wir uns zwei Musterfälle aus den insgesamt zwölf Urteilstypen heraus: »Brunellus ist ein Esel!« stellt ein barsches Urteil dar, das einen »Inhalt« hat. Denn es betrifft ein namentlich aufgerufenes Exemplar, dem ein bestimmtes Artmerkmal zugeschrieben wird. Von all diesen Inhalten abgesehen, bleibt dem Urteil nur die logische Form: SeP. Gleichwohl läßt sich über diese noch einiges sagen: SeP hat die logische *Qualität* (Urteilsgruppe 2!) des *bejahenden* (kategorischen) Urteils. S, so muß man also lesen, ist *in der Tat* P! Auch »Alle S sind P« wäre in dieser Hinsicht ein bejahendes Urteil. Unter dem Gesichtspunkt der *Quantität* (Urteilsgruppe 1 der Tafel) handelt es sich jedoch um ein *allgemeines* Urteil; denn »alle« versteht sich ja als Zahlwort, das den Geltungsbereich des Urteils ganz allgemein, auf sämtliche Fälle, die unter S fallen, ausdehnt!

Wir haben gesehen: Begriffe sind »Funktionen« des Verstandes. »Funktionen« bedeuten die »Einheit der Handlung, verschiedene Vorstellungen unter einer gemeinschaftlichen zu ordnen « (II 109). Die ordnende Aktivität versteht sich als *Synthesis* durch Einbildungskraft. Die Kategorien steuern gleichsam diese Synthesis zur klaren Erkenntnis eines »Gegenstandes«. Urteile sind in ihrer Elementargestalt Verknüpfungen von Subjekt (S) und Prädikat (P), Begriffe ihre Elemente. Kurz: »Von diesen Begriffen kann nun der Verstand keinen anderen Gebrauch machen, als daß er dadurch urteilt.« (II 110/ A 68; B 93) Also läßt sich anhand der Urteilstafel ein Leitfaden knüpfen, an dem man sich zu den Kategorien hangeln kann.

»Dieselbe Funktion, welche den verschiedenen Vorstellungen *in einem Urteile* Einheit gibt, die gibt auch der bloßen Synthesis verschiedener Vorstellungen *in einer Anschauung*[33] Einheit, welche, allgemein ausgedrückt, der reine Verstandsbegriff heißt... Auf solche Weise entspringen gerade so viel reine Verstandsbegriffe, welche a priori auf Gegenstände der Anschauung überhaupt gehen, als es in der vorigen Tafel logische Funktionen in allen möglichen Urteilen gab...« (II 118/ A 79; B 105)

Aus den 12 Formen des Urteilens folgen also auf einem Wege, den Kant wiederum nicht in allen Einzelheiten nachzeichnet, zwölf Stammbegriffe der reinen Vernunft (vgl. Tafel S. II 118). In die 1. Gruppe der Urteile beispielsweise fallen *allgemeine, besondere,* und *einzelne* Urteile, mithin Urteile, die von ihrer logischen Struktur her auf *alle* oder *einige* oder auf *einzelne* Fälle bezogen sind. Daraus lassen sich die Kategorien: *Allheit, Vielheit* und *Einheit* (Einzelheit) ziehen. In der Gruppe drei der Kategorientafel finden wir überdies »substantia et accidens« als Überlebende der aristotelischen Prädikamente.

Leicht läßt sich ausmalen, woran sich neuzeitliche Kritiker dieser »metaphysischen Deduktion der reinen Verstandsbegriffe« aus der Urteilstafel insbesondere stoßen: Der Weise aus Königsberg hat dem Lehrer des Abendlands zu viel Vorschuß gegeben! Kant hat die Logik des Aristoteles voreilig als abgeschlossen angesehen und die Veränderungen der Urteilslehre noch nicht voraussehen können. Vor allem der Übergang zwischen der Tafel der Urteilsformen (II 111) und der der Kategorien (II 118) sei dunkel und unausgeführt (Broad 1978, S. 91). Die kritischen Stellungnahmen zu dieser speziellen Unternehmung Kants bewegen sich jedoch in einem ungemein breiten Spektrum. Am einen Ende vernimmt man das entschlossene Urteil, Kants metaphysische Ableitungsübungen seien schlichtweg »verheerend« (disastrous; Wilkerson 1976, S. 46). Andere Kommentatoren sind zurückhaltender und geben zu bedenken, ob Kant nicht doch einer wichtigen Sache auf der Spur war? Gibt es nicht vielleicht doch so etwas wie »unerläßliche Begriffe« (indispensable concepts) in unseren Sprachsystemen, die zu einer gewiß revisionsbedürftigen Kategorientafel führen könnten? (Bennett 1966, S. 88 ff.) Ob es ein Trost ist oder nicht: Nicht wenige Soziologen arbeiten immer noch mit der Annahme von Basisbegriffen, Basisregeln oder Konstitutionsprinzipien (vgl. Daniel 1983, S. 186 ff.)

Kapitel 4
Zur transzendentalen Deduktion der reinen Verstandesbegiffe – Schritte auf holprigen Pfaden

Kant-Lektüre: II 125 ff. (A 84 ff., B 116 ff.)

Nicht immer ist das bei Philosophen verbreitete »Kolumbus-Trauma« dafür verantwortlich, wenn Ansichten meilenweit auseinander gehen. Die philosophische Literatur vermag den Leser mit Lehrstücken zu erfreuen, bei denen alle Pfade, die jemand zu ihrer Kommentierung vorschlägt, für den Nachbar haarscharf am »Wesentlichen« vorbeiführen. Es gibt Werke, etwa Hegels »Wissenschaft der Logik«, deren entscheidender Gehalt erst noch durch immer neue Deutungsversuche freizulegen und fruchtbar zu machen wäre. Auch »der Transzendentale(n) Analytik zweites Hauptstück: Von der Deduktion der reinen Verstandsbegiffe« wird kaum jemand unter Beispiele für Populärphilosophie einordnen wollen. Mir bleiben im strengen Rahmen für dieses Buch also nur Gehversuche auf holprigen Pfaden und die zerknirschte Versicherung übrig, ich hielte Wegmarken von Strawson und Wilkerson für durchaus richtungsweisend, obwohl sie für den Nachbarn X »die Substanz« verfehlen mögen. Manche von ihnen ins Auge fassend, muß ich mich damit bescheiden, einige Schritte vorzuzeichnen, von denen ich annehme, sie führten um die gröbsten Brocken auf dem Pfad herum. Starten können wir ein weiteres mal mit einem Zitat, das recht gut erkennen läßt, welche Absichten Kant nun mit einer »transzendentalen Deduktion der reinen Verstandsbegriffe« (im Unterschied zur »metaphysischen«!) zu verfolgen gedenkt:

»Diese Begriffe nun, welche a priori das reine Denken bei jeder Erfahrung enthalten, finden wir an den Kategorien, und es ist schon eine hinreichende

Deduktion derselben und Rechtfertigung ihrer objektiven Gültigkeit, wenn wir beweisen können, daß vermittelst ihrer allein ein Gegenstand gedacht werden kann. Weil aber in einem solchen Gedanken mehr als das einzige Vermögen zu denken, nämlich der Verstand beschäftigt ist, und dieser selbst, als ein Erkenntnisvermögen, das sich auf Objekte beziehen soll, eben so wohl einer Erläuterung, wegen der Möglichkeit dieser Beziehung bedarf, so müssen wir die subjektiven Quellen, welche die Grundlage a priori zu der Möglichkeit der Erfahrung ausmachen, nicht nach ihrer empirischen, sondern transzendentalen Beschaffenheit zuvor erwägen.« (II 161/ A 97 f.)

Die zwölf Stammbegriffe der reinen Vernunft sind KATEGORIEN, damit also »zum reinen Gebrauch a priori (völlig unabhängig von aller Erfahrung bestimmt...« (II 126). Wie und ob sie tatsächlich zum reinen Gebrauch bestimmt sein könnten, stellt sich zunächst jedoch als *völlig offene Frage*. Die »Befugnis« zu dieser Verwendungsform bedarf der Rechtfertigung. Verwendet man den Begriff der »Deduktion«, so wie es bei »Rechtslehrern« üblich ist, wenn sie »in einem Rechtshandel die Frage über das, was Rechtens ist (quid iuris), von der, die die Tatsache angeht (quid facti)« unterscheiden (II 125), dann bedarf der apriorische Gebrauch der Verstandesbegriffe »jederzeit einer Deduktion« (II 126). Erinnern wir uns: Diese Deduktion wäre nichts anderes als die (eine) Antwort auf die Hauptfrage: Wie läßt sich überhaupt etwas »a priori durch Begriffe« über »Gegenstände« ausmachen?

Bei empirischen Begriffen verspüren wir nur selten den Wunsch nach ausdrücklicher Rechtfertigung ihres selbstverständlichen Gebrauchs, »weil wir jederzeit die Erfahrung bei der Hand haben, ihre objektive Realität zu beweisen« (II 125). Sie können eben *empirisch* stichhaltig und brauchbar sein. Bei Kategorien hingegen stellt sich das Problem der Befugnis ihres Gebrauchs verschärft; denn während nach den Ereignissen der transzendentalen Aesthetik (Kap. 2) Gegenstände (Phänomene) niemals außerhalb des Fadenkreuzes von Raum und Zeit erscheinen können[34], sind Anschauungen nicht schon vorab kategorial geordnet, sondern müssen mit Hilfe von Kategorien als Regeln a priori geordnet werden. Damit ergeben sich jedoch zwei einschneidende, aber völlig offene Probleme für jeden Rechtfertigungsversuch des Kategoriensystems:

a) Wie sollen die zwölf Stammbegriffe der reinen Vernunft, die ja zunächst nur als *subjektive Bedingungen des Denkens* (Verstandes) anzusehen sind, auf äußere Gegenstände bezogen werden können? Überdies: Was heißt in diesem Falle Gegenstand? - Wählen wir als Beispiel den Begriff der »Kausalität« aus (II 129/ A 90; B 122). Die Kategorie »Kausalität« verweist nach Kant auf eine besondere Form der Synthesis, der Verknüpfung von A und B derart, daß auf das Ereignis A ein ganz anders geartetes Ereignis B »nach einer Regel«, ja, mit absoluter Notwendigkeit folgt.

»Es ist a priori nicht klar, warum Erscheinungen etwas dergleichen enthalten sollten (denn Erfahrung kann man nicht zum Beweise anführen, weil die objektive Gültigkeit dieses Begriffs a priori muß dargetan werden können), und es ist daher a priori zweifelhaft, ob ein solcher Begriff nicht etwa gar leer sei und überall unter den Erscheinungen keinen Gegenstand antreffe.« (Ebd.)

Die Frage »quid iuris« ergibt sich also von daher, daß nach Kant die Kategorien - anders als die Anschauungsformen - keine Voraussetzungen darstellen, »unter denen Gegenstände (Materie$_a$!) in der Anschauung gegeben werden« (ebd.). Von daher ergibt sich die erste Hauptfrage der transzendentalen Deduktion als »Schwierigkeit, die wir im Felde der Sinnlichkeit nicht antrafen, wie nämlich *subjektive Bedingungen des Denkens* sollten *objektive Gültigkeit* haben, d.i. Bedingungen der Möglichkeit aller Erkenntnis der Gegenstände abgeben: denn ohne Funktionen des Verstandes könnten allerdings Erscheinungen in der Anschauung gegeben werden« (ebd.).

b) Der Verstand *gibt* uns keine Gegenstände; das leistet nur die Sinnlichkeit. Aber da Anschauung ohne Begriffe blind, Begriffe ohne Anschauung leer wäre(n), stehen wir vor der zweiten Schwierigkeit, wie man sich das Zusammenspiel von Sinnlichkeit und Verstand, Anschauungen und Stammbegriffe bei der Gegenstandserkenntnis vorzustellen habe. Beide Grundfragen steuern die Bemühungen um eine transzendentale Deduktion der reinen Verstandesbegriffe, die wir nun mit einigen zügigen Schritten begleiten wollen:

1. Schritt: Ganz am Anfang des dornigen Pfades steht die Mannigfaltigkeit der empirischen Anschauungen in Raum und Zeit (s.o. Kap. 2). Alle Anschauungen sind Bewußtseinszustände. Als Bewußtseinszustände gehören sie dem »inneren Sinn« an. Wie uns die ›Transzendentale Aesthetik‹ lehrt, ist die ZEIT die »Form des inneren Sinnes«. Alle Anschauungen stehen damit a priori in einer Zeitordnung. Sie erscheinen mithin als Reihung auf der Zeitachse, haben einen mehr oder minder lang anhaltenden Auftritt im unendlichen Kontinuum des Vorher, Gleichzeitig und Nachher.

Wenn die Anschauungsserien so betrachtet werden, gibt es (a) noch keine Aussagen darüber, ob es sich bei ihnen um Vorstellungen »äußerer Dinge« handelt oder nicht! Auf diese Weise isoliert, ist (b) von den Anschauungsketten auf der Zeitachse noch nicht einmal ausgemacht, wer wohl ihr »Träger« sein könnte: Biologische Organismen, menschliche Subjekte überhaupt, »wir heute«...? Schließlich (c) verfügen wir noch über keine Informationen, wie es wohl zur (weiteren) *Vereinheitlichung* (Synthesis) der zeitlich gereihten Vorstellungen kommen könnte.

2. Schritt: Mit dem Problem (1c), dem der Vereinheitlichung von zeitlich gereihten Vorstellungen, hat sich auch Hume auf seine Weise auseinandergesetzt. Seine Lösung zeigt einen völlig klaren Umriß: *Einheit* von Vorstellungen bedeutet nicht mehr und nicht weniger als die kausal-regelmäßige, nach Humes Verständnis von Kausalität damit jedoch *kontingente* Verbindung, Assoziation, verschiedener Sinneseindrücke. Auch von der Frage (1b) nach dem Träger der Vorstellungsreihe macht Hume kein großes Aufheben. Es liegt doch wohl allemal auf der Hand, daß es »keine Erfahrungen geben (kann), die nicht jemandes Erfahrungen wären... jede Erfahrung muß als jemandem zugehörig identifiziert werden. Erfahrungen sind keine ursprünglichen (primären! - C.D.) Substanzen, sie können nicht unabhängig von einem Wahrnehmenden existieren« (Wilkerson 1976, S. 49). Es ist eine schlichte, keiner großen Deduktion bedürftige Binsenweisheit, daß »Phänomene« *Erscheinungen für jemanden* sind. Dieser »Jemand« ist ebenso eindeutig jeder einzelne von uns Menschen als empfindendes und denkendes Subjekt, das - so Hume - aus dem regelmäßigen Nacheinanderauftreten zweier Eindrücke beispielsweise die Meinung ihres »kausalen« Verknüpfseins entwickelt.

Dahinter steht allerdings ein sicher »selbstverständlicher«, aber vielleicht garnicht so trivialer Sachverhalt: Eine bestimmte Anschauung gehört *notwendigerweise* einem bestimmten und keinem anderen Subjekt an. *Meine* Erfahrung ist nicht die der Damen und Herren X, Y... n, obwohl sie natürlich von gleicher Art sein kann. Trivial und unbrauchbar klingt dies nur aus folgendem Grund: Es klingt nach

»mein = mein«. Meine Erfahrungen sind ganz selbstverständlich *als* meine Erfahrungen nicht die von irgendjemandem anderem.

Gleichwohl ist die Einsicht nicht bedeutungslos. Sie macht uns klar: »Wir« sind durch Logik und Sprache *unabdingbar, mit Notwendigkeit* darauf festgelegt, eine Vorstellung, die Subjekt X hat, als die Vorstellung dieses bestimmten Subjekts und keines anderen anzusehen. »Wir«, Schreiber und Leser dieses Buches, stehen allerdings zum wiederholten Male vor dem kleinen Problem, wer »wir« wohl sind, die nicht anders können, denn Vorstellungen, die einer hat, als die seinen und niemandes anderen anzusehen. Mit ›Ich denke‹ bei Kant ist stets: ›Alle des Denkens (der Sprache) einschränkungslose mächtigen Menschenwesen ausnahmslos‹ gemeint, wobei er nicht darauf abstellt, was sie tatsächlich an Vorstellungen haben mögen, sondern was sie denken müssen, um gültige Erkenntnis zustandezubringen.

Selbstverständlich kann jeder Einzelne die »gleiche« Empfindung verspüren wie sein Nachbar, etwa Zahnschmerzen. Aber *ich* kann niemals im buchstäblichen Sinn *Deinen* Zahnschmerz haben. Kurz: Logik und Sprache beziehen Empfindungen, Vorstellungen, Erscheinungen *von vornherein* (a priori) auf ein *bestimmtes* Subjekt (Ich) *als die seinen* (ihm zueigen).

Im einzelnen Subjekt laufen die Vorstellungen gleichsam zusammmen, im einzelnen Subjekt sind sie als dem »Träger« der Vereinheitlichung zusammengefaßt! »Es ist eine Sache der Logik, nicht der Fakten, daß ich meine Erfahrungen habe, denn sie könnten nicht die von irgendjemand anderem gewesen sein. Es ist eine Tatsache, nicht eine Sache der Logik, daß ich meine Bücher besitze, denn sie könnten jemand anderem gehören.« (Wilkerson 1976, S. 60)

> »Das *Ich denke,* muß alle meine Vorstellungen begleiten *können;* denn sonst würde etwas in mir vorgestellt werden, was garnicht gedacht werden kann, welches eben so viel heißt, als die Vorstellung würde entweder unmöglich, oder wenigstens für mich nichts sein.« (II 136/ B 131 f.)

Der Befund, der über die Träger der Anschauungsreihe gemacht wurde, ist einer »a priori«. Aber da er an der Funktionsweise von Logik und Sprache abgelesen wurde, ist er zugleich »analytisch«. Aber damit ist er keineswegs abqualifiziert. Im Gegenteil, wir haben immerhin einen wichtigen Schritt in die Richtung einer Antwort auf die Frage (1c) getan, wie man sich die *Einheit* der Vorstellungen in der Zeitreihe zu denken habe: *Die Einheitsbedingungen dieser Reihe stehen in Abhängigkeit von Art und Kriterien der Identität der Person* (des Ich, Ich denke), *deren Vorstellungen sie sind.* Diese Ansicht klingt nicht mehr ganz so trivial.

3. Schritt: Das ICH, ›Ich denke‹, das alle meine Vorstellungen muß begleiten können, meint ohnehin mehr als jenen Befund, daß meine Vorstellungen mir und keinem anderen »zueigen« sind. Es kommt entscheidend auf das *eigene Wissen um diese Zugehörigkeit,* auf die Funktionsfähigkeit des SELBSTBEWUSSTSEINS an! Das heißt: Das »Ich denke« betrifft das Bewußtsein der Vorstellungen *als der meinen,* das Wissen um sie *als der meinen,* damit eben ein Stück Selbstbewußtsein! So gesehen, stoßen wir auf mehr denn die analytischen Befunde einer Sprachuntersuchung, nämlich auf unsere aktive *Fähigkeit* (»Spontaneität«), Zustände als die eigenen identifizieren, Taten als die eigenen veranlassen zu können!

Nicht, daß ich bei jeder Aussage oder Tat jedesmal diesen Aktvollzug der Vergegenwärtigung von Vorstellungen *als den meinen* verwirklichen müßte. »Ich denke« muß alle meine Vorstellungen begleiten *können* und dies bedeutet: die Aktivität muß im Prinzip jederzeit *möglich* sein.

Wir sind damit aber auch an einer ganz entscheidenden Stelle angelangt: *Diese Möglichkeit ist nach Kant gewissermaßen der Punkt, hinter den nicht zurückgegangen (zurückgefragt) werden kann, wenn nach den Bedingungen der Vereinheitlichung von Vorstellungen (vgl. 1c) gefragt wird!*

Das »Ich denke« weist eine Zweifelsfestigkeit auf, die Descartes in allen Einzelheiten mit seinem »Ego cogito, ergo sum« auszuweisen versuchte. Ich kann mir über die Art meiner Empfindungen im Unklaren sein, z.B. nicht so recht wissen, welche Art Schmerz mich gerade plagt. Ich kann jedoch nicht im Geringsten daran zweifeln, *wer* diesen Schmerz gerade hat. Ich *weiß* ihn als mir und keinem anderen ›Zentrum‹ (Einheitspunkt) zugehörig, in dem Empfindungen zusammengefaßt werden könnten! Überdies ist mit dem Auftreten der Empfindung die *Möglichkeit,* ihrer als der eigenen und keines anderen innezuwerden, ohne jede Einschränkung gegeben. »Einschränkungslos« meint in diesem Falle: Es ist mir nicht einfach zufälligerweise, nicht bloß hier, nicht bloß jetzt - aber wenn die Empfindung später auftauchen sollte, dann nicht mehr - möglich, der Empfindung als der meinen innezuwerden. Sagen wir es mit Kant so: Die Empfindungen (Anschauungen) stehen von vornherein (a priori) unter der Bedingung der »transzendentalen Einheit der Apperzeption«. In diesem Zusammenhang sind sie vereinheitlicht:

> »Das mannigfaltige in einer sinnlichen Anschauung Gegebene gehört notwendig unter die ursprüngliche synthetische Einheit der Apperzeption, weil durch diese die *Einheit* der Anschauung allein möglich ist.« (II 143/ B 143)

Den Ausdruck »*ursprüngliche* Einheit« dürfen wir vielleicht mit dem Sachverhalt in Verbindung bringen, daß die Selbstzuschreibung von Empfindungen in vielen Fällen ohne Rückgriff auf empirische Anhaltspunkte für die Richtigkeit der entsprechenden Aussage (wie: »Ich habe Zahnschmerz«) dennoch zweifelsfrei geschehen kann!

4. Schritt: Das Einheitsprinzip und der »Träger« aller Vorstellungen ist also das ICH (Ich denke) als SELBSTBEWUSSTSEIN! »Selbstbewußtsein« bedeutet die Fähigkeit, Vorstellungen (aktiv) als die eigenen identifizieren zu können. Doch Wendungen dieses Typs können den falschen Eindruck erwecken, Vorstellungen würden bloß passiv aufgenommen und dann mit dem Etikett »mein« versehen. Von außen empfangen wird nach der Lehre der ›Transzendentalen Aesthetik‹ der Empfindungsstoff (Materie$_b$). Dieser empfindsame Inhalt wird schon durch die Anschauungsformen Raum und Zeit a priori und spontan geordnet. Lassen wir das Problem offen, ob und wie auch *diese* formende Leistung dem unbewußten Wirken der Einbildungskraft geschuldet ist. An schon erwähnten und auch späteren Stellen hebt Kant jedenfalls hervor, die Verknüpfungsleistungen der Einbildungskraft müßten von den Kategorien gesteuert werden, soll es zur bewußten Vorstellung, zur *Erkenntnis* von »Gegenständen« kommen.

> »Nun ist das, was das Mannigfaltige der sinnlichen Anschauung verknüpft, Einbildungskraft, die vom Verstande (und seinen Kategorien -- C.D.) der Einheit ihrer intellektuellen Synthesis, und von der Sinnlichkeit der Mannigfaltigkeit der Apprehension (lat. apprehendere = anfassen, sinnlich ergreifen) nach abhängt.« (II 156 f./ B 164)

Wenn wir in unserem etwas schiefen Bild bleiben: Das »Ich denke« (Selbstbewußtsein) bedeutet gleichsam den obersten Bezugspunkt, die Zentrale, für all die Steuerungsleistungen des Verstandes. Legt man bei *Synthesis* jetzt mehr den Akzent auf die aktive Zusammenfassung von Vorstellungen in einem *einheitlichen,* also nicht im Raum verteilten und in der Zeit zerstreuten[35] ICH, in der »transzendentalen Einheit der Apperzeption« (lat. perceptio = Einsammeln, Begreifen, Erkenntnis), dann ist offensichtlich eine Aktivität gemeint:

»Also nur dadurch, daß ich ein Mannigfaltiges gegebener Vorstellungen *in einem Bewußtsein* verbinden kann, ist es möglich, daß ich mir die *Identität des Bewußtseins in diesen Vorstellungen* selbst vorstelle, d.i. die *analytische* (vgl. 2. Schritt –C.D.) Einheit der Apperzeption ist nur unter der Voraussetzung irgendeiner *synthetischen* möglich.« (II 137/ B 133)

5. Schritt: Jetzt erst kann eine nähere Aufgabenbestimmung für die Kategorien versucht werden: *Die Kategorien bedeuten für Kant elementare und apriorische Formen (Funktionen) der spontanen, aktiven Verknüpfung (Synthesis) von Vorstellungen im ICH!* Unter diesem Blickwinkel verstehen sie sich als apriorische (reine) Grundfunktionen »des ICH« bei der Synthesis von Vorstellungen zu einem allgemeinverbindlich bestimmten Erkenntnisobjekt. »Das ICH« bedeutet – wie gesagt – eine Art Zentrum der einzelnen Synthesisfunktionen. Synthesis ist Verknüpfung in einem und durch ein »Bewußtsein überhaupt«. »Bewußtsein überhaupt« weist nicht zuletzt auf den Sachverhalt hin, daß die Einheitlichkeit der Vorstellungsreihe garnicht gedacht werden könnte, garnicht »möglich wäre«, gäbe es nicht jenen seinerseits einheitlichen Fixpunkt der Spontaneität, das »Ich denke, das alle meine Vorstellungen muß begleiten können«.

»Ohne Bewußtsein, daß das, was wir denken, eben dasselbe sei, was wir einen Augenblick zuvor dachten, würde alle Reproduktion in der Reihe der Vorstellungen vergeblich sein. Denn es wäre eine neue Vorstellung im jetzigen Zustande, die zu dem Actus, wodurch sie nach und nach hat erzeugt werden sollen, gar nicht gehörte... Vergesse ich im Zählen: daß die Einsichten, die mir jetzt vor Sinnen schweben, nach und nach zueinander von mir hinzugetan worden sind, so würde ich die Erzeugung der Menge, durch diese sukzessive Hinzutuung von Einem zu Einem, mithin auch nicht die Zahl erkennen; denn dieser Begriff besteht lediglich in dem Bewußtsein dieser Einsicht der Synthesis.« (II 165/ A 103)

6. Schritt: Der vorhergehende Schritt hat den Zusammenhang der zwölf Stammbegriffe mit dem ICH gewiß nur allgemein angedeutet. Einige Ergänzungen sind doch wohl am Platz: Besonders störend ist, daß wir immer noch nicht so recht sehen können, wie die Kategorien als »subjektive Bedingungen des Denkens sollten objektive Gültigkeit« haben. Versuchen wir also, uns nun mit etwas kleineren Schritten an dieses Ziel heranzutasten:

6a) Es hat sich gezeigt: Suchen wir nach dem Einheitsprinzip einer Reihe von Vorstellungen, die ja allemal nach dem Ordnungsmuster des »inneren Sinns«, also zeitlich geformt sind, sehen wir uns auf den einschlägigen Sachverhalt verwiesen, daß sie stets Vorstellungen ein- und desselben Subjekts sind. Es handelt sich allemal um Vorstellungen des Subjekts A, nicht um solche eines Nachbarn B oder anderer Zeitgenossen. Dieser Befund gilt *notwendig,* nicht bloß zufällig, für *alle* Subjekte, also auch *allgemein.* Aus diesem Grunde spricht Kant auch vom »*allgemeine* Ich denke«, das alle meine Vorstellungen muß begleiten können.

6b) SELBST bietet sich als ebenfalls üblicher Begriff für die Einheitlichkeit, Sichselbstgleichheit (Identität) und Spontaneität (selbstbestimmte Urheberschaft von x) eines Subjekts zugleich an. Wenn wir von der »Identität« eines Subjekts reden, versuchen wir aber oft auch die Unterschiede festzulegen, die es von allen anderen Subjekten abgrenzen. »Identität« behält dann, wenn es um menschliche Individuen geht, oftmals den Unterton der »unverwechselbaren Eigenheit«. Daran können wir mit der schlichten Formel anknüpfen: ›Identifikation‹ bedeutet die Festlegung eines *Unterschieds* von a im Verhältnis zu b, c,....n.

6c) Zuviel Soziologie könnte an dieser Stelle leicht in die Irre führen. Bei Kants Lehre vom ICH geht es *nicht* in erster Linie um die Feststellung und Festlegung *empirischer* Unterschiede der einen Person im Verhältnis zu den vielen anderen in ihrer Umwelt! Wenn wir schon an den Begriff der »Identifikation« anknüpfen, wäre die erste Hauptfrage der »Transzendentalen Deduktion« eher so zu wenden: Wie bringt es ein *beliebiges* Subjekt fertig, sich selbst von äußeren Objekten zu unterscheiden, die es gleichzeitig auf *allgemeinverbindliche* Weise qualifiziert? Und dem Grundzug der kantischen Philosophie zufolge dürften die Bedingungen der Möglichkeit, diesen Unterschied zu *machen,* keine empirischen (aposteriorischen), sondern müßten apriorische (reine Formen) sein!

6d) Wir haben damit unterstellt, daß es sich um einen Unterschied handelt, den *alle* einzelnen, ihrer selbst bewußten Subjekte durchweg *müssen* selbst machen können. Hegel spricht in solchen Fällen sehr angemessen von einem »Sich-Unterscheiden-In-Sich«.

6e) Jeder von uns - man braucht nur die praktische Probe auf's Exempel zu machen - weiß unmittelbar, zweifelsfrei und ohne daß er dazu zwangsläufig auf äußere Anhaltspunkte, empirische Bestätigungskriterien und -verfahren zurückgreifen müßte, *wer* die Empfindungen bzw. Vorstellungen hat, die ihm gegeben sind.

6f) Doch in diesem und bei diesem Wissen um die Vorstellungen *als den eigenen* »setzt« ein jeder mit Notwendigkeit, immer schon, eine Grenze gegenüber dem, was nicht »eigen« ist bzw. auf die Seite der »Gegenständlichkeit«, sagen wir mit Fichte: auf die Seite des »Nicht-Ich« gehört.

Wissen von sich selbst - oder von seinen eigenen Vorstellungen - wäre kein wirkliches Wissen, würde es sich nicht einem »Anderssein« entgegensetzen. Das seiner selbst bewußte Subjekt muß notwendig auch etwas anderes als sich selbst als gegeben »setzen«, etwas ihm *nicht* Zugehöriges voraussetzen, um seiner bzw. seiner Vorstellungen überhaupt bewußt werden zu können. Anders ausgedrückt: Selbstbewußtsein kann man nur im Verhältnis zu »Andersseiendem«, zu Personen und Sachen »draußen« haben. Ohne Gegenstandsbewußtsein gibt es kein Selbstbewußtsein!

7. Schritt: Damit fällt ein neues Licht auf die zwölf Stammbegriffe der reinen Vernunft bei Kant: *Die Kategorien stellen die reinen Formen dar, mit deren Hilfe die Unterscheidung der Gegenstände überhaupt von einem nur in dieser und durch diese Unterscheidung seiner selbst bewußten Subjekt auf eine allgemeinverbindliche Weise vollzogen wird und vollzogen werden muß!*

Im Detail: Die Kategorien steuern die Anschauungsverknüpfung so, daß eine Vorstellung von äußeren Gegenständen überhaupt zustande gebracht und (damit auch) der Unterschied zwischen dem Ich und dem Nicht-Ich gemacht werden kann. Jedes einzelne Subjekt kann nach Kant nur auf *dieser* kategorialen Grundlage (zumindest einige seiner) Vorstellungen als Vorstellungen von einer *äußeren Welt* ansehen und die Kategorien lenken zugleich die Synthesis in Richtung auf Anschauungen von äußeren Gegenständen in einem einheitlichen Bewußtsein. Dieses ist als synthetische Einheit der Apperzeption der höchste Punkt, »an dem man allen Verstandesgebrauch, selbst die ganze Logik, und, nach ihr, die Transzendental-Philosophie heften muß, ja dieses Vermögen ist der Verstand selbst« (II 137/ B 134).

Die Kategorien sind für Kant mithin a) »Funktionen«, diesen grundlegenden Unterschied (bewußt) zu machen, b) Sie sind Prinzipien der aktiven Erfahrungsgestaltung, Ausdruck der Selbstgesetzgebungsfähigkeit der Vernunft. c) Selbstverständlich handelt es sich bei ihnen um *reine* Formen, nicht um empirische Begriffe. d) Sie stellen Prinzipien der *Konstitution* von *Erfahrungsobjekten* (phainomena) durch Anschauungssynthesis in einem Bewußtsein überhaupt dar. e) Natürlich verstehen sie sich nicht als zufällige Erkenntnismittel zufälliger Personen. »Wir alle müssen« uns ihrer bedienen, wenn wir die Verbindung von Anschauungen zu einer (eben durch den Gebrauch dieser Kategorien) allgemeinverbindlichen Erkenntnis bewerkstelligen wollen. Die verständige Synthesis ist aber auch der einzige Teil im Erfahrungsprozeß, bei dem nicht von außen Gegebenes, sondern die Selbsttätigkeit des Verstandes maßgebend ist. Nur so bleibt der Anspruch der kopernikanischen Wende einlösbar, die Gegenstände (als Erscheinung!) müßten sich nach »unserem Erkenntnis(vermögen)« richten!

»Allein die *Verbindung* (coniunctio) eines Mannigfaltigen überhaupt, kann niemals durch Sinne in uns kommen, und kann also auch nicht in der Form der sinnlichen Anschauung zugleich mit enthalten sein; denn sie ist ein Actus der Spontaneität der Vorstellungskraft, und da man diese, zum Unterschied von der Sinnlichkeit, Verstand nennen muß, so ist alle Verbindung, wir mögen uns ihrer bewußt werden oder nicht, ... eine Verstandeshandlung, die wir mit der allgemeinen Benennung *Synthesis*[36] belegen würden, um dadurch zugleich bemerklich zu machen, daß wir uns nichts, als im Objekt verbunden, vorstellen können, ohne es vorher selbst verbunden zu haben, und unter allen Vorstellungen die *Verbindung* die einzige ist, die nicht durch Objekte (Materie$_a$? – C.D.) gegeben, sondern nur vom Subjekte selbst verrichtet werden kann, weil sie ein Actus seiner Selbsttätigkeit ist.« (II 135; B 130)

Diese Verknüpfungsleistung als eine dem erkennenden *Subjekt* zuzurechnende Aktivität ist auch die Vorbedingung dafür, daß ich mir die Einheit des ICH (Selbstbewußtseins) vorstellen kann, in dem sie verknüpft werden:

»Nämlich diese durchgängige Identität der Apperzeption, eines in der Anschauung gegebenen Mannigfaltigen, enthält eine Synthesis der Vorstellungen, und ist nur durch das Bewußtsein dieser Synthesis möglich. Denn das empirische Bewußtsein, welches verschiedene Vorstellungen begleitet, ist an sich zerstreut und ohne Beziehung auf die Identität des Subjekts. Diese Beziehung geschieht also dadurch noch nicht, daß ich jede Vorstellung mit Bewußtsein begleite, sondern daß ich eine zu der andern *hinzusetze* und mir der Synthesis derselben bewußt bin. Also nur dadurch, daß ich ein Mannigfaltiges gegebener Vorstellungen *in einem Bewußtsein* verbinden kann, ist es möglich, daß ich mir die *Identität des Bewußtseins in diesen Vorstellungen* selbst vorstelle, d.i. die *analytische* Einheit der Apperzeption ist nur unter der Voraussetzung irgend einer *synthetischen* möglich.« (II 137; B 133)

f) Als Aufbauprinzipien (konstitutive Prinzipien) für Gegenstände (als Erscheinung!) kommt den Kategorien aber auch *objektive Gültigkeit* zu.

Mit all dem ist nun der Umriß für eine Antwort auf die erste Hauptfrage der ›Transzendentalen Deduktion‹ gezeichnet.

»Die Bedingungen a priori einer möglichen Erfahrung überhaupt sind zugleich Bedingungen der Möglichkeit der Gegenstände der Erfahrung. Nun behaupte ich: die eben angeführten Kategorien sind nichts anderes, als die *Bedingungen des Denkens in einer möglichen Erfahrung*, so wie *Raum* und *Zeit* die *Bedingungen der Anschauung* zu eben derselben enthalten. Also sind jene auch Grundbegriffe, Objekte überhaupt zu den Erscheinungen zu denken und haben also a priori objektive Gültigkeit; welche dasjenige war, was wir eigentlich wissen wollten.« (II 170/A 111)

Als notwendige und allgemeinverbindliche Formen, die Synthesis von Anschauungsstoff zu steuern und bewußt zu machen, damit auch den Unterschied zwischen Ich und Nicht-Ich zu machen, kurz: als Aufbauprinzipien von Gegenständen als Erscheinung, haben diese reinen Formen objektive Gültigkeit.

Ein wichtiges Fazit ist noch einmal herauszustellen: Selbstbewußtsein (Ich) und Gegenstandsbewußtsein gehören zusammen! Ein Subjekt »kann überhaupt keine Erfahrung haben, kann Erfahrungen nicht als der seinen bewußt sein, wenn es nicht einige von ihnen als Wahrnehmungen einer äußeren Welt ansieht« (Wilkerson 1976, S. 56). Ohne Selbstbewußtsein kein Gegenstandsbewußtsein, ohne Gegenstandsbewußtsein kein Selbstbewußtsein! In Fichtes Worten: »Das Ich setzt notwendig das Nicht-Ich!«

Soziologisch(-philosophisches) Beispiel 3: Anmerkungen zum Begriff der Ich-Identität

Basistexte:

a: J.G. Fichte: *Zweite Einleitung in die Wissenschaftslehre*, Hamburg 1961, S. 43 f./S. 47–54 und S. 88–92 (Zitiert als 2. EL)
b: N. Luhmann/K.E. Schorr: *Zwischen Technologie und Selbstreferenz*, Frankfurt/M 1982, S. 224–261

Der ersten Hauptaufgabe der Transzendentalen Deduktion in der KrV, der Frage also, wie sich Kategorien als »subjektive Bedingungen des Denkens« auf »äußere Gegenstände« beziehen und damit »objektive Gültigkeit« gewinnen können, gibt J.G. Fichte die folgende Fassung: »Wie kommen wir dazu, dem, was doch nur subjektiv ist, objektive Gültigkeit beizumessen«? (2. EL, S. 42) Inwiefern passen Gedanken auf die nicht-gedankliche Wirklichkeit, das Sein draußen? Anstatt von »Erfahrung« wie Kant spricht Fichte des öfteren vom »System der vom Gefühle der Notwendigkeit begleiteten Vorstellungen« (ebd.), wobei »Gefühl der Notwendigkeit« auf den Sachverhalt hinweisen soll, daß wir Vorstellungen oder Anschauungen haben, die unter dem Eindruck nicht unserem Belieben anheimgestellter Sachverhalte und Seinszusammenhänge zustande kommen. Von daher erfährt die erste Hauptfrage eine wieder andere Wendung: »Woher das System der vom Gefühl der Notwendigkeit begleiteten Vorstellungen?« (Ebd.)

Trotz seiner wahrhaft erbitterten Gegenwehr konnte Fichte schon damals nicht verhindern, daß man ihn wegen derartiger Fragestellungen als »absoluten Idealisten« abstempelte – so, als hätte er gelehrt, alle Gegenstände in der Welt seien von irgendwelchen weltlichen oder überweltlichen Köpfen ausgedacht. Lassen wir diese Spielmarke im Umlauf. Hier kommt es nur auf seine gewiß nicht super-idealistische These an, von einem »Sein ohne Beziehung auf ein Bewußtsein« ließe sich schwerlich reden. M.a.W.: Ohne damit Sein *gleich* Bewußtsein oder Bewußtseinsprodukten zu setzen (vgl. 1. EL, S. 13; 2. EL, S. 82 et passim), betont Fichte genau wie Kant, von den Weisen, in denen dieses Sein »für uns« ist (Kants Phainomena!), ließe sich nicht absehen. Als »transzendentalen Idealismus« versteht Fichte seine vom »Dogmatismus« abgegrenzte Position deswegen, weil er die Selbsttätigkeit (Spontaneität) des ICH (Selbstbewußtseins) nicht restlos auf Zwänge und Einflüsse äußerer Dinge und Personen zurückführen will. Als Ausdruck für die Selbstgesetzgebungsfähigkeit der Vernunft bleibt auch ihm das Ich ein Prinzip der Freiheit. »Der Streit zwischen dem Idealisten und Dogmatiker ist eigentlich der, ob der Selbständigkeit des Ich die Selbständigkeit des Dinges, oder umgekehrt, der Selbständigkeit des Dinges, die des Ich aufgeopfert werden solle.« (1. EL, S. 18) Fichte verschärft diese These allerdings in die gleiche Richtung wie Kant: Auch für ihn stellt die »transzendentale Einheit der Apperzeption« den »höchsten Punkt« dar, an dem man den ganzen »Verstandesgebrauch, selbst die ganze Logik, und nach ihr, die Transzendental-Philosophie heften muß« (II 137). Wie schon bei Descartes wird das ICH zum Prinzip, zum Erklärungsgrund erhoben – nicht wie bei einer Gruppe neuzeitlicher Philosophen: »die Sprache«, bei einer anderen: »die gesellschaftliche Totalität«. Insofern mag es sich um »Idealismus« handeln, dessen Thesen jedoch immer noch einer Klärung des Konzepts der Ich-Identität dienlich sein können.

Da Fichte sehr um eine verständliche Darstellung dieses Prinzips in seiner kantischen Version bemüht ist, wollen wir sie skizzieren: Die Spontaneität des ICH als Zentrum aller Vorstellungssynthesen bestimmt Fichte als *Tathandlung der Reflexion*: »Das Ich geht zurück *in sich selbst*, wird behauptet« (2. EL, S. 45). Was ist damit gemeint? Jeder Mensch wird doch hoffentlich in der Lage sein – wenn man ihm dies vorschlägt – »*sich selbst* denken zu können (ebd. S. 48). Fichte macht also zunächst den folgenden Vorschlag: »Merke auf dich selbst: kehre deinen Blick von allem, was dich umgibt, ab, und in dein Inneres« (1. EL, S. 9), denke also einmal an nichts anderes als dich selbst. Dabei wird doch jeder, der dem Vorschlag folgt, feststellen, daß er damit ein »inneres Handeln« vollzieht, das von seiner eigenen »Selbsttätigkeit« und sonst von nichts abhängig ist. Er kann sich *frei* zu diesem Denken seiner selbst bestimmen. Wenn sie (er) diese Handlung vollzieht, weiß sie (er) aber auch, was es mit dem Wörtchen ›Ich‹ oder ›Selbstbewußtsein‹ auf sich hat: Der Gedanke seiner selbst (Selbstbewußtsein) ist nichts anderes »als der Gedanke dieser Handlung«, sich selbst zu denken, und »das Wort Ich (ist) nichts anderes, als die Bezeichnung desselben« (2. EL, S. 48). ›ICH‹ und dieses »in sich zurückkehrende«, selbstbezügliche *Handeln* als

Denken seiner selbst sind »völlig identische Begriffe« (ebd.) Ein jeder, der sich *frei* zum Denken seiner selbst bestimmt, wird des ICH als einer Aktivität, einer *Tathandlung*, und nicht als einer *Tatsache*, eines Dinges inne! Das Ich ist ein Prinzip der *Selbstbestimmung* und als einem durch nichts als durch sich selbst bestimmten Akt geht ihm nichts voran. Es ist *Prinzip*! »Höchster Punkt« nach Kant!

»Dieses dem Philosophen angemutete Anschauen seiner selbst im Vollziehen des Aktes, wodurch ihm das Ich entsteht, nenne ich *intellektuelle Anschauung*. Sie ist das unmittelbare Bewußtsein, daß ich handele, und was ich handle: sie ist das, wodurch ich etwas weiß, weil ich es (bewußt – C.D.) tue. Daß es ein solches Vermögen der intellektuellen Anschauung gebe, läßt sich nicht durch Begriffe demonstrieren, noch, was es sei, aus Begriffen entwickeln. Jeder muß es unmittelbar in sich selbst finden, oder er wird es nie kennen lernen.« (2. EL, S. 49)

Insofern geht es um die *synthetische* Einheit der Apperzeption! Fichte verwendet an dieser Stelle den Begriff »intellektuelle Anschauung« anders als Kant. Gemeint ist nämlich *nicht* der intellectus archetypus, der Dinge durch sein Denken zugleich hervorbrächte, sondern eben jene *Tathandlung*, das sich frei zum Denken seiner selbst Bestimmen. Das »›ich denke‹ muß alle meine Vorstellungen begleiten können«, hatte Kant betont. Kein Jota anders lehrt Fichte, es ließe sich nachweisen, »daß diese intellektuelle Anschauung in jedem Momente seines (= eines jeden Menschen – C.D.) Bewußtseins vorkomme« (ebd.). Wieso? Kein Mensch kann einen Schritt tun, seinen Fuß oder seine Hand bewegen, »ohne die intellektuelle Anschauung (seines) Selbstbewußtseins in diese Handlungen« (ebd.). Denn durch diese intellektuelle Anschauung, nur durch sie und dadurch, daß ich grundsätzlich dazu in der Lage bin, mich zu denken und als dieser denkend Handelnde zu bestimmen, »unterscheide ich mein Handeln und in demselben mich, von dem vorgefundenen Objekte des Handelns« (ebd.). Anders gesagt: Jeder, der darauf besteht, daß *er* (sie) und sonst niemand oder sonst nichts es gewesen sei, der (die) x getan oder dem (der) y zugestoßen sei, nimmt stillschweigend die Fähigkeit in Anspruch, sich *jederzeit* und *frei* zum Denken seiner selbst, damit zum Sich-Unterscheiden von Seiendem, *aktiv* zu bestimmen. (Hegel: »Vermögen des absoluten Unterschieds«). *Jeder* ist im Prinzip zu dieser Leistung der intellektuellen Anschauung fähig, so daß sie der Philosoph als »Faktum der Vernunft« (Kant) überall vorfinden kann. Sie stellt eine Aktivität dar, zu der man sich frei entschließen kann (Kant: Spontaneität). »Die intellektuelle Anschauung, von welcher die Wissenschaftslehre (Fichtes – C.D.) redet, geht gar nicht auf ein Sein, sondern auf ein Handeln, und sie ist bei Kant gar nicht bezeichnet (außer, wenn man will, durch den Ausdruck *reine Apperzeption*.« (2. EL, S. 58)

Der Grundgedanke, Kants synthetische Einheit der Apperzeption erläuternd, läßt sich nochmals anhand eines schönen Beispiels bei Fichte zusammenfassen (2. EL, S. 88-91): Die Fichtesche Wissenschaftslehre betont wie die Kantische Transzendentalphilosophie: »Man kann vom Ich nicht abstrahieren...« (S. 87). Das heißt: »... zu allem, was im Bewußtsein vorkommend gedacht wird, muß das Ich notwendig hinzugedacht werden; in der Erklärung der Gemütsbestimmung, darf nie vom Ich abstrahiert werden, oder, wie Kant es ausdrückt: alle meine Vorstellungen müssen begleitet sein können, als begleitet gedacht werden, von dem ›Ich denke‹« (ebd.). Nun darf man, wie Kant und Fichte einhellig betonen würden, dieses *Ich als Prinzip* nicht einmal mit »*Individualität*« als der Menge der *empirischen* Merkmale verwechseln, die Hans Dampf zu dieser unverwechselbaren »primären Substanz« und keiner anderen machen! Angenommen, jemand würde in der Dunkelheit angerufen: Wer ist da?! Wenn er – unter der Voraussetzung, daß seine besonder Stimme als unverwechselbares empirisches Merkmal bekannt ist – antwortet: Ich bin es!, dann ist klar: Er redet von sich als dieser bestimmten Person. »Ich bin es, der ich so und so heiße, und keiner unter allen übrigen, die nicht so heißen; und das darum, weil ihr zufolge eurer Frage, *wer* da sei, schon voraussetzt, daß es überhaupt ein vernünftiges Wesen sei, und jetzt nur wissen wollt, welches bestimmte unter den möglichen vernünftigen Wesen es sei.« (2. EL, S. 90 f.)

Ganz anders liegen die Umstände bei folgendem schmerzhaftem Fall: Der Schneider paßt Hans Dampf einen Rock an und schneidet oder sticht ihn dabei. Letzterer ruft natürlich: »Höre, das bin *ich*, du triffst *mich*!« (Ebd. S. 91) Was wollte H.D. damit sagen? »Nicht, daß sie diese bestimmte Person sei, und keine andere; denn das wißt ihr sehr wohl; sondern daß das, was ihr getroffen, nicht ihr totes und fühlloses Kleidungsstück sei, sondern ihr lebendiges und fühlendes Selbst; welches ihr nicht wußtet.« Der Schneider hat den absoluten Unterschied zwischen Subjekt und Objekt selbst angetastet! Und diese Fähigkeit, sich von Andersseiendem unterscheiden zu können, nimmt jeder von uns jeden Tag in Anspruch; »wir können ohne sie keinen Schritt auf dem Boden tun, und keine Hand in der Luft bewegen«. Die intellektuelle Anschauung bedeutet wesentlich mehr als die Menge empirisch unverwechselbarer Eigenschaften: »Jeder, der sich eine Tätigkeit zuschreibt, beruft sich auf diese Anschauung. In ihr ist die Quelle des Lebens, und ohne sie ist der Tod.« (Ebd. S. 49 f.)

Sowohl für Fichte als auch für Kant ist *Reflexion* als Akt des Sichselbstdenkens (Selbstbewußtsein) das theorieprägende Beispiel für einen *selbstbezüglichen* Vorgang. Fichte hält es für besonders bemerkenswert, daß das selbst veranlaßte Denken seiner selbst Einsicht in ein außergewöhnliches Verhältnis von erkennendem Subjekt und erkanntem Objekt gestattet:

> »Indem du aber *dich* denkst, bist du dir nicht nur das Denkende, sondern zugleich auch das Gedachte; Denkendes und Gedachtes sollen dann Eins sein; dein Handeln im Denken soll auf dich selbst, das Denkende zurückgehen.« (Ebd. S. 109).

Bei der Reflexion, beim Denken seiner selbst und nichts anderem, bilden Subjekt (Denken) und Objekt (Gedachtes) demnach eine Art unmittelbarer Einheit. Doch allenthalben, nicht zuletzt in der Soziologie, vernimmt man gerade in jüngster Zeit, dieses klassische Verständnis von Selbstbezüglichkeit als *personale Selbstreferenz* sei in die Krise geraten und die Morgenröte des absolut neuen Gedankens verbreite sich am akademischen Horizont. Ein Hauptanstoß für diese Wandlungen liege in der seit Platon heillosen Tendenz auch bei Kant und Fichte, »Bewußtsein« als eine Art von Wahrnehmung zu fassen, d.h. es sich nach dem Modell der Sinneswahrnehmung vorzustellen (Bieri 1981, S. 217, bes. Rorty 1981). In der Tat spricht Fichte beim Selbstbewußtsein ja von intellektueller Anschauung und bleibt damit dem Anschein nach an die Metapher der wahrnehmungsanalogen Selbstbespiegelung gebunden. Diese habe jedoch eine solche Fülle von Problemen im Gefolge, daß es gelte, sie endlich abzustreifen. Aber vielleicht werden mit diesem Programm zu viele Kinder mit dem Bade ausgeschüttet. Denn Fichtes Beispiel mit dem hieb- und stichfesten Schneider wird niemand als schon wirklich ausdiskutiert verkaufen können. Da nicht Kant oder Fichte, sondern Wittgenstein die Autorität für moderne Sprachphilosophen verkörpert, wiederholt es sich denn auch bei ihm in der Unterscheidung zweier Grundarten in der Verwendung des harmlosen Wörtchens »ich«:

»Es gibt zwei Gebräuche des Wortes -ich- (oder -mein-), die ich -Objektgebrauch- und -Subjektgebrauch- nennen könnte. Hier sind Beispiele von der ersten Art: -Mein Arm ist gebrochen-, -Ich bin zehn Zentimeter gewachsen-, -Ich habe eine Beule auf meiner Stirn-, -Der Wind zerweht meine Haare-. Und hier Beispiele von der zweiten Art: -*Ich* sehe so-und-so-, -*Ich* höre so-und-so-, -*Ich* versuche, meinen Arm zu heben-, *Ich* denke, daß es regnen wird-, *Ich* habe Zahnschmerzen.« (Wittgenstein, Schriften Bd 5, S. 106)

Beim Objektgebrauch des Wortes ›ich‹ tut man kund, daß sich irgendetwas mit dem eigenen, unverwechselbaren Körper getan hat. »Ich habe meinen Arm gebrochen.« Es handelt sich also um Situationen, in denen man den eigenen Leib bis an die Grenzen seines mehr oder minder dicken Fells einbezieht. Der Objektgebrauch des Wörtchens ›ich‹ besteht mithin darin, daß ›ich‹ als logisches Subjekt in Subjekt-Prädikat-Sätzen, in Urteilen auftauche: »Ich bin erstaunt« und dabei so verwendet wird, als beträfe es eine primäre Substanz, der bestimmte Attribute und Akzidentien zukommen. Sprachlich zulässig ist dies nach Wittgenstein nur, wenn »Ich-Urteile« die Leiblichkeit einbeziehen. Sinnvoll ist der Objektgebrauch der Sprache aber auch bei Fichtes Rufer, dem auf: »Wer da?!« – »Ich bin es!« – einfällt. Denn »sinnvoll ist der Gebrauch dieses Satzes nur, wenn meine Stimme und die Richtung, aus der ich spreche, von einer anderen Person erkannt werden sollen« (Brand 1975, S. 38).

Ganz anders beim »Subjektgebrauch« des Wortes ›ich‹. In den Beispielsätzen, die den Subjektgebrauch anzeigen sollen, hat Wittgenstein ›ich‹ immer unterstrichen: »*Ich* versuche, meinen Arm zu heben« usf. Es handelt sich offenkundig um Sätze, mittels derer das unmittelbare Bewußtsein seiner selbst ausgesprochen wird. ICH, der von sich im Unterschiedensein zu allem anderen weiß, nichts und niemand sonst ist es, der den Arm bewegt. Ich liefere damit keine Zustandsbeschreibung von mir als *empirischer Person* (die Fichte »Individualität« nennt), sondern drücke dieses Es-selbst-und-sonstnichts-Sein bzw. ein Tun als das meine aus. Solche Äußerungen lenken die Aufmerksamkeit der anderen nicht (wie bei: Wer da?-Ich bin es!) auf mich, auf diese konkrete Person mit ihren unverwechselbaren Merkmalen, sie machen ihnen die Zugehörigkeit eines Vorgangs oder einer Vorstellung oder... zu mir und nichts anderem deutlich: »Aber du willst doch jedenfalls, wenn du sagst -Ich habe Schmerzen- die Aufmerksamkeit der Anderen auf eine bestimmte Person lenken - Die Antwort könnte sein: »Nein; ich will sie nur auf *mich* lenken« (Wittgenstein, *Philosoph. Unters.* § 405).

Schlüsselbegriff in diesem Zitat ist der der *Person*. Er meint offenkundig das, was Fichte Individualität nennt, ein empirisches Subjekt mit seinen ganz speziellen Eigenschaften, die ihm nach dem Objektgebrauch erlauben, ›ich‹ zu sagen. Doch der Unterschied zwischen ›ich‹ und ›Andersseiendem‹, den ich mache, wenn ich sage: »*Ich* bin es, den du Stümper schneidest!« ist keiner zwischen ›Ich‹ als Person und der Umwelt: »Aber du willst doch durch die Worte -Ich habe...- zwischen *dir* und *dem Anderen* unterscheiden - Kann man das in allen Fällen sagen? Auch, wenn ich bloß stöhne? Und auch wenn ich zwischen mir und dem Andern -unterscheiden will- will ich damit zwischen den Personen L.W. und N.N. unterscheiden?« (Ebd. § 406) Das *reine Ich* von Kant und Fichte bedeutet offensichtlich auch für Wittgenstein etwas anderes als *Person*!

Soziologen setzen oft an einer anderen Stelle an: Ein auf den ersten Blick bedenkenswerter Einwand von ihrer Seite lautet, man müsse sich den sozialwissenschaftlichen Disziplinen wie Sozialpsychologie oder Pädagogik von der »Fixierung ihres Blicks auf das umweltlos gedachte ›Selbst‹... lösen« (Basistext b, S. 224). Wenn dies bedeuten sollte, die *sozialen Beziehungen* müßten berücksichtigt werden, in denen die Fähigkeit ermöglicht oder verschlossen wird, von sich zu wissen und Handeln als das eigene zu bestimmen, wären in der Tat Korrekturen am monologischen Vorbild der *Reflexion* unabweisbar, mit denen schon Hegel begonnen hat.

In diesem Anspruch laufen jedenfalls Pfade sehr verschiedener sozialwissenschaftlicher Schulen der Neuzeit zusammen. Danach gabeln sie sich wieder in alle Himmelsrichtungen. Erwähnen wir nur zwei von ihnen:

a) Eine Gruppe traut dem, was die klassischen Transzendentalphilosophien und Reflexionstheorien z.B. in Gestalt ihrer Rechtsphilosophien oder Sittenlehren vorgelegt haben, noch einiges zu. Sie nimmt die Lehre vom »Ich«, von Selbstbewußtsein und Selbstbestimmung in ihrer alteuropäischen Form der *Reflexion* auf, will sie aber in Rücksicht auf *gesellschaftliche Totalität* als vorrangigen Bezugspunkt aller Ereignisse und Überlegungen ausbauen. In »Theorien der Subjektivität« (Daniel 1981) habe ich versucht, diese Position zu kennzeichnen.

b) Andere Gruppen verbannen Subjekt-Objekt-Schemata wie die von Kant und Ficht in die längst überholte Vorgeschichte wirklich modernen sozialwissenschaftlichen Denkens. Die unterschiedlichen Wege, auf denen man sich »aus dem traditionellen Subjekt-Objekt-Modell... befreien« will (Tugendhat 1979, S. 245), fallen allerdings ganz verschieden aus. Mit einer wirklich bewundernswerten Geduld verkündet z.B. N. Luhmann an nicht zu zählenden Stellen, die *Systemtheorie*[37] bzw. seine Spielart derselben habe endlich die Revolutionierung der alteuropäisch-sozialwissenschaftlichen Denkungsart herbeigeführt. Damit erst ginge auch Sozialwissenschaft einen sicheren Gang auf »Bahnen, die mit der kantischen Bewußtseinsphilosophie und mit all dem, was sich von ihr abhängig gemacht hat, nicht zu vereinbaren sind« (Basistext b, S. 238).

Ziehen wir also eine kleine Tangente an diesen Bahnen: Der Begriff »Selbstbezüglichkeit« wird von Luhmann zu dem der »Selbstreferenz« verfeinert. So gesehen, kann man auf die verschiedensten Beispiele *selbstreferentieller Mechanismen* stoßen. Unter »Mechanismus« darf man sich allerdings nicht so etwas wie ein Uhrwerk vorstellen, sondern darunter soll »eine funktional spezifizierte Leistung verstanden werden, deren bei Bedarf wiederholte Erbringung in einem System erwartet werden kann, so daß andere Einrichtungen sich darauf einstellen können. Mechanismen lösen Systemprobleme« (Luhmann 1970, S. 92). Versorgung aller mit Lebensmitteln ist schon ein (System-)Problem. Güterproduktion bedeutet eine »funktional spezifizierte Leistung, die ständig neu erbracht werden muß«, mehr oder minder sicher erwartet werden kann und trotz ihrer notorischen Krisenanfälligkeit andere Institutionen – sagen wir: die Politik – zu gewissen Rücksichten anhält. Ein kybernetischer Regelkreis, bei dem eine komplizierte Apparatur bestimmte Grundwerte (Größen wie Temperatur) unter Umwelteinflüssen in einem bestimmten Wertebereich aufrechterhält, wäre ein anderes Beispiel für »systemisch-selbstreferentielle« Vorgänge.

Selbstbezüglichkeit ist natürlich auch Kennzeichen für den Prozeß der *Reflexion* oder – von der anderen Seite her gesehen – »personale Selbstreferenz« gibt nur *ein*, wenn auch bevorzugtes Exempel für Selbstbezüglichkeit überhaupt ab. In jüngster Zeit hat sich zweifellos in breiterem Maßstab die Ansicht durchgesetzt, personale Selbstreferenz als »Ich«, »Selbstbewußtsein« oder »Identität des Subjekts« müsse durchaus nicht als einzige »Funktionsstelle des Weltverhältnisses« (Basistext b, S. 226) eingesetzt werden, wie sich dies Kant und seine Nachfolger vorgestellt haben mögen. Ob man deswegen aber Ich-(Identität) gleich als Prinzip individueller Selbstbestimmung und individuellen Selbstbewußtseins systemtheoretisch planieren muß, darum dreht sich weiterhin der sozialwissenschaftliche Streit. Für Luhmann und andere ist es ausgemacht: »... die Begrifflichkeit der Freiheit und Selbsttätigkeit, die Begrifflichkeit des Deutschen Idealismus (ist) gewissen Verschleißerscheinungen unterworfen... und (paßt) außerdem nicht so recht in das Gefüge der Ansprüche und der Leistungen einer wohlfahrtsstaatlich organisierten Gesellschaft...« (Ebd. S. 228). Mit dem Nachfolgebegriff »Identität« sei es auch nicht viel besser bestellt: »Der Identitätsbegriff bleibt dabei weiträumig genug, um das von inneren Konflikten erlöste und das (deshalb?) nach außen kritische, das glatt funktionsfähige, und das selbstbewußt auftretende Individuum bezeichnen zu können.« (Ebd. S. 277). Die Krise dieser für das alteuropäische Denken so kennzeichnenden Begriffe sei mit der Krise einer Themengruppe verkoppelt, deren Grundbestandteile wir bei Kant und Fichte kennengelernt haben:

1.) *Kausalität* hätten die Altbackenen vorzugsweise unter dem Gesichtspunkt »zeitlich-linear, gesetzmäßiger Ordnungsfähigkeit«, also unter dem der *Notwendigkeit* der Verknüpfung zeitlich nacheinander auftretender Realgeschehnisse angeschaut. Demgegenüber müsse ein Systemtheoretiker a) statt nach »Kausalitäten«, viel eher nach »äquifunktionalen«, d.h. in ihrer Leistungsfähigkeit gleichrangigen oder gleichermaßen möglichen Beiträgen bestimmter Vorgänge/Ereignisse zur Lösung eines Bezugsproblems P suchen(Luhmann 1970, S. 9 ff.). b) In anderen Fällen wird eine systemtheoretische Volte vollzogen: Man greife das, was andere über kausale Zusammenhänge *in der Wirklichkeit* oder Kausalität sagen auf, und frage sich, welche Funktion diese *Vorstellungen* in einem System ausüben können. Beispiel: »Als erstes wäre der Vorschlag zu machen, die Suche nach objektiven Kausalgesetzen in zwischenmenschlichen Beziehungen einzustellen und statt dessen zu fragen, auf Grund welcher Kausalvorstellungen die Menschen handeln.« (Ebd. S. 18).

2.) *Rationalität* wurde alteuropäisch bis zu den Zeiten Max Webers am Zweck-Mittel-Schema individuellen Handelns festgemacht. Ergänzend zu hypothetischen und kategorischen Imperativen der individuellen Klugheit und Sittlichkeit (s.o. S. 15) wären jedoch Beiträge von Vorgängen und Ereignissen zur Lösung globaler Systemprobleme zu studieren (»Systemrationalität«).

3.) *Sozialität* wurde – und das sei der eigentliche Kern des überholten Denkens – stets unter dem Gesichtspunkt der »Optimierung der Subjektheit von Selbstreferenz« (ebd. S. 17) betrachtet. Auf Deutsch: Von Kant über Fichte und Hegel bis zu Adorno hat man stets darauf geachtet, wieviel »Selbstbewußtsein« und »Selbstbestimmung«, wieviel Individuierungschancen unter den jeweiligen gesellschaftlichen Rahmenbedingungen eröffnet oder verschlossen waren. Man ging ungebrochen davon aus, »daß Identität gut ist«. Der Systemtheoretiker vollzieht demgegenüber seine theorieprägende Volte: Er glaubt, in »funktionalistischer Perspektive feststellen zu müssen, wozu Identität gut ist«, nicht, was sie wohl sein mag. Allerdings, gewisse Skrupel wird er dabei noch nicht los: »Die Frage des Verhältnisses von Selbstreferenz und Sozialität lassen wir offen. Hier, also im klassischen Bereich der Sittlichkeit, Anspruchsminderungen einzubauen, wäre für eine pädagogische Theorie wohl nur vertretbar, wenn es gar nicht anders geht.« (Ebd., S. 18).

Wozu ist »Identität« also gut? »Nehmen wir an, der Identitätsbegriff solle die Einheit eines komplexen Systems bezeichnen im Sinne des principium indentitatis« (Basistext b, S. 235), dann könnten wir durchaus noch mit selbstbezüglichen Prozessen beschäftigt bleiben, welche die Einheit eines sozialen Systems *als* Ganzes kennzeichnen oder gewährleisten. Hier geht es jedoch nicht um diese »systemische«, sondern um »personale Selbstreferenz.«.

All die verschiedenen Fragen, wozu x und damit auch personale Selbstreferenz gut sei, haben einen »höchsten Punkt«, an dem das ganze systemtheoretische Denken »angeheftet« ist: Nicht das Kantsche »Ich denke«, auch nicht die Fichtesche »Tathandlung«, sondern die Weltformel »Reduktion von Komplexität« (vielleicht mit »Kleinarbeiten der Überfülle« zu übersetzen). Denn alle lebenden Organismen, auch die menschlichen Individuen, sehen sich – von anderen Systemen in ihrer Umwelt einmal abgesehen – der unendlichen Mannigfaltigkeit des tatsächlichen oder möglichen Weltgeschehens gegenübergestellt. Das Zentralproblem, das letzte Bezugsproblem aller »Wozu«-Fragen, besteht also in der unheimlichen Vielzahl der Möglichkeiten in der Welt, in deren *Komplexität.* »Das Primärphänomen ist die riesige Zahl der extern und intern veranlaßten Erlebnisse und Handlungen, die, obwohl in einer Bewußtseinskontinuität enthalten (Einheit der Apperzeption! – C.D.) und insofern aufeinander beziehbar, dennoch keinen Sinnzusammenhang bilden, weil es unmöglich ist, jedes mit jedem abzustimmen.« (Ebd., S. 237) Systembildung bedeutet die Grundstrategie, mit dieser lästigen Überfülle fertigzuwerden. D.h.: Eine Vielfalt von Elementen kann sich allein auf dem Wege durchhalten, daß nur eine bestimmte Menge aus der Mannigfaltigkeit ihrer an sich möglichen Zustände und Beziehungen verwirklicht, ausgegrenzt und auf Dauer gestellt wird. Das bedeutet natürlich im gleichen Zug eine Grenzziehung gegenüber der Vielfalt *nicht* systemintern zugelassener Zustände und Beziehungen, die »Stabilisierung einer Innen-Außen-Differenz« (Luhmann). Anders gesagt (vgl. AG Soziologie 1978, S. 110–112): Wenn auf ein Ereignis y alles überhaupt Mögliche und Denkbare von a bis ∞ eintreten könnte, läge Chaos, aber kein System mit Organisation vor. Systembildung geschieht also durch Reduktion von Komplexität. Andererseits kann die *Steigerung* der *inneren Komplexität* eines Systems »gut dazu« sein, mit höherer Umweltkomplexität fertigzuwerden, was allerdings Folgeprobleme für die Elemente aufwirft, die nun ihrerseits mittels komplexitätsreduzierter Vorgänge und Instanzen kleingearbeitet werden müssen.

Es tut mir leid, aber das systemtheoretische Sprachspiel wird nun einmal so abgefaßt und an der Weltformel »Reduktion von Komplexität« macht sich auch das ganze Pathos der gelungenen Abstandnahme von Kant, der »systemtheoretische Verzicht auf die Richtwerte, die Kant aus der Faktizität des praxisbezogenen Bewußtseins gewinnen zu können meinte« (Basistext b, S. 238), fest. Immerhin können wir jetzt die systemtheoretische Ausgangsfrage: »Wozu ist Identität gut?«, auf drei Achsen dieses Sprachspiels abtragen: 1) Man vollziehe die systemtheoretische Volte und frage sich: Wozu ist die *Vorstellung* oder das *Gefühl* der personalen Identität in sozialen Systemen gut? 2) Die Antwort muß sich in letzter Instanz an der Weltformel »Reduktion von Komplexität«, dem obersten Bezugssystem funktionaler Analysen, festmachen lassen. 3) Sie ist aber auch im Verhältnis zu den Folgeproblemen gesteigerter Binnenkomplexität zu diskutieren. Jetzt erst stehen wir am Berührungspunkt unserer Tangente:

Auch Kant hat auf seine Weise gelehrt, die chaotische Mannigfaltigkeit der Sinnesdaten müsse durch die Funktionen des Verstandes geordnet werden, damit Gegenstandserkenntnis möglich werde: »Die klassische Antwort der Bewußtseinstheorie war: daß die Vorstellungskraft faktisch nicht ausreiche, um die Gesamtheit aller Elemente und aller Relationen als Einheit zu präsentieren. Das Bewußtsein verfahre notwendigerweise generalisierend, typisierend, reduktiv und könne nur so begreifen.« (Ebd. S. 235) Nicht anders geht es ganzen Systemen. Auch sie »operieren unter ähnlichen Kapazitätsbeschränkungen« (ebd., S. 236). Doch ist nach Luhmann/Schorr bei innerer Systemkapazität ein zusätzlicher Gesichtspunkt zu beachten: Versteht man (innere) Komplexität als »Menge der Elemente und ihrer Beziehungen« (ebd.), dann wächst die Zahl der zwischen vermehrten Elementen möglichen Beziehungen nach der Formel N^2-$N/_2$ »so stark an, daß sehr bald nicht mehr jedes Element mit jedem anderen verknüpft werden kann.« Daraus folgt: »Komplexe Systeme können nur aufgebaut werden, wenn intern ein Problem der Selektion von strukturell zugelassenen gegenüber auch-möglichen Relationen zwischen Elementen gelöst werden kann.« (Ebd.)

Dieses ist auch das spezielle Bezugsproblem für die Identitätsfrage. Vermehrt sich die Anzahl der Elemente eines Systems, können nicht mehr alle denkbaren Beziehungen zwischen ihnen aufrechterhalten werden. Es entsteht mithin ein Zwang zur internen *Selektivität* und damit gleichzeitig eine gegenläufige Tendenz zur Strukturvereinfachung (Simplifikation). Selbstbezügliche Vorgänge in Gestalt des *Wissens*[38] vom eigenen Vorgehen, Vorgänge also, »durch die ein System sich selbst in sich selbst zur Vorstellung bringt« (ebd. S. 237), sind ihrerseits noch stärker strukturvereinfacht *und* Beiträge zur Strukturvereinfachung. Reflexivität in Gestalt des »Sich-in-sich-zur-Vorstellung-Bringens« (das ist wohl das systemtheoretische Ersatzwort für »Selbstbewußtsein«) bedeutet einen Beitrag zur Strukturvereinfachung des Systems und ist ihrerseits ein noch stärker strukturvereinfachender Vorgang. Mit einem letzten Wort: *Identität* (als ICH oder SELBST!) ist für den Systemtheoretiker weder eine

»Tathandlung« noch ein ›Ich denke‹, das alle meine Vorstellungen muß begleiten können. Identität hat für sie auch nichts mit der Kantischen Synthesis, mit dem »Zusammenhang der einzelnen Erlebnisse und Handlungen« zu tun (ebd). Sie sei vielmehr »der Ersatz für vollständige Interdependenz« (ebd., S. 238) und damit ein Beitrag zur Kleinarbeit von systeminterner Komplexität. Identität als Wissen um sich selbst und Idee der Selbstbestimmung bedeutet für Systemanalytiker also eine *Vorstellung*, welche die *Funktion* hat, als noch stärker strukturvereinfachte zur Strukturvereinfachung beizutragen. Mit Hilfe des Gefühls, auf unverwechselbare Weise man selbst zu sein, kommt man besser mit der komplexen Welt zurecht. Identität gilt von daher auch nicht als ein Prinzip, sondern als ein Beitrag zur Systembildung und Komplexitätsbewältigung, der nur »in bestimmten Problemlagen benötigt und abgerufen wird« (ebd.). Zu ihm bestehen gleichrangige Alternativen, funktionale Äquivalente!

Fichte würde diese Theorie der Ich-Identität nachgerade als Paradebeispiel für Dogmatismus als Selbstverdinglichung anführen, Kant und Wittgenstein vermutlich die Frage aufwerfen, ob den Systemtheoretikern tatsächlich etwas anderes als der Transzendentalphilosophie einfällt, wenn sie in ihrem Alltag ›ich will‹, ›ich weiß‹ etc. sagen?

Kapitel 5
Wie sind synthetische Urteile a priori möglich?

Kant-Lektüre: KrV II 55–58 (B 14–17)

Für Kant hat die Lehre vom ICH, von der »transzendentalen Einheit der Apperzeption« und von den Kategorien als synthesissteuernden Formen a priori überdies eine ausschlaggebende Bedeutung bei der Beantwortung der Hauptfrage der KrV: Wie sind synthetische Urteil a priori möglich?

Soll auch die vom Schulenstreit gebeutelte Metaphysik einmal den sicheren Gang der Wissenschaft gehen können, dann muß nach Kants Überzeugung vorab eine Antwort auf die Frage gefunden werden, *wie* diese erfahrungsunabhängigen Erweiterungsurteile überhaupt möglich sind. *Daß* sie möglich sind, daran hegt er allerdings keine Zweifel. Er fragt sich also nicht, ob es diesen Urteilstyp gibt und ob sich die Philosophie mit der Suche nach ihm nicht vielleicht in Scheinprobleme verrennt, für Kant ist es klar: »Mathematische Urteile sind insgesamt synthetisch!« (II 55/B 14) Um seine These zu untermauern, mathematische Urteile erweiterten unser Wissen über die Welt, führt Kant ein ebenso berühmtes wie umstrittenes Beispiel ein:

»Man sollte anfänglich zwar denken, daß der Satz $7 + 5 = 12$ ein bloß analytischer Satz sei, der aus dem Begriffe einer Summe von Sieben und Fünf nach dem Satz des Widerspruchs erfolge. Allein, wenn man es näher betrachtet, so findet man, daß der Begriff der Summe 7 und 5 nichts weiter enthalte, als die Vereinigung beider Zahlen in eine einzige, wodurch ganz und gar nicht gedacht wird, welches diese einzige Zahl sei, die beide zusammenfaßt. Der Begriff von Zwölf ist keineswegs dadurch schon gedacht, daß ich mir bloß jene Vereinigung von Sieben und Fünf denke, und, ich mag meinen Begriff von einer solchen möglichen Summe noch so lange zergliedern, so werde ich doch darin die Zwölf nicht antreffen.« (II 56/B 15)

Auch aus dem Bereich der Geometrie glaubt Kant, eine Fülle von Belegen für das tatsächliche Vorhandensein synthetischer Urteile a priori zusammentragen zu können. Zweifellos, so argumentiert er, sind viele Grundsätze der Geometrie analytisch und »beruhen auf dem Satz des Widerspruchs«. Wählen wir als Beispiel den geometrischen Lehrsatz: »(a + b) > a, d.i. das Ganze ist größer als sein Teil.« (II 57/B 17) Dieser Satz ist eindeutig analytisch; denn zum bloßen Begriff des »Ganzen« gehört von vornherein die Eigenschaft, größer als irgendeine seiner Unterteilungen zu sein. Das kann man durch reine Begriffsanalyse herausfinden. Doch nach Kant sind nicht alle Sätze der Geometrie von dieser Art.

»Daß die gerade Linie zwischen zweien Punkten die kürzeste sei, ist ein synthetischer Satz. Denn mein Begriff vom *Geraden* enthält nichts von Größe, sondern nur eine Qualität. Der Begriff des Kürzesten kommt also gänzlich hinzu, und kann durch keine Zergliederung aus dem Begriffe der geraden Linie gezogen werden. « (II 57/B 16)

Man kann also nach dieser Ansicht den Begriff der »Geraden« drehen und wenden wie man will, er enthält keine *Größen*bestimmung. Daß ausgerechnet diese Linie die *kürzeste* zwischen zwei Punkten sei (was eine Größenbestimmung darstellt), bedeutet eine Angabe, die zum Begriff der Geraden *hinzukommt*, also eine *Erweiterung* der Einsichten! Nun reicht aber keine *empirische* Anschauung jemals an das heran, was wir meinen, wenn wir uns eine gerade Verbindungslinie zwischen zwei Punkten vorstellen. Dennoch handelt es sich bei der Verknüpfung von ›Gerade‹ und ›kürzeste Verbindung zwischen zwei Punkten‹ nicht um das Ergebnis einer reinen *Begriffs*analyse! Wie ist so etwas möglich?

Beispiele für das Vorhandensein synthetisch-apriorischer Urteile finden sich nach Kants fester Überzeugung sogar in den Naturwissenschaften. In diesem Falle nennt er sie *Prinzipien* (Grundsätze): »*Naturwissenschaft* (physica) *enthält synthetische Urteile a priori als Prinzipien in sich.*« (II 57/B 17) Also kann man sagen, die Transzendental-Philosophie frage nach den Bedingungen der Möglichkeiten von drei Arten synthetisch-apriorischer Urteile:

- Mathematische Sätze
- Synthetisch-apriorische Sätze der Geometrie
- Prinzipien (Grundsätze) der Physik

Hume hatte einen bis auf den heutigen Tag nachwirkenden Zweifel an der Möglichkeit derartiger Urteilstypen angemeldet und sein Argument erscheint auf den ersten Blick als sehr durchschlagend: Bei einer *synthetischen* Verknüpfung von Urteilssubjekt und Urteilsprädikat (S $\xleftrightarrow{e}$ P) stützen wir uns ausschließlich auf *empirische Anschauungen*, in den Wissenschaften vor allem auf Beobachtung und Experiment. Im Alltag bedienen wir uns bei derartigen Verknüpfungsleistungen schlicht der Sinne: »Wenn ich jetzt sage: ›Dieses Papier ist weiß‹, dann ist mein einziger Grund für dieses synthetische Urteil der, daß ich auf dieses Papier geschaut habe.« (Broad 1978, S. 46) Aussagen dieses Typs erweitern zwar unsere Kenntnis, aber sie weisen nicht die logische Qualität der *Notwendigkeit* auf. Man kann sich – ohne gegen den Satz des Widerspruchs zu verstoßen – stets etwas Gegenteiliges ausmalen. Die Urteile, auf die es einer Untersuchung der Leistungsfähigkeit der reinen Vernunft ankommt, müßten jedoch nach Kant sowohl *synthetisch* als auch *notwendig* sein.

Unter diesen Voraussetzungen scheint sich tatsächlich nur ein Ausweg anzubieten: Wenn es jene drei Arten erfahrungserweiternder und dennoch notwendiger Urteile gibt, dann kann sich bei ihnen die Verknüpfung von S und P, die Synthesis, nicht auf *empirische* Anschauung gründen. Durch diese ergeben sich ja nur die kontingenten Tatsachenaussagen Humes, also bloß synthetische Urteile a posteriori. Es muß mithin so etwas wie eine *reine Anschauung* geben, in der und durch die wir notwendige und erfahrungserweiternde Synthesen vornehmen. Anders gesagt: Wenn weder der Rückgriff auf empirische Anschauungen, noch auf Satz- und Begriffsanalysen in Frage kommt, wenn wir dennoch der Anschauungen bedürfen, um Synthesen bewerkstelligen zu können, müßten wir wohl nach einer *reinen Anschauung* Ausschau halten.

Damit steht man aber vor einem der schwierigsten Begriffe der KrV! Die Stellungnahmen zu ihm füllen die Regale. Belassen wir es wiederum bei einigen Schritten der Annäherung. Zunächst sei an eine Unterscheidung erinnert, die wir aus dem Begriff der »Anschauung« selbst herausgezogen haben:

a) *Anschauung* bedeutet eine Aktivität. Gemeint ist damit das Anschauen von etwas.

b) *Anschauung* kann aber auch das Angeschaute selbst bezeichnen. Dementsprechend sagen wir etwa, x stehe uns anschaulich vor Augen.

Es resultiert von daher eine veränderte Fassung des Problems: Wo existiert eine nicht-empirische, »reine« Anschauung von der Art (a) und/oder von der Art (b)? Kant hat eine Antwort:

> »Ich nenne alle Vorstellungen *rein*..., in denen nichts, was zur Empfindung gehört, angetroffen wird. Demnach wird die reine Form sinnlicher Anschauung überhaupt im Gemüt a priori angetroffen werden, worinnen alles Mannigfaltige der Erscheinungen in gewissen Verhältnissen angeschauet wird. Diese reine Form der Sinnlichkeit wird auch selber *reine Anschauung* heißen.« (II 70/A 20; B 34 f.)

Ganz offenkundig meint Kant an dieser Stelle die angeschauten (=a) *reinen* - von konkreten Empfindungen freien - Anschauungsformen (=b) *Raum* und *Zeit*! Die ›transzendentale Aesthetik‹ sollte Raum und Zeit ja als die apriorischen, auch in diesem Sinne »reinen«, nicht von der Erfahrung abgezogenen Ordnungsformen für Empfindungsstoff und Vorstellungen ausweisen. Dabei stellte der Raum jenes unendliche und dreidimensional gegliederte Formprinzip unserer Sinnlichkeit dar, welches alle besonderen Räumlichkeiten (Raumstellen und Raumteile) *in* sich enthielte, während die Zeit demgegenüber als Kontinuum angesehen wurde, *in* dem die angeschauten Einzelereignisse nach Vorher, Gleichzeitig und Nachher geordnet auftreten. Raum und Zeit als angeschaute Anschauungen (=b) verstehen sich als eine Art unabhängig von jedem Empfindungsstoff darstell- und bestimmbarer Medien, *innerhalb* derer wir Verknüpfungen nach Maßgabe der Stammbegriffe vorzunehmen vermögen.

Bei der *empirischen* Anschauung stellt man auf der Grundlage sinnlicher Beobachtungen fest, ob der Substanz S tatsächlich die Eigenschaft P zukommt oder nicht. Ist das vor mir liegende Papier weiß, blau oder anderswie gefärbt? Die Verknüpfung von S und P liefert uns in diesem Falle ein *synthetisches Urteil a posteriori*. Es gibt aber darüber hinaus die Möglichkeit, uns spontan denkend (*angeschaute* Anschauung =a) auf Raum und Zeit als Anschauungsformen (angeschaute *Anschauung* =b) zu beziehen! Die Kategorien als reine Formen des Denkens steuern in diesem Falle Verknüpfungen von reinen (empfindungsfreien) raum-zeitlichen Bestimmungen zu reinen Anschauungsgebilden! *Reine Anschauungen* wären demnach auch (c) als das Ergebnis kategorial gelenkter Verbindungen von

Raum- bzw. Zeitbestimmungen (Raumpunkte, Raumteile, Zeitabschnitte etc.), von Operationen in und an Raum und Zeit als den beiden Formen a priori unserer Rezeptivität anzusehen!

Diese reinen Anschauungen (= c) können für Kant niemals das Ergebnis der bloßen *Analyse* des alltags- oder wissenschaftssprachlich mit »Raum« und »Zeit« Gemeinten sein. Dann gäbe es ja nur analytische Sätze a priori.

Andererseits kann er sie auch nicht als das Resultat von Verknüpfungsleistungen ansehen, die sich auf *sinnlich-anschauliche* Eindrücke stützen. Das ergäbe nur synthetische Sätze a posteriori. So betrachtet, bleibt nur die aktive Verknüpfung von *reinen* (empfindungsfreien) Anschauungsmaterialien, und das sind – wenn die Ergebnisse der »Transzendentalen Aestetik« stichhaltig sein sollten – raumzeitliche Einzelbestimmungen.

Beispiel: Ich kann mit Papier und Bleistift eine Gerade als Verbindung zwischen zwei Punkten ziehen. Aber diese sinnlich-anschauliche Zeichnung ergibt nur einen schwachen Abglanz jener lupenreinen Diritissima, welche ich als kategorial gelenkte Verknüpfung zweier Raumpunkte vorab schon »im Kopf«, durch reine Vernunft zustande gebracht habe. Bei Geraden, Dreiecken etc. mag man noch eine gleichsam bildhafte Vorstellung von diesen Idealgebilden haben können.[39] Nicht erst bei Descartes' Chiliagon (Descartes 1641, S. 92) hört dies auf. Ein Chiliagon ist ein Tausendeck. Solche Gebilde kommen für Kant – wie gesagt – weder durch sinnlich-anschauliche Konstruktion, noch durch irgendwelche Satzanalysen oder analytische Satzumwandlungen zustande. Aber auch nicht dadurch, daß ich völlig »ungedeutete«, inhaltsleere (in diesem Sinne besser: »semantikfreie« statt »empfindungsfreie«) Zeichen nach irgendwelchen Regeln verknüpfe. Das Chiliagon bleibt nämlich »anschaulich« oder »gehaltvoll« in dem Sinne, daß allemal *bestimmte inhaltliche* Momente, nämlich *Raum*bestimmungen, synthetisiert werden (Linien, Punkte, Ecken). Das Chiliagon bleibt eine *Figur*!

Zugegeben, all diese Erläuterungen können nur unter Kantianischen Voraussetzungen nachvollziehbaren Sinn ergeben. Diese Voraussetzungen, etwa die Unterscheidbarkeit diskursiver Begriffe von den beiden *Anschauungs*formen, stehen unter starkem Beschuß. Ducken wir diesen aber vorläufig ab: Kant geht offensichtlich davon aus, die Geometrie nähme ihre Konstruktionen *im Raum* als reiner

Anschauungs(form) vor und brächte damit zumindest eine Teilmenge synthetisch-apriorischer Sätze zustande. Von der Mathematik meint Kant, sie brächte ihre ebenfalls nach Maßgabe der Verstandesregeln erfolgenden Synthese *in* der *Zeit* (dimension) als der anderen Form reiner Anschauung zustande. Broad (1978, S. 66 ff.) vermutet, Kant habe bei dieser Perspektive auf die Mathematik an elementare Zählvorgänge gedacht.[40] Auf das fleißige Abzählen passe die Vorstellung einer Abfolge in der Zeit. Und wie die anschaulich gezeichnete Linie nur eine schwache Annäherung an die idealen Synthesen hergibt, bedeuten die äußerlichen Veranschaulichungen mathematischer Operationen – etwa die Mengendiagramme der modernen Schulmathematik – nur eine Annäherung an den entschieden weiterreichenden Vorgang der Zeitsynthesen:

»Der arithmetische Satz ist also jederzeit synthetisch; welches man desto deutlicher inne wird, wenn man etwas größere Zahlen nimmt, da es denn klar einleuchtet, daß, wir möchten unsere Begriffe drehen und wenden, wie wir wollen, ohne die Anschauung zu Hülfe zu nehmen, vermittelst der bloßen Zergliederung unserer Begriffe die Summe niemals finden könnten.« (II 56 f./B 16)

Die professionellen Abstandnahmen von dieser Ansicht Kants sind noch entschiedener als die von anderen seiner Lehrstücke. Doch ich kann hier nicht in allen Einzelheiten auf die Kritiken und Gegenkritiken der transzendentalphilosophischen Lehre von Mathematik und Geometrie eingehen. Der Vertiefung des Verständnisses dient vielleicht die Stellungnahme zum naheliegendsten Kritikpunkt: Wieso sollen uns Mathematik und Geometrie mit synthetischen Urteilen a priori über die Welt versehen können? Als Konstruktionen *in* reiner Anschauung, in Raum und Zeit, bleiben sie auch dann rein formal (gegenstandsenthoben), wenn man die problematische Unterscheidung von Kategorien und Anschauungsformen mitvollzieht. Raum und Zeit sind ja ihrerseits nur reine *Formen* unserer sinnlichen Eindrucksfähigkeit. Wieso sollen die Sätze der Mathematik und Geometrie dann erfahrungserweiternde Sätze *über die Welt* sein?

Ich denke, daß eine Reihe von Überlegungen Kants in die Richtung folgender Antwort zielen: Die ›Transzendentale Aesthetik‹ hat uns gezeigt: Alle Erscheinungen treten notwendigerweise im Fadenkreuz von Raum und Zeit auf. Durch das Nadelöhr der Anschauungsformen muß jeder empfindsame Eindruck hindurch! Z.B. der »Raum kann nicht anders als im Verhältnis der Unmöglichkeit seines Nichtseins vorgestellt werden. Eben dies: den Raum vorstellen zu können und doch als nicht-seiend – das ist es, wozu unserem Vorstellungsvermögen in der Tat die Mittel fehlen« (Ebbinghaus in Prauss 1973, S. 49). Jede Anschauung, die wir haben, ist mithin von vornherein raumzeitlich geformt. Infolgedessen gelten alle Konstruktionen, die wir – geleitet von den Kategorien – *in* den reinen Anschauungsformen Raum und Zeit vornehmen, *immer auch* (apriori) von *unseren einzelnen, eindrucksvollen Vorstellungen*! M.a.W.: Synthetische Urteile a priori sind möglich, weil wir Synthesen gemäß Verstandesregeln a priori in *reiner* Anschauung vornehmen können. Deren Ergebnisse gelten deswegen auch für die *sinnliche* Anschauung, weil eine *jede* Anschauung nach den Ordnungsfunktionen der Raum-Zeit-Formen und den spontanen Synthesisregeln des Verstandes zur Erkenntnis eines *Dinges als Erscheinung* gefügt wird! Wenn alle konkreten Erscheinungen von vornherein nur in Raum-Zeitkoordinaten auftreten können und notwendigerweise auftreten müssen, dann gelten alle *Synthesen*, die in den Anschauungsformen Raum und Zeit vorgenommen werden, notwendigerweise auch von den einzelnen sinnlichen, inhaltlichen Anschauungen! Die synthetischen Sätze der Mathematik gelten daher a priori von den Gegenständen als Erscheinung, womit ein Beispiel für erfahrungserweiternde Erkenntnis aus reiner Vernunft vorläge.

Natürlich stößt diese äußerst strittige Wende, die wir dem Problem gegeben haben, auf entschiedenen Widerstand. Wird damit etwa im Ernst behauptet, ein jedes Phänomen ließe sich auf irgendeine Art und Weise mathematisieren? »Mathematik ist eine Sprache. Man kann über alles ein Gedicht machen; man kann aber auch alles mathematisieren.« (Mehrtes 1982, S. 10) Doch darüber streiten sich die Gelehrten. Ich gebe im folgenden nur stellvertretend ein berühmtes Beispiel dafür, wie sich das, was ich mühselig aufgebaut habe, umstoßen läßt.

Kritisches Beispiel 3:
Von der Mathematik in die Wirklichkeit?

Kants Lösungsvorschläge für das Problem synthetisch-apriorischer Sätze hängen in letzter Instanz von seinen Ansichten über Mathematik und Geometrie ab. Sie stoßen auf wenig Gegenliebe bei den Anhängern der sogenannten ›Analytischen Philosophie‹. Deren Grundposition läßt sich am kürzesten so kennzeichnen, daß sie – anders als Kant, der auf das Selbstbewußtsein (Ich) und die Fakultäten des allgemeinen Vernunftvermögens abstellt – die klärende *Analyse* von Alltags- und Wissenschaftssprachen in das Zentrum des Philosophierens rücken. Das hat ihnen zwar bald, heutzutage verschärft, Vorwürfe aus dem eigenen Lager eingetragen: »Die Tendenz ist dahin gegangen, die Sprache als eine selbstgenügsame Welt zu behandeln, die an keinem Punkt mit der äußeren Welt verkoppelt werden kann, an die wir alle glauben... Es ist nicht unsere Methode allein, die abstößt, sondern die Tatsache, daß wir vorzugsweise daran interessiert sind, sie zu *illustrieren*, mit einfachen und oft trivialen Beispielen, statt sie auf bedeutsamere und schwierige Probleme anzuwenden.« (Moody 1975, S. 310 f.) Doch angesichts der wissenschaftlich-technischen Zivilisation, in der zu leben wir das manchmal etwas begrenzte Vergnügen haben, wird man das Verhältnis von Mathematik und Wirklichkeit zu eben diesen schwierigen Problemen rechnen dürfen.

»Mathematik ist eine Sprache!« – und keine synthetische Konstruktionsübung in der Zeitdimension – diese These würden die modernen Sprachanalytiker vorbehaltlos unterschreiben. Genauer: »Mathematik ist eine Wissenschaftssprache« und *das* Musterbeispiel einer Präzisionssprache. Wenn man das Kantsche Schema zur Einteilung wissenschaftlicher Aussagen überhaupt noch anwenden könne, dann müsse sich ein Kantianer endlich mit dem Gedanken vertraut machen: Mathematik und Geometrie bauen sich durchweg aus *analytischen Sätzen a priori* auf. Das ließe sich schon am Unterschied der beiden elementaren Satzklassen 1.) *Theoremen* und 2.) *Axiomen* ausweisen, die gerade für Präzisionssprachen kennzeichnend sind.

Theoreme sind mit Hilfe streng logischer Transformationsregeln aus Voraussetzungen *abgeleitete* Sätze, also *analytisch*. Von den obersten vorausgesetzten Sätzen, den *Axiomen*, wird gerade im Falle der Mathematik und Geometrie des öfteren gesagt, sie enthielten weder etwas von empirischer, geschweige denn von Kants mysteriöser »reiner« Anschauung (vgl. Strawson 1972, S. 279). Bei ihnen handele es sich um »rein formale« (damit analytische), »völlig ungedeutete«, also inhaltsleere (semantikfreie) Postulate wie ›a·b‹. Ein *unbestimmtes* Etwas, für das das Symbol »a« steht, soll mit einem ebenso unbestimmten Etwas »b« verknüpft werden – vorausgesetzt, man liest ».« als den logischen Operator »und«. »Gehaltvoll« werde ein solches System ungedeuteter Zeichen, Verknüpfungs- und Ableitungsregeln erst im Nachherein (a posteriori), nämlich erst dann, wenn man ihm z.B. mit Hilfe von sog. »Korrespondenzregeln« erfahrungsbezogene Bedeutungen (Bezüge auf Sachverhalte) zuordne. Man setze für »a« z.B. »Napoleon« ein, für ».« das Partikel »und«, für »b« schließlich »Wellington« und man erhält einen nicht sehr tiefschürfenden, jedenfalls gegenstandsbezogenen (aposteriorischen) Erfahrungssatz.

Auf nicht sehr viel andere Weise läßt sich auch erklären, wieso die formalen Übungen der Mathematik »auf die Wirklichkeit passen«. Eine hervorragend klare Illustration dieser Grundposition und zugleich ein besonders einflußreiches Standardbeispiel für Abgrenzungen gegen Kants Lehre von den synthetisch-apriorischen Urteilen der Mathematik findet sich in dem Aufsatz von Sir Karl Popper: »Why are the Calculi of Logic and Arithmetic Applicable to Reality?« (1965, S. 201–214)

Gehen wir mit Popper von einem einfachen mathematischen Satz aus, wie ihn Kant bevorzugt: »7 + 5 = 12« oder »2 + 2 = 4«. Niemand will ernsthaft leugnen, daß diese und andere Sätze der Mathematik unser Wissen über die Welt unter bestimmten Voraussetzungen erweitern können. Aber anstatt zu fragen: Wie sind derartige, angeblich synthetische Urteile a priori möglich, sollte man sich nach Popper viel eher die Frage stellen: Wieso lassen sich die rein formalen und völlig ungedeuteten Symbolsysteme der Logik und Arithmetik überhaupt auf die Wirklichkeit anwenden? Verleihen wir dazu unserem Beispielsatz: »2 + 2 = 4« eine Fassung, wie er in der Elementarschulmathematik üblich ist: »2 Äpfel + 2 Äpel = 4 Äpfel«. Nach Popper verlangt diese fruchtige und angewandte (applied) Version des Ausgangssatzes die Beachtung zweier Gesichtspunkte:

1.) Der Satz »2 Äpfel und 2 Äpfel sind 4 Äpfel« ist im üblichen mathematischen Sprachspiel *notwendigerweise und unwiderlegbar wahr*! – dies allerdings aus rein sprachlichen bzw. logischen, damit aber *analytischen* Gründen. Die mathematische Präzisionssprache legt ja für alle ihre Benutzer (im dekadischen System) ohne erlaubte Ausnahme fest: $2+2=4$! Doch so gelesen, handelt es sich nicht um eine Aussage über Äpfel, sondern das Ergebnis hinter dem Gleichheitszeichen ergibt sich streng logisch-analytisch als Folgerung aus mathematischen Axiomen!

2.) Natürlich will man den Ausgangssatz als Aussage über Äpfel lesen. Dann sagt er uns allerdings nur: Wenn jemand zwei und nur zwei Äpfel in einen Korb und danach (Zeit!) noch zwei weitere geworfen hat, dann wird er mit allergrößter Wahrscheinlichkeit vier Äpfel im Korb vorfinden. Doch in diesem Falle steht »+« nicht für die mathematische Operation des Addierens, sondern für die *physikalische Operation des Hinzufügens*! Damit hat der Satz »$2A+2A=4A$« aber den Charakter einer *physikalischen Hypothese über Äpfel*, weil für »A« Äpfel als primäre Substanzen eingesetzt wurden! Und daraus folgt: Es handelt sich um eine *empirische*, um eine *synthetisch-aposteriorische* Aussage! Um das zu begreifen, lasse man nur zwei Tropfen in ein Glas fallen und füge zwei Tropfen hinzu: »$2T+2T=4T$«? Nicht, wenn T mit »Tropfen« operationalisiert, als Symbol für Tropfen gesetzt wird; denn man findet bestimmt keine vier abzählbaren Tropfen im Wasserglas vor. Popper drückt dies so aus: Die *physikalisch* definierte Operation »+« ist bei Wassertropfen nicht auf die gleiche Weise darstellbar wie bei Äpfeln.

Mathematische Strukturen mögen auf die eine oder andere Weise immer auf die Wirklichkeit anwendbar sein, aber in ihrer Gestalt als physikalische Hypothesen entscheidet die *Erfahrung* wie und inwieweit sie anwendbar sind. Das Äpfel- und Tropfenspiel stützt sich sicherlich auf erfahrungserweiternde, synthetisierende Urteile. Doch wird in diesen Fällen nach Popper S und P nicht in reiner Anschauung *verknüpft*, sondern an empirischer Anschauung *überprüft*.

Sind Kants Probleme damit vom Tisch? Hat er sich nur mit Scheinproblemen herumgeschlagen? Etwas Vorsicht scheint immer noch am Platz. Was wäre, wenn die Rede vom »völlig ungedeuteten Kalkül« wirklich ernst genommen würde? Satz (s): »⊔⨉⊑« versteht sich als *völlig* ungedeuteter Kalkül; denn warum sollte man das Gebilde ausgerechnet als Verknüpfung zweier Symbole durch ein Verknüpfungszeichen⨉ lesen? Es könnte auch Chinesisch... sein. »Formal« heißt gar nicht »inhaltsleer« (semantikfrei), sondern bestenfalls: »hoch abstrakt«. Etwas »Anschauung« bleibt immer im Spiel. Demgegenüber bedeutet (s) eine willkürliche Konstruktion.

Anders sieht es bei der abstrakten logischen Formel »Fx« aus. Ich kann »Fx« u.U. gar nicht verstehen oder lesen, wenn ich nicht von vornherein (a priori) den Gedanken an *Einzeldinge in Raum und Zeit* (primäre Substanzen) investiere. Denn »Fx« heißt: Irgendein x hat die Eigenschaft (sekundäre Substanzen/Akzidentien) F.

Am Ende sagt Popper auch nichts anderes: Man setze beispielsweise da, wo bei Kant »Kategorien« steht, eine der Wendungen ein, die Popper dem Begriff »Sprache« gibt. Dann hätte Kant mit Sicherheit nichts dagegen gehabt, anzunehmen, die Sprache sei (u.a.) ein Instrument für die Beschreibung und den Umgang mit »physikalischen Körpern mittlerer Größe und in ziemlich langsamer Bewegung« (Popper 1965, S. 213). Legt uns die Alltagssprache doch alle und notwendigerweise auf die Anschauung raum-zeitlicher Dinge fest?

Gewiß, zur schwierigen Konstruktion *reiner* Anschauung wird damit kein Beitrag geleistet. Doch wie verhält es sich eigentlich mit Neuentdeckungen in der Mathematik? Da gibt es eine Reihe von Befunden, die sich *nicht* auf die einschlägigen, schon bekannten Postulate (Axiome) zurückführen lassen. Angesichts dieser Sachlage sind immerhin zwei Einstellungen möglich: Entweder man akzeptiert derartige Befunde als echte Erweiterungsurteile, die irgendwie möglich sein müssen, oder man verschiebt das Problem, indem man locker verspricht, irgendwann später würde die Herleitung der neuen Befunde aus den alten Axiomen schon zustande gebracht. Dann - in einer heute zu nichts verpflichtenden Zukunft - wären sie analytisch. Doch selbst wenn man der Mathematik echte Erweiterungsurteile attestieren könnte, wäre noch lange nicht ausgemacht, daß sie zwangsläufg auch unser Weltwissen im Stile synthetischer Urteile a priori erweitern.

Aber, was meint Popper eigentlich, wenn er schreibt: »Der Gebrauch eines arithmetischen Kalküls erlaubt uns, Beziehungen zu beschreiben, die ohne ihn schlicht nicht beschrieben werden können.« (Ebd.) Der Gebrauch einer mathematischen Struktur erlaubt es uns, Beziehungen in der Wirklichkeit zu beschreiben, die ohne ihn nicht beschrieben werden könnten? Versteht sich der mathematische Kalkül so als Bedingung der Möglichkeit erweiterter gegenständlicher

Erfahrung? So ganz kann ich mich nicht des Eindrucks erwehren, daß man es selbst im Falle der synthetischen Urteile a priori Kants mit einer lobenswerten Empfehlung von Sir Karl halten sollte: »Wenn immer es jemandem gelingt, ein Problem auf ein Scheinproblem zurückzuführen, frage ich mich sofort, ob man nicht eine andere Interpretation des Originalproblems finden könnte - eine Interpretation, die - wenn möglich - zeigt, daß sich, vom Pseudoproblem abgesehen, ein wirkliches Problem hinter dem originalen verbirgt.« (Ebd., S. 205)

Kapitel 6
Zur Analytik der Grundsätze

Kant-Lektüre: KrV II 183-204 (A 130-162; B 169-202)

Der Teil des aristotelischen »Organon«, seiner Logik also, welcher mit Begriffen, Urteilen und Schlüssen befaßt ist (vgl. II 183), wird auch *Analytik* genannt. Ihr Thema sind die formalen Regeln der Begriffsbildung, des Urteils und des Schlußfolgerns. Doch im Unterschied zur formalen Logik konzentriert sich die transzendentale auf die Grundfrage nach der Möglichkeit synthetischer Erkenntnis a priori:

> »Die Erklärung der Möglichkeit synthetischer Urteile ist eine Aufgabe, mit der die allgemeine Logik gar nichts zu schaffen hat, die auch sogar ihren Namen nicht einmal kennzeichnen darf. Sie ist aber in einer transzendentalen Logik das wichtigste Geschäft unter allen, und sogar das einzige, wenn von der Möglichkeit synthetischer Urteile a priori die Rede ist, imgleichen den Bedingungen und dem Umfang ihrer Gültigkeit.« (II 198/A 154; B 193)

Als *Analytik* nimmt die Transzendentallogik jene zweite Hauptfrage bei der transzendentalen Deduktion der reinen Verstandesbegriffe auf, die oben (vgl. Kap. 4) allenfalls am Rande behandelt wurde: Anschauungen ohne Begriffe sind blind, Begriffe ohne Anschauung leer. Wie spielen dann aber Verstand und Sinnlichkeit bei der Ermöglichung allgemeinverbindlicher und notwendiger Gegenstandserkenntnis zusammen?

Die transzendentale Deduktion der Stammbegriffe hat ja nur ganz allgemein gezeigt, wie die Kategorien Bedingungen der Möglichkeit von *Gegenständen als Erscheinung* sein können. Mithin fehlen nicht allein Hinweise auf das Ineinandergreifen von Sinnlichkeit und Verstand, sondern auch Einsichten in die Beiträge der *einzelnen* Kategorien zur Gegenstandserkenntnis.

»Die *Analytik der Grundsätze* wird demnach lediglich ein Kanon für die *Urteilskraft* sein, der sie lehrt, die Verstandesbegriffe, welche die Bedingung zu Regeln a priori erhalten, auf Erscheinungen anzuwenden.« (II 184/A 132; B 171)

Offensichtlich wird die transzendentale Analytik hier als eine »Transzendentale Doktrin der Urteilskraft« verstanden (vgl. II 187). Hat sich damit die Zahl der Seelenvermögen um ein weiteres vermehrt? In der Tat könnten wir artige und umfangreiche Überlegungen anstellen, wie sich die *Einbildungskraft* (vgl. II 117) zur *Urteilskraft* (vgl. II 132, 187) und beide wiederum zu *Sinnlichkeit*, *Verstand* und *Vernunft* verhalten. Das Unternehmen würde raumfüllend und etwas scholastisch ausfallen. Um Platz zu sparen, sparen wir die Frage aus, ob nun Einbildungs- oder Urteilskraft als gleichrangige Vermögen eingeführt werden oder nicht. Es sei hier schlicht unterstellt, sie stünden für zwei *Probleme*:

1.) »Einbildungskraft« steht als Platzhalter für all die Fragen und Vorgänge beim Zusammenspiel von Sinnlichkeit und Verstand, insoweit es *um die Synthesis einer Mannigfaltigkeit von Vorstellungen geht*:

»Nun ist das, was das Mannigfaltige der sinnlichen Anschauung verknüpft, Einbildungskraft, die vom Verstande der Einheit ihrer intellektuellen (= kategorialen – C.D.) Synthesis, und von der Sinnlichkeit der Mannigfaltigkeit der Apprehension nach abhängt.« (II 156 f./B 164)

2.) »Urteilskraft« steht demgegenüber als Platzhalter für all die Fragen und Vorgänge beim Zusammenspiel von Sinnlichkeit und *Verstand, soweit es um die Anwendung einzelner Kategorien auf reine und/oder empirische Anschauungen geht.* Verstandesbegriffe enthalten »die Bedingung zu Regeln a priori«; diese Stammbegriffe auf Erscheinungen anzuwenden ist ein Problem der Urteilskraft.

»Wenn der Verstand überhaupt als das Vermögen der Regeln erklärt wird, so ist Urteilskraft das Vermögen, unter Regeln zu *subsumieren*, d.i. zu unterscheiden, ob etwas unter einer gegebenen Regel (casus datae legis) stehe, oder nicht.« (II 184/A 132; B 171)[41]

Noch mehr Kopfzerbrechen als die alte Fakultätenpsychologie bereitet Kant seinen modernen Kritikern mit der Ansicht, eine Erfahrungswissenschaft wie die Physik stütze sich nicht nur auf *empirische Hypothesen* und *analytisch-apriorische* Satzmengen der Mathematik, sondern auch auf eine bestimmte Anzahl synthetisch-apriorischer Urteile, die er *Grundsätze* (Prinzipien) nennt. Ein prominentes Beispiel dafür ist nach Kant das *Kausalprinzip*: »Alle Veränderungen geschehen nach dem Gesetze der Verknüpfung der Ursache und der Wirkung«. Einen Grundsatz wie diesen versteht Kant als ein Urteil *a priori*, weil aller Naturerfahrung als Bedingung ihrer Möglichkeit vorgeordnet. Ohne das Kausalprinzip könne es gar keine Erkenntnis von Zusammenhängen zwischen Gegenständen (als Erscheinung) in der Welt draußen geben. Als apriorischer Satz sei es überdies notwendig und allgemeinverbindlich. Gleichzeitig sei er aber auch synthetisch: Weder durch Begriffs- oder Satzanalyse, noch per Deduktion aus höheren Sätzen zu gewinnen, geschweige denn – wie Hume annahm – Ergebnis einer regelmäßigen Wahrnehmung nacheinander auftretender Ereignisse, an deren Zusamenhang wir uns gewöhnt haben (vgl. II 194 ff.).[42] Die These, es sei ein synthetisches Urteil a priori, hängt allerdings entscheidend an der Rolle der Kategorien bei dieser Art von Sätzen. Hinweise darauf sind noch einen Augenblick aufzuschieben.

Von Aristoteles' Einteilung der Logik her gesehen, wird mit den Prinzipien der Bereich der *Urteile* betreten, der der *Begriffe* (Kategorien) aber nicht einfach verlassen. Denn die Analytik der Grundsätze bleibt insofern eine »Doktrin der Urteilskraft«, also mit der Frage der Anwendung einzelner Stammbegriffe auf Anschauungen befaßt, als Prinzipien für Kant synthetisch-apriorische Urteile darstellen, in die jeweils eine der zwölf Kategorien maßgebend eingesetzt wurde. Beim Beispiel des Kausalprinzips tritt ja offenkundig die Kategorie 3b aus der Kategorientafel (II 118 f.), die Kategorie mit dem Sinngehalt: »Kausalität und Dependenz (Ursache und Wirkung)« an die Prädikatstelle (Se*P*) des Satzes auf: »Alle Veränderungen geschehen nach dem Gesetze der *Verknüpfung der Ursache und der Wirkung*«. Wenn man sich an den ersten Ableitungsschritt der Kategorien, an die metaphysische Deduktion der reinen Verstandesbegriffe erinnert, fällt es nicht schwer, auf den Leitfaden zur Gewinnung der Grundsätze zu kommen: Weil immer einer der zwölf Stammbegriffe eingesetzt wird, müßte uns die ›Transzendentale Analytik‹ eigentlich parallel zur Tafel der zwölf Stammbegriffe ein Dutzend Grundsätze vorführen. Das ist nicht der Fall! Kant konnte seine Architektonik nicht streng durchhalten. So sieht er sich beispielsweise gezwungen, die erste Kategoriengruppe, also die drei Kategorien der Quantität, in *ein* Prinzip zu verdichten, das unter der Überschrift »Axiome der Anschauung« so aufgeschrieben wird: »Alle *Anschauungen* sind *extensive Größen*.« (II 204/B 202) Auch die nächste Kategoriengruppe, die Kategorien der Qualität, werden in *einem* Prinzip, den sog. »Antizipationen der Wahrnehmung«, zusammengefaßt: »Das Prinzip derselben ist: In allen Erscheinungen hat das Reale, was ein Gegenstand der Empfindung ist, intensive Größe, d.i. einen Grad.« (II 208/B 207)

Unmöglich bleibt es, auf jeden einzelnen Grundsatz und jeden Gültigkeitsbeweis einzugehen, den Kant zur Absicherung der Prinzipien heranzieht. Auffällig ist jedoch, daß die Kategorien – vergleicht man sie mit ihrer ursprünglichen Fassung in der Tafel – in einer veränderten Form in diese synthetischen Urteile a priori eingesetzt werden. Die Kategorie 3a beispielsweise versteht sich in der Tafel der Stammbegriffe als ›substantia et accidens‹. Lesen wir den an die entsprechende Stelle (=3a) gehörenden ersten Grundsatz der »Analogien der Erfahrung«, so finden wir: »*Bei einem Wechsel* der Erscheinungen *beharret die* Substanz, *und das Quantum derselben wird in der Natur weder vermehrt noch vermindert.*« (II 220/A 182; B 224) Was immer damit im Detail gemeint sein sollte, die ›Substanz‹ ist nun etwas *in der Zeit* Beharrendes, sich in zeitlichen Veränderungen Durchhaltendes. Augenfällig ist also die durchgängige Berücksichtigung von *Zeit*bestimmungen! Dahinter steht wiederum eines jener Lehrstücke Kants, an dem sich die Deutungsvorschläge ebenso wie die Wertschätzungen in alle Himmelsrichtungen gabeln: die Lehre von den *transzendentalen Schemata* der Vernunft (vgl. II 187ff./A 137 ff.; B 176 ff.). Ich erlaube mir, mich an folgenden Deutungsvorschlag anzulehnen:

Wo immer man bei der Lektüre der ›Transzendentalen Analytik‹ stecken mag, stets geht es auch um »die Möglichkeit zu zeigen, wie *reine Verstandesbegriffe* auf Erscheinungen überhaupt angewandt werden können« (II 187). Die transzendentale Analytik bleibt eine Doktrin der Urteilskraft, die mit dem leidigen Sachverhalt rechnen muß, daß »der menschliche Verstand... bloß denkt, nicht anschaut« wie die Sinnlichkeit. Das Zusammenspiel von Sinnlichkeit und Verstand, von Kategorien und Sinndesdaten (reiner und/oder empirischer Anschauung) ist ein *Problem*! Keineswegs ein überholtes! Heute wird es beispielsweise in der Version behandelt, wie theoretische Sätze und Begriffe mit Beobachtungsergebnissen, etwa sog. »Protokollsätzen«, zusammengeschlossen werden könnten.

»Nun sind aber reine Verstandesbegriffe, in Vergleichung mit empirischen (ja überhaupt sinnlichen) Anschauungen, ganz ungleichartig, und können niemals in irgend einer Anschauung angetroffen werden. Wie ist nun die *Subsumtion* der letzteren unter die erste, mithin die *Anwendung* der Kategorie auf Erscheinungen möglich, da doch niemand sagen wird: diese, z.B. die Kausalität, könne auch durch Sinne angeschaut werden und sei in der Erscheinung enthalten?« (II 187/A 138; B 176)

Wenn die *begrifflichen* (kategorialen) Voraussetzungen der Erkenntnis tatsächlich zu einer völlig anderen logischen Klasse gehören als die unter der Überschrift »Sinnlichkeit« versammelten Erkentnisbedingungen und -prozesse, ist es klar,

»daß es ein Drittes geben müsse, was einerseits mit der Kategorie, andererseits mit der Erscheinung in Gleichartigkeit stehen muß, und die Anwendung der ersteren auf die letzte möglich macht. Diese vermittelnde Vorstellung muß rein (ohne alles Empirische) und doch einerseits *intellektuell* (verständig – C.D.), andererseits *sinnlich* sein. Eine solche ist das *transzendentale Schema.*« (Ebd.)

Entworfen wird es also gleichsam wie eine – wenn auch empfindungsfreie – Schnittmenge (»das Dritte«) zweier getrennter Mengen. Anders gesagt: Wenn *theoretische* Sätze nicht als bedeutungsgleich mit *Erfahrungssätzen* (Sätze, welche das Ergebnis z.B. von Beobachtungen ausdrücken) ausgewiesen werden können, bedarf es entweder einer »vermittelnden Vorstellung«, durch die sie aufeinander bezogen werden können, oder einer mehr »äußerlichen« Beziehung wie die, wenn reine Postulate der Korrespondenz zwischen Theorie- und Beobachtungsaussage aufgestellt werden. Kant stellt auf transzendentale Schemata als *vermittelnde* Vorstellungen ab.

Erstes Hauptmerkmal von transzendentalen Schemata ist demnach ihr Charakter als eine »Vorstellung«, die zwischen Kategorien und Anschauungen als »Drittes« (Tertium) *vermittelt*.

Ein zweites Hauptmerkmal können wir im Anschluß an die Kategorie der »Kausalität« einführen. Welche Berechtigung haben wir zu Aussagen wie »x ist die Ursache von y«? Hume und Kant betonen beide: Die *ursächliche Beziehung* zwischen x und y *als solche* läßt sich nicht beobachten, nicht sinnlich wahrnehmen. Beobachtbar ist nach Hume allein der Sachverhalt, daß x und y regelmäßig nacheinander oder miteinander auftreten. Daran gewöhnen wir uns und sprechen dann von einer bestimmten »Kausalbeziehung«. Allerdings erlaubt uns die Beobachtung des regelmäßigen Mit- und Nacheinanderauftretens von Ereignissen allein Urteile über *kontingente*, nicht jedoch über *notwendige* Beziehungen zwischen ihnen. Von Hume aus seinem dogmatischen Schlummer gerissen, muß Kant die Kernfrage der ›Transzendentalen Analytik‹ entscheidend zuspitzen: Wie läßt sich eine allgemeine (abstrakte) Kategorie wie ›Kausalität‹ auf konkretes Anschauungsmaterial beziehen und dabei ein *notwendiger* Zusammenhang zwischen Ereignissen behaupten? Diese Zuspitzung spiegelt sich sehr deutlich in der These wider, die transzendentalen Schemata als Vermittlungsglieder zwischen Kategorien und Vorstellungen müßten *rein* (»ohne alles Empirische«) sein. Das bezeichnet noch nicht die Lösung des Problems, aber die Anforderung der »Reinheit« an die Schemata.

Ein drittes Hauptmerkmal, zugleich das entscheidende, haben wir schon beim ersten Grundsatz der »Analogien der Erfahrung«, also im Zusammenhang mit der Kategorie *Substanz* kennengelernt: So wie ›Kausalität‹ über das zeitliche Nacheinander oder die Gleichzeitigkeit in das entsprechende Prinzip eingeht (s. auch die Zeitbestimmung der »Veränderung« beim Kausalbegriff), taucht »Substanz« als *in der Zeit* Beharrendes im ersten Grundsatz der Analogien der Erfahrung auf! Man kann daran recht gut ablesen, was mit einem *transzendentalen Schema* gemeint ist, nämlich eine bestimmte Weise der Synthesis *reiner* ZEIT-Bestimmungen, einer Synthesis, die zugleich nach den Regeln der jeweiligen Kategorie als Steuerungsprinzip erfolgt. Transzendentale Schemata sind Verknüpfungsmuster von Einzelheiten *in der reinen*, unabhängig vom Empfindungsstoff angeschauten *Anschauung*sform der ZEIT gemäß einer Synthesisregel des Verstandes. Wie Broad (1978, S. 98) es zusammenfaßt: »Vom transzendentalen Schema einer Kategorie wird angenommen, es sei etwas, was durch die Einbildungskraft hervorgebracht wird, die Elemente synthetisiert, die *rein zeitlich* und nicht sinnlich gegeben sind, gemäß der Regel, von der uns die Kategorie einen Begriff gibt.« ZEIT ist ganz offensichtlich die Dimension, die Mitte, in der sich Sinnlichkeit und Verstand treffen können, ZEIT ist die Hauptdimension der Darstellung eines transzendentalen Schemas!

Auf die Gründe dafür, warum ausgerechnet die *reine* Anschauungsform der ZEIT in diese Sonderrolle als Nahtstelle zwischen Spontaneität und Rezeptivität einrückt, sind wir schon gestoßen (vgl. Kap. 2): ZEIT ist Form der Anschauung a priori, andererseits aber auch die (reine) Form des »inneren Seins«. Da wir nicht die Dinge an sich, sondern immer nur Dinge als Erscheinung allgemeinverbindlich und notwendig erkennen können, sind ZEIT-Bestimmungen bei *allen* unseren Vorstellungen im Spiel (anders als beim Raum als der Anschauungsform des »äußeren Seins«, in dem nach Kant ja nur ein *Teil* unserer Vorstellungen als Vorstellung äußerer Gegenstände auftritt).

»Daher wird eine Anwendung der Kategorie auf Erscheinungen möglich sein, vermittelst der transzendentalen Zeitbestimmung, welche als das Schema der Verstandesbegriffe, die *Subsumtion* der letzteren und die erste vermittelt.« (II 188/A 139; B 178)

Über die Steuerung von Synthesen der Einzelheiten *in* der *reinen* Anschauungsform der Zeit vermitteln sich die Verstandesbegriffe mit der Ebene der Sinnlichkeit. Um die Mittlerrolle der Schemata zu illustrieren, sei zur Abwechslung einmal die Kategoriengruppe 4 (»Kategorien der Modalität«) ins Visier genommen:

Kategorien der Modalität	*Schemata*
1) Möglichkeit	1) Existenz zu einer oder zu einer anderen Zeit
2) Dasein (Aktualität)	2) Existenz zu einer bestimmten Zeit
3) Notwendigkeit	3) Existenz zu allen Zeiten

Es bedarf nur einer kurzen Überlegung, was man sich alltagssprachlich bei »Möglichkeit« etc. denkt, um einzusehen, daß die Schemata durchaus einleuchtende Übersetzungen des Gemeinten in Zeitbestimmungen darstellen. »Dasein« hat ein x (hier und) jetzt oder im *Zeitraum* t_0-t_1, also zu einer bestimmten Zeit!

Man könnte nach diesem Vorbild die gesamte Kategorientafel durchgehen und die Zeitschematisierungen der Stammbegriffe vorführen. Doch sei es bei der Erinnerung daran belassen, daß die *Grundsätze* durch die Verwendung jeweils einer der zwölf *zeitschematisierten* Kategorien zustande kommen sollen. Resultat sind vier

Gruppen von Grundsätzen parallel zu den vier Kategoriengruppen:

1) Axiome(n) der Anschauung   aus Kategorien der Quantität
2) Antizipationen der Wahr-   aus Kategorien der Qualität
nehmung
3) Analogien der Erfahrung   aus Kategorien der Relation
4) Postulate des empirischen   aus Kategorien der Modalität
Denkens überhaupt

Ergebnis sind allerdings nur zehn Grundsätze, weil in den Prinzipiengruppen 1 und 2 keine drei, sondern jeweils nur ein Grundsatz auftaucht.

Was es mit diesen Prinzipien auf sich hat, soll an einem Beispiel aus der Gruppe 3, im Zusammenhang mit den »Analogien der Erfahrung« also, umrissen werden. Auffällig ist zunächst, daß Kant den drei Analogien der Erfahrung als Grundsätzen ihrerseits ein »Prinzip derselben« voranstellt. Man darf dieses vielleicht als den einheitlichen Grundgedanken verstehen, der alle drei Analogien durchzieht und sie zusammenhält. Das vorangestellte Prinzip lautet: »... *Erfahrung ist nur durch die Vorstellung einer notwendigen Verknüpfung der Wahrnehmungen möglich.*« (II 216/A 176; B 218) Am »Beweis«, den Kant zur Erläuterung und Absicherung dieses Prinzips gibt, wird sofort wieder die Rolle der ZEIT in der gesamten Grundsatzlehre deutlich:

> »Da aber Erfahrung ein Erkenntnis der Objekte durch Wahrnehmungen ist, folglich das Verhältnis im Dasein des Mannigfaltigen, nicht wie es in der Zeit zusammengestellt wird, sondern wie es objektiv in der Zeit ist, in ihr vorgestellt werden soll, die Zeit selbst aber nicht wahrgenommen werden kann, so kann die Bestimmung der Existenz der Objekte in der Zeit überhaupt, mithin nur durch a priori verknüpfende Begriffe geschehen.« (Ebd.)

Kant erinnert an dieser Stelle an eine Reihe für die »transzendentale Deduktion der reinen Verstandesbegriffe« ausschlaggebender Unterscheidungen: Gegenstände an sich können wir nicht erkennen, nur Gegenstände als Erscheinung (phainomena). Wenn es trotz dieser Einschränkung zu notwendigen und allgemeinverbindlichen Urteilen über »Objekte draußen« soll kommen können, müssen wir es fertigbringen, zwei Arten von Beziehungen zwischen Anschauungen (Wahrnehmungen) *abzugrenzen*: a) Die zeitlichen Beziehungen zwischen *Objekten* selbst, die *mittels* der Wahrnehmung aufgefaßt werden und b) die zeitlichen Beziehungen zwischen den bloß subjektiv gereihten Elementen der inneren Wahrnehmung und Empfindung. Anderenfalls wäre keine Erkenntnis von *Objekten* möglich.

Nun haben wir im Verlauf der transzendentalen Deduktion die Kategorien als apriorische, allgemeinverbindliche und notwendige Voraussetzungen dafür kennengelernt, die Unterscheidung von Ich und Nicht-Ich, von Subjektivität und Objektivität, zu bewerkstelligen. Überdies, so zeigte sich, ist durch die Zeitschematisierung ihre Steuerungsrolle bei der Synthesis der allemal zeitbestimmten Empfindungen des inneren Sinns gesichert. Also kann in der Tat »die Bestimmung der Existenz der Objekte in der Zeit nur durch a priori verknüpfende Begriffe geschehen« (II 216). Da die Kategorien »jederzeit zugleich Notwendigkeit bei sich führen, so ist Erfahrung nur durch eine Vorstellung[43] der notwendigen Verknüpfung der Wahrnehmung möglich« (ebd). So lautet jedenfalls das Prinzip der Analogien. Ihm kann man überdies ein, wenn nicht *das* Grundmerkmal aller Grundsätze entnehmen: Kant versteht die Grundsätze als »naturwissenschaftliche«[44] Urteile, die wir alle notwendigerweise als gültig annehmen müssen, wenn wir über Art und Weise nachdenken, wie wir überhaupt Naturerfahrungen machen können. Wir müssen diese Grundsätze nach Kant als allgemeinverbindlich anerkennen, wollen wir uns darüber klar werden, wie Naturerkenntnis überhaupt möglich ist. Dieser These gibt Broad die folgende Fassung: »Es wäre (ohne die Prinzipien - C.D.) unmöglich, überhaupt erkenntnistheoretisch objektive Erfahrungen zu haben, die eigene Identität in der Verschiedenartigkeit der Erfahrungen zu erkennen, von jeder von ihnen zu sagen: ›Das ist meine Erfahrung‹ etc.« (Broad 1978, S. 147 f.)

Die einzelnen »Analogien« der dritten Prinzipiengruppe ergeben sich im Anschluß an die Kategoriengruppe drei, an die *Kategorien der Relation*, die allerdings in ihrer zeitschematisierten Form zu beachten sind. Folgende Tabelle mag die Zusammenhänge verdeutlichen:

Kategorien der Relation	Schema	Grundsatz
1) Inhärenz und Subsistenz	a) Beharren in der Zeit	*1. Analogie:*»Bei allem Wechsel der Erscheinungen beharret die Substanz, und das Quantum derselben wird in der Natur weder vermehrt noch vermindert.« (II 220)
2) Kausalität und Dependenz	b) Folge in der Zeit gemäß einer Regel	*2. Analogie:* »Alle Veränderungen geschehen nach dem Gesetze der Verknüpfung von Ursache und Wirkung.« (II 226)
3) Gemeinschaft (Wechselwirkung zwischen den Handelnden und Leidenden)	c) Regelmäßige Koexistenz von Merkmalen eines Objektes mit denen eines anderen	*3. Analogie:* »Alle Substanzen, sofern sie im Raume als zugleich wahrgenommen werden, sind in durchgängiger Wechselwirkung.« (II 242)

Alle drei Analogien haben ihren gemeinsamen Bezugspunkt in jener Grundfragestellung, welche mit dem »Prinzip derselben« zum Ausdruck kam:

»Wir haben Vorstellungen in uns, deren wir uns auch bewußt werden können. Dieses Bewußtsein aber mag so weit erstreckt, uns so genau oder pünktlich sein, als man wolle, so bleiben es doch nur immer Vorstellungen, d.h. innere Bestimmungen unseres Gemüts in diesem oder jenem Zeitverhältnisse. Wie kommen wir nun dazu, daß wir diesen Vorstellungen ein Objekt setzen, oder über ihre subjektive Realität, als Modifikationen, ihnen noch, ich weiß nicht, was für eine, objektive beilegen?« (II 232/ A 197; B 242).

Strawson (1972, S. 124) gibt dem folgende klärende Wendung: »Es ist, hat man die Argumente der Transzendentalen Deduktion vor Augen, vielleicht sinnfällig genug, daß das Problem darin besteht, zu entdecken, was notwendig ist, um eine zeitliche Abfolge von Erfahrungen (oder Wahrnehmungen) zu Erfahrungen *über* eine objektive Realität zu machen, über eine Realität, bei der andere zeitliche Reihen von Wahrnehmungen gleichermaßen möglich sind«. Damit liegt das Problem ein weiteres mal auf dem Tisch. Aber wie wird es bearbeitet? Wiederum wollen wir uns der Antwort in einigen entschlossenen Schritten annähern, die zugleich einen - wenn auch vereinfachten - Eindruck von Kantischen Beweisgängen bei Grundsätzen, hier: bei der ersten (und zweiten) Analogie geben.

1. Schritt: Alle Anschauungen sind für Kant Eindrücke unseres inneren Sinns. Nach den Ergebnissen der ›transzendentalen Aesthetik‹ unterstehen sie damit allesamt und a priori der Ordnungsfunktion der ZEIT. Doch ist damit zunächst nicht mehr ausgesagt, als daß die Anschauungen in Zeitreihen geordnet auftreten. Also könnte man sich eigentlich eine unendliche Fülle von Möglichkeiten denken, wie diese in der Zeit gereihten Vorstellungen sonst noch verbunden (synthetisiert) werden könnten. Denkbar ist natürlich auch eine Ordnung von Anschauungen im Stile rein subjektiver (willkürlicher) Verbindung zeitlich bestimmter Einzeleindrücke[45]. Das heißt: Das einzelne Subjekt würde auf diese Weise die Anschauungen nur so zusammenfassen, daß keine allgemeinverbindlichen und notwendigen Vorstellungen einer *äußeren Objektwelt* das Resultat sind. Heraus käme mithin nur eine Ordnung, bei der wir Empfindungen eher zufällig gruppiert haben. Immer noch stehen wir vor der Zentralfrage: Wie ist eine Verknüpfung der einzelnen Wahrnehmungen derart möglich, *daß notwendige und allgemeinverbindliche Anschauungen einer äußeren Objektwelt möglich werden?*

2. Schritt: Ein entscheidendes Ergebnis der transzendentalen Deduktion der reinen Verstandesbegriffe lautet: Die Annahme der Vereinheitlichung (Synthesis) der mannigfaltigen Anschauungen in einem ICH ist unabdingbar. Erfahrungen sind immer jemandes Erfahrungen, Erfahrungen eines einzelnen Subjekts, ist die bescheidenste Konsequenz, die sich daraus ziehen ließ.

3. Schritt: Das *Prinzip*, das Steuerungs- oder Aktivitätszentrum aller Vereinheitlichungsvorgänge für Vorstellungen ist in letzter Instanz ebenfalls als dieses Selbstbewußtsein (Ich) zu bestimmen. Wiederum ergab sich eine einfache Konsequenz: Ohne die grundsätzliche Möglichkeit (Fähigkeit) des Subjekts, Erfahrungen *als die seinen* bestimmen zu können, wäre es auch nicht des *Gegenstandsbewußtseins* fähig. Ohne Gegenstandsbewußtsein kein Selbstbewußtsein (die Scheidung von Ich und Nicht-Ich muß vollzogen werden können, damit Erfahrung möglich sei), aber ohne Selbstbewußtsein auch kein Gegenstandsbewußtsein!

4. Schritt: Noch einmal die Kehrseite der gleichen Medaille betrachtet: Ein Selbstbewußtsein wäre nicht möglich, könnte nicht ein jeder von uns (der es sich attestiert) wenigstens einige seiner Vorstellungen als solche von äußeren Gegenständen abgrenzen. Das Subjekt muß in der Lage sein, »äußere Objekte zu identifizieren und zu reidentifizieren« (Wilkerson 1976, S. 83).

Die ersten vier Schritte sind nur Sturmschritte zur Wiederholung einiger Gesichtspunkte der transzendentalen Deduktion. Die Brücke zu den Besonderheiten der *1. Analogie der Erfahrung* läßt sich mit Anmerkungen dazu schlagen, was es wohl heißen könnte, Objekte zu »identifizieren« und zu »reidentifizieren«.

5. Schritt: Auch der Begriff »Identifikation« bindet uns an die alte Zentralfrage: Was heißt es, einen Unterschied zwischen sich (Subjekt) und äußeren Gegenständen (Objekt) zu machen? Was heißt dabei, Objekte voneinander zu unterscheiden?

Der elementare Teil einer *Identifikation* besteht in der Festlegung der Stellung eines Einzeldings (Sachverhalts) im Achsenkreuz von Raum und Zeit. Hier und jetzt ist x der Fall! Man »identifiziert« es nicht zuletzt dadurch, daß man den Ort und den Zeitpunkt (Zeitabschnitt) seines *Daseins* angibt. Die entscheidende Voraussetzung für derartige Identifikationen hat Descartes nachdrücklich betont: Zwei primäre Substanzen können nicht genau zur gleichen Zeit an genau der gleichen Stelle existieren (vgl. auch Hacker 1982).

6. Schritt: Mit dem zweiten Begriff, dem der »Reidentifikation« verbinden sich erweiterte Bedeutungen. »Reidentifikation« meint das Wiedererkennen äußerer Gegenstände, das Wiedererkennen von Dingen und Ereignissen *im Zeitablauf.* Ein jedes Wiedererkennen von x wäre schlechthin unmöglich, müßten wir annehmen, die wahrgenommenen Sachverhalte würden gerade nur so lange existieren, wie wir sie wahrnehmen. Denn hätten Objekte zeitlich nur so lange Dasein, wie wir sie »apperzipieren«, dann gäbe es keine *Unterschiede* zwischen Objekten und Wahrnehmungen. Das heißt: Der Wahrnehmende wäre überhaupt nicht in der Lage, einen *Unterschied zwischen Vorstellungen und Vorstellungsinhalten zu machen.* Damit wäre Erfahrung überhaupt nicht möglich! Also ist die Annahme einer unabhängig vom gerade aktuellen Wahrgenommenwerden *in der Zeit beharrenden Substanz* ein *notwendiges Prinzip.* Damit sind wir aber endlich bei der erfahrungsermöglichenden Funktion von

Grundsätzen angelangt: Die 1. Analogie drückt diese erfahrungser-
möglichende Rolle der zeitschematisierten Kategorien der Substanz
als Prinzip aus: »Bei allem Wechsel der Erscheinungen beharret die
Substanz, und das Quantum derselben wird in der Natur weder vermehrt oder vermindert«. Das ist nicht einfach eine Annahme, sondern für Kant auf die beschriebene Weise ein *Prinzip*, ohne das man
garnicht an die Aufgabe herangehen könnte, Erfahrungen über äußere Gegenstände in der Natur zu machen!

Schritt 6a: Um sie an die Begriffe »Identifikation« und »Reidentifikation« zu koppeln, formuliert Wilkerson die 1. Analogie auf folgende Weise um: »Wenn Objekte unabhängig vom Wahrnehmenden gegeben oder reidentifizierbar sein sollen, müssen sie längeren
Bestand haben als die Wahrnehmungen, durch die sie aufgefaßt werden.« (1976, S. 83)

7. Schritt: Schon die antike Philosophie hat gelehrt: Eine Reidentifikation unabhängig von uns existierender Objekte wäre unmöglich, vollzögen sich die Veränderungen in der Welt völlig regellos,
so chaotisch, daß nicht einmal eine Zufallsrechnung Anhaltspunkte findet. In einer derartigen Welt völlig ungeregelter Entwicklungen und Zusammenhänge gäbe es nicht den kleinsten Stützpunkt
für die Annahme, ein Objekt, das man vor einiger Zeit wahrge-
nommen hat und jetzt wieder sieht, sei tatsächlich der gleiche Gegenstand. Nur wenn es bestimmte Regelmäßigkeiten bei Veränderungen und Einschränkungen - Kybernetiker sagen ›constraints‹ -
bei Veränderungs*möglichkeiten* gibt, hat einer Grund zur Annahme, er nähme das gleiche oder wenigstens ein vergleichbares äuße-
res Objekt wie zuvor wahr: »... in einer vollständig chaotischen
Welt könnte absolut alles in fünf Minuten geschehen und der gegebene Stuhl könnte überhaupt keinen Zusammenhang mit dem
Stuhl aufweisen, den ich fünf Minuten zuvor gesehen habe. Aber
wenn es unmöglich ist, ein Objekt zu reidentifizieren, dann kann
ich keinen Gedanken daran fassen, es könne unabhängig von meinen Wahrnehmungen existieren, keinen Gedanken einer außerhalb
der Wahrnehmung gegebenen Existenz zwischen der ersten und
zweiten Wahrnehmung.« (Wilkerson 1976, S. 85) Ich wäre damit
des Gedankens an ein Nicht-Ich und damit (gemäß Schritt 3 und
4) des Selbstbewußtseins unfähig. Das bedeutet aber letztlich, daß
alle Erfahrung unmöglich wäre.

Der 7. Schritt hat uns zur zweiten Analogie der Erfahrung geführt: »Alle Veränderungen geschehen nach dem Gesetze der Verknüpfung der Ursache und Wirkung«. Allerdings haben die letzten Schritte keinen sehr strengen Beweis dafür geliefert, daß es nur - wie Kant annimmt - das *Kausalprinzip* sein könne, daß die Regelmäßigkeit bei Veränderungen im Zeitablauf festlegt. Wilkerson schlägt von daher auch eine mildere Fassung der 2. Analogie vor: »Wenn es möglich sein soll, Objekte zu reidentifizieren, dann müssen ihren Veränderungen Regelmäßigkeiten unterliegen.« (ebd., S. 83) Ich muß es offenlassen, welche Folgeprobleme diese Aufweichung vielleicht eröffnet.

Auch eingefleischte Kantianer sind sich nicht einig, ob es für jeden der kantischen Grundsätze eine ähnliche Beweisstrategie geben könne oder nicht. Kant weniger wohlgesonnene Kritiker halten das gesamte Unternehmen für gescheitert: Einmal deswegen, weil in die Grundsätze Axiome der Newtonschen Physik eingegangen seien. Da sich eine Reihe von Newtonschen Annahmen heute nicht mehr uneingeschränkt halten ließen, sei Kants Anspruch, damit Prinzipien aufgedeckt zu haben, die einer jeden Erfahrung von Naturzusammenhängen zugrunde lägen, gescheitert. In der Tat wird niemand bestreiten wollen, daß Kant entscheidende Thesen Newtons in seine Grundsätze eingearbeitet hat. So gehört zum Bedeutungsgehalt der 1. Analogie der Erfahrung sicherlich Newtons Erhaltungssatz, demzufolge der Gesamtbetrag der Materie konstant bleibt, gleichgültig, welche physikalischen oder chemischen Wandlungen auch eintreten mögen. Doch das allein wird vermutlich nicht ausreichen, um jeden Versuch der Rekonstruktion kantischer Prinzipien als allgemeine Voraussetzungen von *Gegenstandserkenntnis* strikt abzublocken.

Ins Mark sollen denn auch all die Einwände zielen, die nachzuweisen bemüht sind, bei den Prinzipien handele es sich um alles andere denn synthetische Urteile a priori! Dies ließe sich, so heißt es, ganz einfach zeigen: Unterstellt einmal, die Grundsätze Kants ließen sich tatsächlich als *physikalische* Prinzipien halten. In diesem Falle könnte ihr logischer Status kein anderer sein als der der einschlägigen Naturgesetze auch. Dabei seien zwei Möglichkeiten auseinanderzuhalten:

1.) Es gibt Naturgesetze, die man aus allgemeineren Gesetzmäßigkeiten ableiten und dadurch absichern kann. Läßt sich jedoch ein besonderes Naturgesetz aus einem allgemeineren, höheren, nach allen Regeln der logischen bzw. mathematischen Kunst »herausziehen«, so kann man das besondere Naturgesetz zwar als *Urteil a priori* begreifen, als abgeleitetes ist es jedoch *analytisch.* Es ist Ergebnis einer logisch-mathematischen Deduktion.

2.) Nun kann man sein Augenmerk natürlich auch auf die höheren, schließlich die höchsten Gesetze als *Axiome*, Grundsätze im strengsten Sinne richten. Handelt es sich bei diesen Axiomen um rein mathematische Sätze, dann gelten sie für die Kritiker von vornherein als *analytisch,* weil die Mathematik nur ein System *analytischer Urteile a priori* liefere.

Nun sollen allerdings die physikalischen Gesetze etwas über die Wirklichkeit draußen aussagen und keine reinen Zahlenspielereien vorführen. Also müßten die obersten Naturgesetze, aus denen sich u. U. andere ableiten lassen, doch *synthetische* Aussagen sein. Gewiß, doch nach Ansicht der Kantkritiker wird über die Stichhaltigkeit physikalischer Gesetzesannahmen (Hypothesen) in letzter Instanz durch Beobachtungen und Experimente, durch »Erfahrung« entschieden. Mithin wären die kantischen Prinzipien im besten Falle als *synthetische Urteile a posteriori* anzusehen.

Bei weniger entschlossenem Vorgehen darf möglicherweise die Frage gestellt werden, ob nicht auch die fortgeschrittensten Physiker auf Grundannahmen zurückgreifen müssen, die keine Aussagen *über* die Natur darstellen, sondern ihnen »Natur« oder besondere Untersuchungsobjekte als solche überhaupt erst zugängig machen? Müssen sie sich nicht ebenfalls bestimmter Kategorien bedienen, die die Unterscheidung des erkannten Objekts von der erkennenden Subjektivität überhaupt erst ermöglichen? Kantianische Fragestellungen müssen nicht so altbacken sein, wie sie von aufgeklärten Kreisen manchmal verstanden werden.

Teil III:
Transzendentale Dialektik –
Ideen der reinen Vernunft

Philosophiegeschichtliches Beispiel 4:
Höhlen und Schatten - Über platonische Ideen

Basistexte:

a) Platon: *Politeia, Sämtliche Werke,* Bd. 3 (Rowohlts Klassiker Bd. 27) Reinbek 1958 ff., S. 224–227
b) Aristoteles: *Metaphysik,* Stuttgart 1970, Buch A, Teil 9: *Kritik an Platons Lehrmeinungen,* S. 43–50 (990a–993a)

Philosophie erfreut ihre Leser nicht allein durch verwickelte Darstellungen. Es gibt eine ganze Reihe von Texten und Textstellen, die wegen ihrer Anschaulichkeit geradezu als klassische Literatur gelten. Descartes' Fabel vom Bienenwachs (1641, S. 50 ff.)[46] wäre ein Beispiel, Platons Höhlengleichnis ein noch berühmteres. Besonders nachhaltige Wirkung auf die europäische Philosophie übte *der* Begriff aus, der mit dem Höhlengleichnis aus Platons »Politeia« (»Der Staat«) erläutert werden sollte: der Begriff der IDEE.

Wollte man ihn im Sinne seines wichtigsten Urhebers darstellen, müßte man im Auge behalten, mit welchem Platon man es eigentlich zu tun hat: mit dem »frühen«, dem »mittleren« oder dem »späten«.[47]

Anfänglich knüpfte Platon unmittelbar an das Programm des Sokrates an, der auf dem Wege von Rede und Widerrede im Gespräch mit seinen Mitbürgern z.B. herausfinden wollte, wodurch sich »tugendhaftes« Handeln *in Wahrheit* auszeichne. Es gibt keine gleichsam auf der Hand liegende Möglichkeit, die Grundmerkmale »der Tugend« (areté) festzustellen; denn allenthalben stößt man auf Leute, die ganz verschiedene Meinungen (doxai) darüber vertreten, was recht und billig sei. Sokrates, auch der Sokrates der platonischen Dialoge, knüpft an diese Vielfalt der Auffassungen an, die seine Zeitgenossen über Werte wie »Tugend«, »Gerechtigkeit«, »Tapferkeit«, »Frömmigkeit« etc. vertreten. Verwickelt man die Leute in ein Gespräch, das sie zu klareren Stellungnahmen zu ihren Werthaltungen anregt, stößt man da am Ende vielleicht auf *allgemein anerkannte* Merkmale dieser Tugenden? Werden solche durchgängigen Bestimmungen von den Gesprächspartnern nicht vielleicht in Anspruch genommen, ohne daß sie sich so recht darüber im Klaren wären? Man muß sie mit der Nase auf Ungereimtheiten und Widersprüche stoßen, um ihnen – aber auch sich selbst! – klarzumachen, daß man des öfteren, ohne es zu merken, doch so etwas wie *allgemeine* Merkmale einzelner Phänomene im Auge hat, die man zunächst nicht so recht zusammenbringt. Allerdings mußten sich die Gesprächspartner sowohl des historischen als auch des platonischen Sokrates damit abfinden können, daß der Versuch, allgemeine Merkmale einzelner Tugenden oder gar die Merkmale der obersten Tugend, »des Guten«, aufzuspüren, nicht immer erfolgreich sein konnte. Die Wechselgespräche münden nicht selten in Sackgassen, unaufgelöste Widerreden auf die Rede.

An jene allgemeinen Merkmale, die es herauszufinden gilt, wären nach platonisch-sokratischer Auffassung zwei logische Grundanforderungen zu stellen; 1) Es müßte sich um Merkmale handeln, die für die Zugehörigkeit zur entsprechenden (Merkmals-)Klasse *wesentlich* sind. Sie dürften also nicht bloß einigen Exemplaren, obendrein noch rein zufällig, zukommen. Braune Haare wachsen einigen Exemplaren der allgemeinen Menschengattung eher zufällig. 2) Die wesentlichen Merkmale mußten, zusammen genommen, ausreichen, um eine Menge von Exemplaren eindeutig von denen einer anderen Merkmalsklasse abzugrenzen. Zwischen Mensch und Flora gibt es *prinzipielle* Unterschiede.

Wir verfügen damit über eine erste Idee von IDEE: Die allgemeinen und wesentlichen Eigenschaften einer dadurch von anderen abgrenzbaren Menge von Einzelfällen stellen ihre IDEE (griech.: eidos; idea) bzw. FORM (lat. forma) dar! »Eidos« meinte ursprünglich das Aussehen, die Gestalt, die äußere Erscheinungs*form* einer Gegebenheit. Doch der Zielpunkt vieler Gespräche des Sokrates platonischer Dialoge ist das *wesentlich Allgemeine* (ousia), eben die IDEE, welche die beispielhaft eingeführten Einzelfälle verbindet.:

»*Sokrates:* Erinnere dich doch bitte, daß ich nicht von dir verlangt habe, mir eine oder zwei von den mannigfachen Handlungen anzugeben, sondern jene Form selber, wodurch alles Fromme fromm ist! Denn hast du nicht gesagt, daß durch eine einheitliche Form das Unfromme unfromm und das Fromme fromm ist, oder entsinnst du dich nicht?
Eutyphron: Doch.
S: Dann lehre mich doch, worin diese Form besteht, denn dann werde ich einen Maßstab haben, auf dem ich Handlungen, seien es deine oder irgend welche anderen, schätzen kann, und werde sagen können, daß so und so ei-

ne Handlung fromm ist, und eine, die nicht so ist, nicht.« (Dialog *Euty-phron*).

Sokrates' Ironie besteht darin, andere dadurch zu belehren, daß er sich belehren läßt. Auf diesem Wege kommt in seiner zweiten Äußerung im Zitat eine weitere Dimension am Begriff der IDEE zum Vorschein: Sokrates will einen Maßstab an die Hand bekommen, mit dessen Hilfe er einzelne Handlungen auf ihre »Frömmigkeit« hin überprüfen kann. Die Ideen werden somit auch zum Vorbild (griech. paradeigma). Einmal geht es darum, Einzelheiten als Exemplare eines Allgemeinen zu erkennen, zum anderen sollen die Einzelfälle auch daraufhin eingeschätzt werden können, inwieweit sie der perfekten, eben »idealen« FORM nahekommen oder nicht.

Man könnte nach diesen Anmerkungen leicht auf die Idee, also den Gedanken kommen, Platons IDEEN seien reine Gedankengebilde in Gestalt von Allgemeinbegriffen. Erläutert Kant seine Kategorien nicht manchmal als »Formen a priori, die in unserem Gemüt bereitliegen«? Eine derartige Subjektivierung der Ideen ist Platon fremd! Nach fast einhelliger Ansicht seiner Interpreten hat er die IDEEN durchweg als Sachverhalte verstanden, die unserem Denken *vorgegeben* sind, *unabhängig* vom Denken des Einzelsubjekts *existieren*. Mehr noch: Die Ideen sind für ihn Elemente des wahren, des eigentlichen Seins. Sie haben obendrein eigenständige Merkmale, die von dem, was wir über sie meinen, wissen, völlig unabhängig sind, ja, diese Merkmale können und müssen geradezu entdeckt werden. Schwierig wird es dann allerdings, auszumachen, wie das Verhältnis von daseiendem Einzelding und allgemeiner Idee zu denken sei (Problem der Methexis). Existieren die Ideen völlig losgelöst von den Exemplaren, die demzufolge nur schwache Abdrücke der lupenreinen Formen wären oder wohnen die Ideen jenen Einzelsachverhalten inne, welche wir wahrnehmen können? Das berühmte Höhlengleichnis gibt eine bildhafte Antwort auf die Frage, welche Art Dasein die Ideen haben und wie wir zu ihrer Kenntnis aufsteigen können:

»Stelle dir«, so fordert Sokrates seinen Gesprächspartner in der *Politeia* auf, »Menschen in einer unterirdischen, höhlenartigen Wohnung« vor. Diese Höhle soll einen Eingang haben, der über die gesamte Breite der Höhle, also gegen das Licht der Außenwelt hin offen ist. Im Höhlenraum werden Menschen gefangen gehalten, die an Hals und Beinen gefesselt sind – und zwar auf die Weise, daß sie immer nur geradeaus auf eine Wand schauen können. Mithin ist der Eingang ihrem Gesichtsfeld entzogen. »Licht aber haben sie von einem Feuer, welches von oben und von ferne her hinter ihnen brennt«. Genauer: Einerseits in Kopfhöhe der Gefesselten, andererseits zwischen ihnen und jenem Feuer verläuft ein Weg, der durch eine Mauer begrenzt wird. Entlang dieses Weges spazieren Menschen, die allerlei Gerätschaften und Bildsäulen mit sich herumtragen, welche über die Mauer hinausragen. Im Lichte des Feuers werfen diese Geräte und Säulen *Schatten* auf die Höhlenwand im Gesichtsfeld der Gefesselten. Also sehen die Gefangenen nur die Abbilder, nicht jedoch die Dinge, die *an sich* die Ursache der Schattengestalten sind. Selbstverständlich werden die Gefesselten in dieser Lage die Abbilder für Urbilder, die Schatten also für *Wirklichkeit* halten. Die Schatten sind *für sie* nicht Abklatsch, sondern *wirkliche* Menschen und Dinge. Und wenn es in der Höhle ein Echo gibt und diejenigen, welche hinter der Mauer vorbeigehen, reden, dann können die Gefesselten nicht glauben, »etwas anderes rede als der eben vorübergehende Schatten«.

Angenommen, einer der Gefangenen würde von seinen Ketten befreit und dürfe sich umdrehen, dann würde er »gänzlich in Verwirrung« kommen. Halb geblendet von dem Licht des Feuers würde er keineswegs glauben, daß er nun vor den wirklichen Dingen stünde. Er würde lieber »zu jenen Dingen zurückkehren, die er anzusehen imstande ist, fest überzeugt, diese seien in der Tat viel wirklicher als das, was man ihm zuletzt gezeigt hatte«.

Würde man ihn durch den Höhleneingang an's eigentliche Tageslicht zerren, würde er vom Sonnenlicht vollständig geblendet sein. Er hätte kein Auge für die wirklichen Dinge draußen in der Welt. Also müßte er eigentlich Schritt für Schritt, von der Welt der Schatten über die Beobachtung von Spiegelbildern im Wasser, den Blick darauf nur auf den nächtlichen Himmel gerichtet, an die Anschauung von Dingen im Tageslicht gewöhnt und herangeführt werden. Stiege er nach dieser erhellenden Einsicht wieder zu seinen Mitgefangenen herab, würden die seinen Berichten über die Wirklichkeit wenig Glauben schenken. Seine Sicht der Dinge bliebe ihnen fremd. Als Wissenschaftler würden sie immer noch denjenigen bevorzugen, welcher aufgrund einer Einsicht in die Gesetzmäßigkeiten der Schattenbewegungen Voraussagen über deren Auftreten zu machen verstünde.

Diese Parabel gibt einige deutliche Hinweise auf die Ideenlehre des »mittleren Platon«: Die Höhle, in der die Gefangenen leben müssen, steht als Sinnbild für die Welt, *wie sie unseren Sinnen gegeben ist!* – nämlich als Mannigfaltigkeit von Eindrücken im ständigen Fluß. Die Schatten zucken über die Höhlenwände, sie tauchen auf und verschwinden wieder. Es entsteht der Gesamteindruck einer Welt des ständigen Entstehens und Vergehens. Für Platon hat all das, was wir mit den Sinnen auffassen, unter dem Gesichtspunkt der Verbindlichkeit und Stichhaltigkeit des Wissens keinen höheren Rang als die Welt der Schatten. Wir sehen nur Phänomene, Erscheinungsbilder von etwas, was in Wahrheit dahintersteht!

Die Welt unserer Sinneswahrnehmungen und aller von den Wahrnehmungen abhängiger Erfahrungen und Verallgemeinerungen ist die Welt der »doxa«. »Doxa« bedeutet Meinung, Für-Wahr-Halten. Meinung ($doxa_1$) kann völlig an der Wahrheit vorbeigehen, das völlige Mißverständnis bedeuten. Meinung ($doxa_2$) kann aber auch eine richtige, nämlich brauchbare Vorstellung bedeuten. Das wäre ein Wissen, das das wahrhaft Seiende zwar nicht erreicht, uns aber praktisch weiterhelfen kann:

»*Sokrates:* Wenn einer, der den Weg nach Larissa weiß, oder wohin du sonst willst, vorangeht und die andern führt, wird er sie nicht richtig und gut führen?

Menon: Gewiß.

S: Wie aber, wenn einer nur eine richtige Vorstellung davon hätte, welches der Weg wäre, ohne ihn jedoch gegangen zu sein oder ihn eigentlich zu wissen, wird nicht dennoch auch der richtig führen?

M: Allerdings.

S: Und solange er nur eine richtige Vorstellung hat von dem, wovon der andere Erkenntnis: so wird er kein schlechterer Führer sein, er, der nur richtig vorstellt, als jener Wissende?

M: Freilich nicht.

S: Wahre Vorstellung also ist zur Richtigkeit des Handelns keine schlechtere Führerin als wahre Einsicht.« (*Menon,* S. 39/97b,c).

Jemand, der »doxai« im Sinne »brauchbarer Vorstellungen« hat, kann also durchaus erfolgreich zum Ziel leiten, selbst wenn er noch nicht zur »wahren Einsicht« (episteme) vorgedrungen ist. Unser Höhlenforscher, der die Gesetze der Schatten studiert, würde in diese Kategorie gehören. Doch erst der Gefangene, der seinen Blick außerhalb der Höhle öffnet, wird der *Erkenntnis* des wahren Seins fähig! Er allein erkennt, daß nicht einmal die Geräte und Bildsäulen die letzte Voraussetzung der Schatten sein müssen. Das Licht der Sonne verbreitet die *wahre* Helligkeit. Erst außerhalb der Höhle, gleichsam von allen Bedingungen des Lebens in ihr befreit – und das heißt für Platon: die Alltagswelt der Meinungen, Wahrnehmungen, sinnlichen Eindrücke und Bedürfnisse hinter sich lassend – wird er der Anschauung des wahrhaften Seins fähig. Und dieser Bereich des wahrhaft Seienden ist die Welt der reinen Formen, der IDEEN, von deren oberster, der Idee des Guten, die Strahlen einer mehr als irdischen Sonne ausgehen. Man muß sich aus der Schattenwelt der Sinnesdaten herausarbeiten und muß »das Anschauen des Seienden und des glänzendsten unter dem Seienden ... das Gute« (Basistext a, S. 227) auszuhalten lernen. Dieser Aufstieg ist letztlich der des Philosophen.

Unveränderlich und unvergänglich bilden die IDEEN die Welt des wahren Seins. In ihrer vollendeten Gestalt den Sinnen unzugänglich, vermögen wir sie allein durch reine Vernunft (nous) zu erfassen. Denn die Vernunft ist Kraft unserer Seele, die es mit den Formen gemein hat, unvergänglich, unsterblich und unwandelbar zu sein.[48] Doch einer der schärfsten Kritiker der Ideenlehre der mittleren Dialoge ist Platon selbst. Im *Parmenides* wird Sokrates vom Gesprächspartner gleichen Namens[49] in arge Verlegenheiten gebracht. Angesichts der platonischen Ideenlehre drängt sich ja sofort die Frage auf, ob es tatsächlich für alles und jedes eine ideale Form geben soll? Gibt es beispielsweise eine Idee, die den vielen Arten von Haaren und Schmutz vorausgesetzt ist? Haben auch die vielen verschiedenen Beispiele böser Taten eine gemeinsame und ideale Form? Welche Folgen hat es, wenn Sokrates zugäbe, die *eine* Idee sei in verschiedenen, unseren Sinnen gegebenen Exemplaren enthalten? Damit wäre sie doch *aufgeteilt!* Als aufgeteilte Form verlöre sie aber die Merkmale der Einheit und Unveränderlichkeit, die ihr als Element einer »intelligiblen Welt«, einer Welt der reinen Wesenheiten zukommen soll! Wie verhalten sich die Ideen eigentlich zueinander? Nehmen wir einmal an, »Prozeß« (Bewegung) sei eine Form, »Sein« eine andere. »Prozeß« kann auch die Formbestimmung des »Seins« haben, Prozesse gibt es, sie existieren. Umgekehrt hat »Sein« jedoch nicht die Formbestimmung »Prozeß«; denn – so lehrt Platon im Anschluß an *Parmenides* – das wahrhafte Sein ist nicht Bewegung. Gibt es nicht Formen, die sich wechselseitig »formbestimmten«: x ist auch y und y ist auch x? Gibt es Formen der Formen, die den Rang von obersten Wesensbestimmungen (nach Art der aristotelischen Kategorien) hätten? In der Auseinandersetzung mit diesen und manch anderen Fragen

hat Platon seine Ideenlehre durchgeprobt, so daß den Deutungsbe-
mühungen bis auf den heutigen Tag kaum Grenzen gesetzt sind.

Eine der berühmtesten, fast noch folgenreicheren Interpretatio-
nen der platonischen Ideenlehre stammt von Platons Nachfolger an
der Akademie, Aristoteles. Er glaubte, bei Platon einen
»chorismos«, eine tiefe Kluft zwischen der Welt der wahren, in sich
ruhenden Ideen und dem Schattenreich vergänglicher Einzeldinge
erkennen zu können. Anders als Platon wirft er die Frage auf, wie
wir die verwirrenden und veränderlichen Naturvorgänge erkennen
können, ohne einen Bereich abgehobener Urbilder annehmen zu
müssen.[50] Denn stellen abgetrennte, für sich existierende Ideen nicht
bloß eine überflüssige, völlig unnütze Verdoppelung des ohnehin
Seienden dar? »Doch diejenigen, die die Ideen als Ursachen (der
Exemplare – C.D.) aufstellten, brachten erstens, als sie die Ursachen
›dieser‹ Dinge suchten, andere Dinge in gleicher Zahl hinzu...« (Basistext b, S. 43). Wie sollte man sich einen Reim auf die merkwürdige
Leistung der platonischen Ideen machen können, einerseits als reine
und unveränderliche Formen im Reich des wahren Seins zu existieren, zum anderen aber die Veränderungen in der uns umgebenden
Natur hervorzurufen? (Vgl. ebd., S. 46) IDEEN gelten bei Platon als
das *Wesen* (ousia) aller Dinge. Es dürfte jedoch unmöglich sein, »daß
das Wesen gesondert von dem existiert, wovon es das Wesen ist. Wie
können demnach die Ideen, die ja die Wesen(sbestimmungen) der
Dinge darstellen, gesondert von ihnen existieren?« (Ebd.) Werden
die Einzeldinge von den Ideen verursacht, haben sie nur Anteil an
den Ideen, drücken sich die Ideen in den Einzeldingen aus? Aristoteles zieht aus seiner Platonkritik letztlich die Schlußfolgerung: Nur
die konkreten Einzeldinge, handfeste Objekte, wirkliche Sachverhalte, also die *primären Substanzen* hätten eine wahre, wesenhafte Existenz. Man bräuchte nicht zusätzlich ein Reich von ihnen abgetrenn-
ter Formen anzunehmen.

Gleichwohl hat Aristoteles weder Platons Form-(Ideen-)Begriff,
noch dessen Theorie aufgegeben, Erkenntnis bedeute Einsicht in die
Formbestimmungen der Dinge. Aus all diesen Kritiken und Annahmen ergeben sich zumindest die folgenden Perspektiven einer aristo-
telisch veränderten Ideenlehre:

1) Sie darf IDEEN nicht als von den Einzeldingen *losgelöste* Formen begreifen.
2) Die Einzeldinge (primären Substanzen) sind das Wesentliche (ousia$_1$).
3) Gleichzeitig sind Formen Wesensbestimmungen in und an den Einzeldingen (ousia$_2$).
4) Formen sind der Gegenstand der Erkenntnis. Denn »ebenso wie Platon war auch Aristoteles fest davon überzeugt, daß sich die Erkenntnis auf die Form und nicht auf den Stoff beziehen müsse« (Guthrie 1963, S. 98).
5) Naturprozesse bedeuten kein ontologisch zweitrangiges Spiel der Schatten an der Höhlenwand!

Daraus ergeben sich zwei Hauptfragen an die veränderte Ideenlehre: a) Wie bringt man die Thesen zusammen, daß Einzeldinge das Wesen (vgl. Punkt 2) und auch die Formen (Punkt 3,4) wesentlich sind? b) Wie bringt man die Thesen zusammen, Ideen als ein Ewiges und Vollendetes existierten in und an den Dingen, die gleichzeitig etwas Unvollendetes, Entstehendes und Vergehendes sind?

ad a: Grob skizziert, lautet die aristotelische Antwort auf die erste Frage: Einzeldinge bilden eine Einheit von Stoff und Form. Formen (Ideen) verstehen sich weiterhin als allgemeine Wesensmerkmale, die den vielen Einzelexemplaren einer Art oder Gattung notwendigerweise und gemeinsam zukommen. Die Einzeldinge sind das Wesentliche (ousia$_1$), das *Substantielle*. Aber auch die Formen sind ousiai, Wesenbestimmungen.[51] Doch lassen sie sich nicht *ontologisch* (wie bei Platon), sondern allenfalls *logisch* von den primären Substanzen trennen!

ad b: Die zweite Antwort führt in den Bereich der aristotelischen Bewegungslehre. Bewegung, Prozeß bedeutet für ihn zielgerichtetes Werden, Entelechie.[52] Zielpunkt aller Entwicklungen ist die IDEE, die Form, die für das betreffende Exemplar prägend ist. Dieser innere Drang zur Formvollendung, also zur Herausbildung der reinen Form, die das Exemplar der entsprechenden Art kennzeichnet, treibt ein jedes Ding in der Natur. So wie sich aus dem Samen – wenn nichts dazwischenkommt[53] – zwangsläufig eine bestimmte Pflanze entwickelt, strebt alles Daseiende nach der Vollendung der für es kennzeichnenden Form (Idee). Aristoteles' Naturlehre ist teleologisch: »Und die Natur hat Zweck und Ziel. Denn wo eine stetige Bewegung zu einem Abschluß strebt, da ist das Ende und Ziel erreicht.« (Aristoteles: *Physik,* S. 64)

Einen den aristotelischen Formbegriff recht gut erhellenden Doppelsinn weist das deutsche Wort »Formbestimmung« auf: a) ›Formbestimmung‹ bedeutet einerseits die Vollendung der Wesensbestimmung (ousia$_2$/natura) eines Dinges. Der Same wird zur mächtigen Buche. b) ›Formbestimmung‹ bedeutet aber auch das bestimmte Wirken im Sinne des Zweckes, der Funktion, die etwas erfüllt. Das bedeutet mithin formgerechte Tätigkeit, Wirken seiner Form gemäß: »Die Form stellt das Wesen oder die wahre Natur[54] eines Gegenstandes dar, und der Vollbesitz der Form ist gleichbedeutend mit der richtigen Erfüllung des Zwecks.« (Guthrie 1963, S. 103) Entscheidend für die Bewegungslehre ist die aristotelische Ansicht, der Ursprung (z.B. Same) enthielte *an sich* schon alle Anlagen (= Potentialität = dynamis), sich zur endgültigen und funktionstüchtigen Form (= Aktualität) zu entwickeln. Im menschlichen Embryo ist im Grunde (= potentiell) das entsprechende Exemplar der Gattung Mensch schon angelegt - wenn nichts dazwischenkommt (= steresis; privatio). Der Endzustand der Formvollendung (Aktualität) ist jedoch kein statischer; er bedeutet funktionsgerechte Aktivität. Während ›kinesis‹ den mühsamen Prozeß der Erlangung von Aktualität bedeutet, meint ›energeia‹ den ungehinderten Ablauf der zweckgerechten Aktivität, Tätigkeit der IDEE gemäß!

Es steht noch ein Wort zum Begriff des »Stoffes« aus. Aristoteles entwickelt ihn nicht zuletzt in Auseinandersetzung mit einer Reihe von Naturphilosophen vor Platons und seinen Zeiten. Viele von ihnen hatten gelehrt, Bewegungen (Veränderung) spielten sich zwischen Gegensatzpaaren wie ›heiß-kalt‹, ›fest-flüssig‹ etc. ab. Von daher nennt Aristoteles die Formen manchmal auch »Gegensätze«. Doch verdinglichten die Alten Eigenschaften wie »heiß« oder »kalt« des öfteren zu Gegenständen. Das meint: Aus »heiß« wurde dann »das Heiße«, aus »kalt« schließlich »das Kalte«. Bewegung sollte dann etwa im Übergang »des Kalten« in »das Heiße« bestehen. Aber wie soll eine Substanz plötzlich zu der genau entgegengesetzten werden? Bewegungen lassen sich nach Aristoteles viel besser in Sätzen wie folgendem erfassen: »Der feste Stoff X (etwa Descartes' Bienenwachs) wird durch Erhitzen flüssig«. Solche Aussagen unterstellen etwas in der Zeit Beharrendes! Demzufolge gibt es ein *Substratum,* an dem oder in dem sich die Veränderungen abspielen. Veränderungen geschehen an einem Unterliegenden (hypokeimenon) und dieses Etwas »ist das, was in dem zugrundeliegenden Gegebenen bei der Wandlung bleibt« (*Physik,* S. 56/192a34). Wasser in einem Kessel auf dem Herd erhitzt, wird heiß, nicht »das Kalte« wird zu »dem Heißen«.

Wasser hat natürlich auch noch andere Eigenschaften; es ist z.B. flüssig. Wenn man von all diesen einzelnen Eigenschaften gedanklich absieht, landet man letztlich bei der Vorstellung eines völlig eigenschaftslosen Substrats *jeder* Veränderung. In der Tat müssen wir von »Stoff« (hyle) als einem einheitlichen Substrat bei den verschiedensten Dingen reden können, um mit dem Problem der Veränderung gedanklich fertigzuwerden.

Wir benötigen den abstrakten Begriff des Stoffes nach Aristoteles aber auch, um den Prozeß von der Potentialität zur Aktualität einsehen zu können: Bei jedem Vorgang der Formvollendung ist stets ein Stoff (im allgemeinen) zu unterstellen, in dem die Form zu Beginn der Entwicklung an sich schon vorhanden ist, und in dem sie sich als »telos« verwirklicht: »Das, was von Anfang an jedem werdenden Ding zugrunde liegt, nenne ich seinen Stoff, also das, was in ihm erhalten bleibt und zwar nicht nur als Eigenschaft. Und wenn das Ding wieder vergeht, dann löst es sich in diesen Stoff zuletzt wieder auf, sodaß er also auch schon vor der Auflösung diesen Zustand hat.« (Ebd. S. 57/192a34)

Festzuhalten ist: FORM (IDEE) bei Aristoteles erhält nun die Bedeutung gleichsam eines im Stoff angelegten Zielpunktes, auf den hin jede *innere* Bewegung eines Dinges ausgerichtet ist – vorausgesetzt, es kommt nichts dazwischen (Steresis). Innere Bewegungen sind Prozesse der Formvollendung, formvollendete Bewegung ist funktionsgerechte Aktivität!

Kants Begriff der IDEE ist von der klassischen Geschichte der Ideenlehre nicht abzulösen, doch gleichzeitig nimmt er einige einschneidende Veränderungen an ihr vor.

Kapitel 7
Dialektik – Widersprüche und Scheinprobleme des obersten Erkenntnisvermögens

Kant Lektüre: KrV II 308–319 (A293–309; B349–366).

»Alle unsere Erkenntnisse hebt von den Sinnen an, geht von da zum Verstande, und endigt bei der Vernunft, über welche nichts Höheres in uns angetroffen wird, den Stoff der Anschauung zu bearbeiten und unter die höchste Einheit des Denkens zu bringen.« (II 311 f./A 298; B 355)

In diesen Worten drückt sich eine klare Stufenordnung der Erkenntnisvermögen aus. »Ganz unten« steht die Sinnlichkeit, darüber der Verstand, doch alles krönt die *Vernunft.* Bei ihr laufen alle Versuche zusammen, die chaotische Mannigfaltigkeit der Sinneseindrücke zu vereinheitlichen. Anders gesagt: Gleichsam an der Nahtstelle zu den Dingen an sich steht die *Sinnlichkeit* (Rezeptivität). Auf die durch sie empfangenen Einzelvorstellungen richtet sich die zusammenfassende Spontaneität des *Verstandes,* doch über all dem steht die *Vernunft* als das »Vermögen der Prinzipien«.

Neben dieser wären noch zwei weitere Versionen des Kantschen Vernunftbegriffs im Auge zu behalten. VERNUNFT steht auch für die Gesamtheit der logischen und erkenntnispsychologischen Voraussetzungen, unter denen wir Erfahrungen machen können. Trotz aller üblicherweise barschen Worte für die Kantsche Fakultätenpsychologie habe ich *erkenntnispsychologische* Momente mit aufgezählt. Denn woran denkt ein strenger Wissenschaftstheoretiker beispielsweise, wenn er die Worte »Beobachtung« und »Datum« in den Mund nimmt oder in die Feder fließen läßt?

VERNUNFT betrifft aber auch den Sonderfall des »reinen« Gebrauchs unseres allgemeinen Erkenntnisvermögens. Als »reine Vernunft« ist sie mit der Frage beschäftigt, ob und wie Metaphysik zu erfahrungserweiternden Urteilen a priori über die Welt vordringen könne. Für Kant gilt es als ausgemacht: die »Metaphysik (hat) es eigentlich mit synthetischen Sätzen a priori zu tun... und diese allein (machen) ihren Zweck« aus (III 134).

Im Abschnitt ›Transzendentale Dialektik‹ bleiben wir bei der VERNUNFT im engeren Sinn, bei der Vernunft als dem »Vermögen der Prinzipien«. Dabei meint »Prinzip« allerdings etwas anderes als in der ›Transzendentalen Analytik‹! Im Kapitel 6 ging es bei den Grundsätzen des Verstandes um bestimmte synthetische Urteile a priori, die als Prinzipien aller Naturerkenntnis fungieren sollen. Doch *Vernunftprinzipien* sind etwas anderes als Verstandesgrundsätze! Es handelt sich bei ihnen um Grundsätze, »deren Anwendung« sich – ganz anders als im Falle der Verstandesprinzipien, in welche die zeitschematisierten Kategorien eingegangen sind – »nicht in den Schranken möglicher Erfahrung«, also der Anschauungen (Sinnlichkeit) hält (II 309). Sie sind demnach mit dem Anspruch verbunden, durch Erkenntnis über die Grenzen unserer sinnlichen Erfahrungsmöglichkeiten hinauszugreifen, die Schattenwelt der sinnlichen Eindrücke hinter sich zu lassen. In dieser Form wären sie so recht vom Schlage der klassischen Metaphysik mit ihren spekulativen Höhenflügen.

Wie das Eingangszitat gezeigt hat, verbindet sich der Anspruch, die Grenzen unserer Erfahrung (Rezeptivität) zu überschreiten, mit der Aufgabe des obersten Erkenntnisvermögens, die von der Anschauung und Verstand geleistete Organisation und Verknüpfung der mannigfaltigen Einzelheiten der Anschauung zur größtmöglichen Einheit zu bringen. Aus diesen beiden Zielrichtungen der höchsten Fakultät, also einmal spekulativ die Grenzen unseres Anschauungsvermögens zu überschreiten und zugleich die höchste Synthesis zu bewerkstelligen, rührt eine gewisse Doppelbödigkeit des obersten Erkenntnisvermögens, für die Kant das alte Wort »Dialektik« bereit hält.

Wie wir am Beispiel der sokratischen Gesprächsführung in den platonischen Dialogen gesehen haben, zielte die Dialektik der Griechen auf *Argumentationsstrategien,* auf eine Art Verfahrenslogik für das Abwägen von Gründen für oder gegen Antworten auf eine bestimmte Frage. Im Falle des Sokrates setzte das Für und Wider der Argumentation an der Alltagsmeinung (doxa) der Mitbürger über politisch und moralisch bedeutsame Problemstellungen oder Begriffe an. Das Gespräch selbst entwickelte sich als eine Art »Austarieren« der guten Gründe für oder gegen Annahmen und Meinungen, die nicht vorab als gesichert gelten konnten.[55] Die Angabe von Gründen sollte *bestimmten* aus einer Menge von kontroversen Ansichten über ein Problem gesteigerte Sicherheit verleihen: »Aufgabe des Gesprächsführers ist es dann, zu versuchen, durch eine geschickte Folge von mehr oder weniger rhetorischen Fragen, zu denen der Kontrahent durch einfache, aber wohlüberlegte Ja-Nein-Antworten Stellung nimmt, das Ausgangsproblem in eine Reihe anderer Fragestellungen und Zwischenantworten aufzulösen und den Mitdisputanten am Ende zum Zugeständnis eines alles entscheidenden Schlußsatzes zu zwingen, der gerade den Gegen-Satz zu der Ausgangsthese des Kontrahenten darstellt. Dessen Aufgabe ist es andererseits, sich durch Ja-Nein-Antworten nicht in Widersprüche zu seiner Ausgangsthese zu verwickeln.« (Bornscheuer 1976, S. 27)

Während nun die Rhetorik einen stärkeren Akzent auf Techniken der Überzeugung legte – den Sophisten sagte man allerdings den Nachdruck auf Techniken des Überredens nach –, befaßte sich die antike Dialektik eher mit der Aufdeckung und mit dem Geltendmachen von Gründen, durch die etwas unsicheren Aussagen erhöhte Glaubwürdigkeit verliehen werden könne. Sowohl die Rhetorik als auch die sokratisch-platonische Dialektik unterschieden sich vor allem dadurch von der formalen Logik, daß Einstellungen und Reaktionen der Gesprächspartner einbezogen werden mußten. Es kann ja durchaus sein, daß eine Aussage mit aller logischen Raffinesse abgesichert ist, ohne daß es durch die logische Übung allein gelungen wäre, den Adressaten des Arguments tatsächlich zu überzeugen. In einem *dialektisch* klärenden Gespräch stehen sich »Proponent« (der Argumentierende) und »Opponent« (der dagegen Haltende) zu Beginn in einer Situation gegenüber, bei der entweder (a) zu einem aufgeworfenen Problem von vornherein schon gegensätzliche Meinungen vorliegen oder (b) sich bei einem scheinbaren Einverständnis von Menschen bei genauerem Nachfragen die in Wahrheit vorhandenen Gegensätze auftun. Wichtig dafür, einen Fortschritt bei Rede und Widerrede zu erreichen, ist das Auffinden allgemeiner Gesichtspunkte (topoi), mit deren Hilfe sich die auftauchenden Gegensätze vereinheitlichen und die Glaubwürdigkeit bestimmter Urteile stärken läßt. »Topoi« wären demzufolge »Hilfsmittel dialektischer Problemerörterungen«. Denn »von der sprachlichen Grundform her ist ein Topos... zu definieren als ein zur Gewinnung neuer Diskussionsargumente empfehlenswerter ›Gesichtspunkt‹« (Bornscheuer 1976, S. 28 f.).[56]

Wenn man es schafft, Gründe für die Glaubwürdigkeit von Behauptungen und derartige die Gegensätze vereinheitlichenden Gesichtspunkte heranzuziehen, daß sich mit ihnen auch der Gesprächspartner anfreunden kann, heißt dies noch lange nicht, man könne einen Endpunkt beidseitiger Gewißheit erreichen. Das hatten Sokrates und seine Dialogpartner zu ihrem Leidwesen immer wieder erfahren müssen. Angesichts dieser Mißlichkeiten wurde schon bald ein besonderer Unterschied zwischen strenger Analytik des Schlußfolgerns und risikoreicherer Dialektik des Begründens und Überzeugens herausgestellt. Anstatt mit strikten Beweisverfahren habe es die Dialektik mit Aussagen zu tun, die weder »evident«, noch auf dem Wege der logischen Folgerung strikt ableitbar seien. Dialektik kümmere sich um Vermutungen und Behauptungen mit einer gewissen Wahr-*Schein*-lichkeit. Kant hat diesen Gesichtspunkt noch ein Stück zugespitzt:

> »Wir haben oben die Dialektik überhaupt eine *Logik* des *Scheins* genannt. Das bedeutet nicht, sie sei eine Lehre der *Wahrscheinlichkeit;* denn diese ist Wahrheit, aber durch unzureichende Gründe erkannt, deren Erkenntnis also zwar mangelhaft, aber darum doch nicht trüglich ist, und mithin von dem analytischen Teile der Logik getrennt werden muß.« (II 308/A293; B349)

»Schein« hat auch nichts mit »Erscheinung« zu tun. Wir können ja die Dinge »als Erscheinung« allgemeinverbindlich erkennen; Schein bedeutet demgegenüber eine trügerische Vorstellung, die allerdings nicht einfach zufällig, sondern mit einer gewissen Zwangsläufigkeit zustande kommt. Kurz: Für Kant ist Dialektik Logik, Theorie des trügerischen Scheins, den unser oberstes Erkenntnisvermögen mit einer gewissen Unvermeidlichkeit erzeugt!

Nun darf man diese Art Schein natürlich nicht mit dem »empirischen Scheine« verwechseln, dem wir erliegen, wenn uns beispielsweise die Sinne trügen.

> »... wir haben es mit dem *transzendentalen Scheine* allein zu tun, der auf Grundsätze einfließt, deren Gebrauch nicht einmal auf Erfahrung angelegt ist, als in welchem Falle wir doch wenigstens einen Probierstein ihrer Rich-

tigkeit haben würden, sondern der uns selbst, wider alle Warnungen der Kritik, gänzlich über den empirischen Gebrauch der Kategorien wegführt und uns mit dem Blendwerke einer Erweiterung des *reinen Verstandes* hinhält.« (II 309/A295; B352)

Prinzipien, die wir an der Erfahrung überprüfen, in reiner und/oder empirischer Anschauung anwenden können, nennt Kant *immanente Grundsätze*. Diejenigen aber, bei denen die Vernunft von allen Fesseln des Anschauungsvermögens befreit scheint und durch die dessen Grenzen überschritten werden, heißen bei ihm *transzendente Grundsätze*. Gewiß gibt es auch einen *transzendentalen* Mißbrauch der reinen Verstandesbegriffe, also Fehler der »nicht gehörig durch Kritik gezügelten Urteilskraft« (II 310). In solchen Fällen entstehen die Schwierigkeiten durch falsche oder mißbräuchliche Anwendung der Kategorien auf empirische und/oder reine Anschauungen. Doch der *transzendentale* ist säuberlich vom *transzendenten* Gebrauch der Stammbegriffe der reinen Vernunft zu scheiden! Die Grundsätze des reinen Verstandes, die in der ›Transzendentalen Analytik‹ behandelt werden, sind bloß »von empirischem Gebrauch«, sie halten sich in den Grenzen unseres Anschauungsvermögens. Die Prinzipien der reinen Vernunft hingegen, um die es in der ›Transzendentalen Dialektik‹ geht, können demgegenüber *nicht* – so wird sich zeigen – als synthetische Urteile a priori ausgewiesen werden. Gleichwohl werden sie so gebraucht, als würden sie uns spekulative, über alle Erfahrungsmöglichkeiten hinausreichende Erkenntnis liefern. »Ein Grundsatz aber, der diese Schranke wegnimmt, ja gar sie zu überschreiten gebietet, heißt *transzendent*.« (Ebd.) Seitdem gibt es den erhobenen Zeigefinger für Kant-Leser, ja nicht »transzendent« mit »transzendental« zu verwechseln! »Daher sind *transzendental* und *transzendent* nicht einerlei.« (Ebd.)

DIALEKTIK bleibt für Kant *Logik des Scheins*, des Blendwerks also, das aus den Versuchen stammt, die Kategorien für spekulative Übungen jenseits der Grenze möglicher Erfahrung einzusetzen. »Schein« ist bloß dem Anschein nach erfüllter Erkenntnisanspruch, scheinbarer Ertrag überfliegender Erkenntnisse oder Antwort auf Scheinprobleme. »Schein« bedeutet jedoch kein zufälliges Blendwerk! Denn nach Kant muß sich unsere Vernunft dann, wenn sie Verstandeseinsichten über alle Grenzen der sinnlichen Erfahrungsmöglichkeiten hinaus erweitern will, *mit Notwendigkeit* in Widersprüche, in Satz und gleichrangigen Gegensatz verstricken. Die erfahrungsenthobene Vernunft produziert Sätze, für die es einen Beweis gibt; gleichwohl kann deren Gegenteil mit genau so großer Stringenz bewiesen werden, ohne daß sich ein vereinheitlichender Topos finden ließe! Dialektik ist Logik des notwendigen, also unter bestimmten Voraussetzungen unvermeidlichen Widerspruchs des obersten Erkenntnisvermögens in sich selbst. Die Vernunftprinzipien, das System der *transzendenten Grundsätze*, erwiese sich somit als System nicht zu schlichtender Reden und Widerreden, Sätze und Gegensätze. Die Vernunft selbst zeigte sich auf diese Weise als eine stark schwankende Spitze des Gebäudes. Doch gibt es nicht

1) auch *positive* Funktionen der Vernunft?
2) Wie kommt der transzendentale Schein zustande,
3) läßt er sich nicht doch vermeiden?

Bevor wir auf diese drei Fragen eingehen, sei noch eine Ergänzung zum Begriff der DIALEKTIK versucht, weil es einer ist, auf den Sozialwissenschaftler nicht nur ständig stoßen, sondern an dem sie sich auch dauerhaft reiben werden.

Soziologisches Beispiel 4: Eine dialektische Argumentationsfigur in der politischen Ökonomie

Basistexte:

a) Aristoteles: *Nikomachische Ethik*, Buch V, Kap. 8: »Proportionales Vergelten und Austauschen; die Funktion des Geldes«, S. 113–116
b) K. Marx: *Zur Kritik der politischen Ökonomie*, S. 37–40

Wie beziehen sich die FORMEN (IDEEN) aufeinander, in welchem Verhältnis stehen sie zueinander? Fragen dieses Typs spielen eine besondere Rolle in Platons Spätwerk (s.o.S. 159 ff.). Von der Ontologie des Parmenides beeindruckt, lehrt er beispielsweise: *Prozeß* als reine Form könne die Formbestimmung des *Seins* annehmen, während Sein letztlich nicht prozessual formbestimmt sein könnte. Für Kant stellen die IDEEN schon lange keine idealen Gebilde mehr dar, die unabhängig von unserem Erkenntnisvermögen, selbständig und gleichsam in einer eigenen Welt existieren. Bis hin zur ›Transzendentalen Dialektik‹ versteht er »Form« hauptsächlich als Ordnungsmuster der Anschauung (Raum und Zeit als reine Formen) und als »Funktionen« des Verstandes (Zwölf Stammbegriffe). Von all ihnen heißt es manchmal, sie lägen »a priori in unserem Gemüt bereit«.

Bleiben wir bei den Kategorien als Formen. Sie bedeuten zum einen Synthesisregeln, Steuerungsprinzipien für die Zusammenfassung von Anschauungsmaterial durch die Einbildungskraft. Durch sie werden deren Synthesen überhaupt erst zu Bewußtsein gebracht. Zum anderen ist es diese ihre Funktionsweise, welche die Unterscheidung von ICH (Subjekt) und Nicht-Ich (Objekt) überhaupt erst möglich macht. »Kant nimmt an, daß Selbstbewußtsein nur für ein Wesen möglich ist, das Erfahrung eines objektiven Bereichs hat: nicht nur enthält das ›it‹ (Nicht-Ich - C.D.) ein Ich, sondern das Ich enthält (entails) umgekehrt auch ein ›it‹.« (Bennett 1966, S. 130) Die *Analytik* der Grundsätze untersucht die Beiträge einer jeden einzelnen der Kategorien zu dieser - sagen wir im Folgenden - ›Unterscheidungsleistung‹. In deren Rahmen wurde beispielsweise die These vertreten, wir wären garnicht der Identifikation und Reidentifikation von Gegenständen fähig, faßten wir nicht Anschauungsmaterial zur (allgemeinverbindlichen) Vorstellung einer in der Zeit beharrenden Substanz zusammen (1. Analogie, s.o.S. 151).

Einige der Nachfolger Kants fragten sich nun, ob man mit Kants Grundgedanken, die Kategorien seien »Funktionen«, welche einerseits die Synthesis von Vorstellungen (durch die Einbildungskraft) steuerten und bewußt machten, andererseits aber Aktivitätsmuster jenes höchsten Punktes, des ICH, das sich damit spontan von Andersseiendem abgrenze, nicht wirklich Ernst machen könne. Das heißt: Die Kategorien lassen sich als Vollzugsmuster des *Sichunterscheidens* des ICH von Gegenständlichkeit verstehen. Nur in dieser und durch diese Unterscheidung ist *Selbstbewußtsein* für uns alle möglich. Ohne Selbstbewußtsein kein Gegenstandsbewußtsein - und umgekehrt. Kant hat diesen Gedanken entwickelt, nach Meinung seiner unmittelbaren Nachfolger, insbesondere Fichtes und Hegels, aber nicht weit genug. Denn lassen sich die Kategorien, statt sie doch nur äußerlich in einer äußerst fragwürdigen Urteilstafel aufzusuchen, nicht von dieser Selbstunterscheidungsfähigkeit her begründen und ableiten? Wäre nicht das ICH als der höchste und nicht weiter hintergehbare Punkt einer mittels der Kategorien vollzogenen Unterscheidungsleistung und somit als das Prinzip anzusehen, aus dem heraus der Beitrag der einzelnen Kategorien zur Unterscheidungsleistung und die Beziehung der Stammbegriffe untereinander wirklich konsequent »entwickelt« werden könnten? Ich denke, dies gehört in der Tat zum Programm der Nachfolger Kants. Sie verändern auf diesem Wege auch den Begriff der Dialektik! Diese lehrt nun nicht mehr auf kantische Weise, wie sich das Blendwerk durchdringen und vielleicht vermeiden ließe, das den überfliegenden Ansprüchen der reinen Vernunft entstammt. Sie dokumentiert auch nicht bloß, daß sich beim spekulativen Überschreiten der Erfahrungsgrenzen der eine Satz so gut beweisen läßt wie sein strikter Gegensatz. Dialektik – insbesondere bei Fichte und Hegel – wird zur Theorie jener Unterscheidungsleistung.

Zu ihrem Hauptthema gehört also die Frage: Wie kann unter letztlicher Bezugnahme auf das Selbstbewußtsein (Ich) als Prinzip die Leistung von Kategorien bei der Unterscheidung des Ich vom Anderssein draußen systematisch entwickelt und wie der Beitrag der Formen zum Aufbau von Erfahrung, zur Konstitution von Objekten, letztlich zum Begreifen »des Seins« dargestellt werden? Die Details dieses Programms muß ich hier natürlich aussparen. Doch wäre eine maßgebliche Seite der nachkantischen Dialektik für nachfolgende Zwecke aufzunehmen: Für Kant, so haben wir gesehen, spielt der Satz vom Widerspruch eine bedeutende Rolle. Denn analytischen Sätzen a priori kommt nach seiner Lehre die Eigenschaft zu, daß aus dem Subjekt eines Satzes ein »Prädikat nach dem Satze des Widerspruchs« nur »herausgezogen« werden muß (II 53). Wenn ich sage ›Dies ist ein Körper‹, so kann ich daraus als Urteil über seine Eigenschaften »herausziehen« (a): ›Dieser Körper ist ausgedehnt‹. Nach dem Satze vom Widerspruch ist es ausgeschlossen, zu behaupten (b): ›Dieser (gleiche) Körper ist *nicht* ausgedehnt‹. Beides zugleich geht nicht!

Ich gehe davon aus, auch die Dialektiker nach Kant wollten nicht behaupten, zwei Sätze à la (a) und (b) könnten – so, wie sie aufgeschrieben wurden! – beide gleichzeitig wahr sein. Nun treibt aber das »Widerspruchsprinzip« schon bei Fichte und Hegel die »Ableitung« der Kategorien aus dem Ich an. Also wären Seiten an diesem »Widerspruchsprinzip« auszumachen, die weder in Kants »Satz vom Widerspruch«, noch in der Aufstellung *scheinbar* gleichermaßen beweisbarer Sätze und Gegensätze seiner transzendentalen Dialektik aufgehen. Auch die Details *dieses* Programms muß ich aussparen, darauf verzichten, anzugeben, was »die Dialektik« Fichtes oder Hegels sei, wenn damit nicht bloß ihre Werke gemeint sein sollten.

Ich bescheide mich damit, eine *dialektische Argumentationsfigur* zu umreißen (vgl. Daniel 1983, S. 29 ff.). Unter »Argumentationsfigur« sei a) eine bestimmte, abgrenzbare Menge von inhaltlichen Aussagen verstanden, die in vielen Fällen durch eine gemeinsame (ebenso oft: bildhafte) Grundvorstellung zusammengehalten werden. Das Zweck-Mittel-Schema der Rationalität wäre eine solche Grundvorstellung und die Aussagen Kants zum hypothetischen Imperativ ließen sich als dadurch zusammengehaltene Satzmengen lesen. b) Selbstverständlich sind derartige Sätze auch nach *Regeln* aufeinander bezogen, etwa durch Verknüpfungsregeln verbunden oder Ableitungsregeln einander nachgeordnet etc. c) Diese Argumentationsfiguren können als »Muster« verstanden werden, mit deren Hilfe andere und unübersichtliche Aussagensysteme geordnet und theoretische Probleme bearbeitet werden können. In ihrer Anwendung können sie sich verändern, beispielsweise differenzieren. d) Auch können sie mit anders gearteten Argumentationsfiguren zusammenwirken, mit diesen gekoppelt oder gar in diese »aufgehoben« werden. e) Als *dialektische* Argumentationsfiguren müßten sie jedoch Regeln und/oder Grundvorstellungen beinhalten, die ein über den elementaren »Satz vom Widerspruch« hinausgehendes Verständnis von »Widerspruch« zulassen.[57] Eine dialektische Argumentationsfigur, die gerade diese letzte Eigenschaft illustrieren könnte, scheint mir von alters her in Analysen des *Warentauschs* angelegt zu sein.

Im Buch V/8 seiner »Nikomachischen Ethik« befaßt sich Aristoteles mit Fragen des »proportionalen Vergeltens«. Vergelten kann man einem etwas, indem man's ihm zurückgibt. Dieses Zurückgeben kann seinerseits von primitiver Rache – Auge um Auge, Zahn um Zahn – bis hin zu ausgleichender Gerechtigkeit reichen. In den »geschäftlichen Beziehungen« der Menschen beweist das Geben und Zurückgeben seine »zusammenhaltende Kraft« nach Aristoteles am deutlichsten.

»Denn proportionale Vergeltung ist es, die Zusammenhalt des Gemeinwesens gewährleistet. Die Bürger suchen nämlich Böses mit Bösem zu vergelten, und wenn sie es nicht können, so erscheint ihnen ihr Gemeinwesen als Sklavengemeinschaft, oder sie suchen Gutes mit Gutem zu vergelten, und wenn sie es nicht können, so kommt keine Gegenseitigkeit zustande. Auf Gegenseitigkeit aber beruht ihr Zusammenhalt.« (Basistext a, S. 113 f.)

Geben und Zurückgeben im ökonomischen Bereich bedeutet *Austausch*, Gabe um Gegengabe.

Bleiben wir zur Veranschaulichung beim ganz einfachen Fall nur zweier Tauschpartner A und B, die zwei arbeitsteilig hergestellte Produkte c und d auf den Markt bringen wollen (ebd., S. 114):

Figur 1:

A \ / B   »Nehmen wir einen Baumeister A, einen Schuh-
  \ /   macher B, ein Haus c und Schuhzeug d: so muß
   X   der Baumeister vom Schuhmacher dessen Erzeug-
  / \   nis bekommen und er dem Schuhmacher zum
c / \ d   Ausgleich das seinige geben.« (Ebd.)

Dieses Kreuz, das Aristoteles zur Kennzeichnung der Austauschbeziehung zwischen A und B einzeichnet, hat die Gestalt des griechischen Buchstabens »Chi« = χ, so daß man mit Goehler (1980, S. 60 ff.) auch von der Elementarfigur des Chiasmus sprechen kann.[58]

Marx hat die chiastische Austauschstruktur des Aristoteles mit Hilfe von Begriffen weiter ausgebaut, die ihre Herkunft aus der Hegelschen *Widerspruchslehre* nicht verleugnen:

»Die Ware *ist* Gebrauchswert, Weizen, Leinwand, Diamant, Maschine etc., aber als Ware ist sie zugleich *nicht* Gebrauchswert. Wäre sie Gebrauchswert für ihren Besitzer, d.h. unmittelbar Mittel zur Befriedigung seiner eigenen Bedürfnisse, so wäre sie nicht Ware. Für ihn ist sie vielmehr *Nicht-Gebrauchswert*, nämlich bloß stofflicher Träger des Tauschwertes, oder bloßes *Tauschmittel;* als aktiver Träger des Tauschwertes wird der Gebrauchswert Tauschmittel. Für ihn ist sie Gebrauchswert nur noch als Tauschwert.« (Basistext b, S. 38).

Das läßt sich als Versuch Marxens lesen, die chiastische Ausgangsstruktur (Figur 1) durch die Merkmale einer Gegensatz- oder Widerspruchsrelation (g) zu ergänzen. Goehler (1980, S. 61) hat das Ergebnis sehr übersichtich eingetragen:

Figur 2:

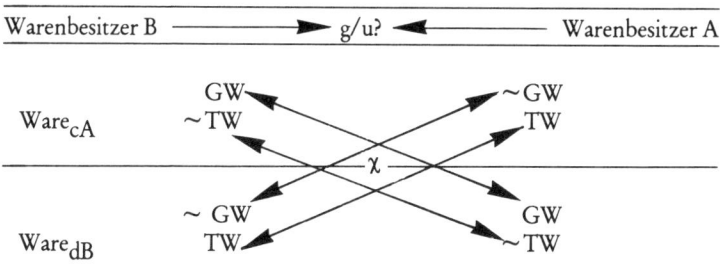

Leicht lassen sich die Zitate bei Marx in diese Figur eintragen: Die objektiven Standorte der Warenbesitzer im Reproduktionskreislauf und ihre Bedürfnisse und Motive sind einzubeziehen, um einen *wirklichen Austauschprozeß* studieren zu können (vgl. Ritsert 1983). *Für* den Waren-besitzer A hat seine Ware cA keinen unmittelbaren Gebrauchswert. Marx: Sie »ist Nicht-Gebrauchswert« (∼GW). Wohl aber hat sie für ihn einen Tauschwert (TW). Der Baumeister A will für das erstellte Haus eine Karrenladung Schuhe vom Schuster B. Für den Warenbesitzer B hat die gleiche Ware cA unmittelbaren Gebrauchswert (GW), aber keinen Tauschwert (∼TW). Er will in das Haus einziehen. Die gleiche Umkehrung läßt sich unter Bezugnahme auf die Ware dB durchspielen (s. Figur 2). Verbindet man die äquivalenten Ausdrücke bei A und B, ergibt sich die klassische Überkreuzstruktur des Chiasmus.

Allerdings kann der *dialektische* Gehalt der Figur 2 sehr leicht überschätzt werden! Denn wo wäre die *Gegensatzrelation* oder *Widerspruchsrelation* g im Diagramm zu verorten? Die Beziehung zwischen A und B ist so noch nicht die eines Gegensatzes, sondern nur eine des *Unterschieds* (der objektiven Standpunkte und subjektiven Perspektiven) im »Geschäftsleben«. Die sich daraus gleichwohl ergebende Seitenverkehrung der Bedeutung der Waren *für sie* (∼GW/TW et vice versa) erzeugt noch keine explizit »widerspruchslogischen« Probleme. Vor allem die Klassengegensätze, die spezifisch kapitalistischen Formbestimmungen des Verhältnisses von Herr und Knecht machen deutlicher, wo bei Marx die Erweiterung der chiastischen Ausgangsstruktur zur *dialektischen Argumentationsfigur* zu suchen wären! Doch belassen wir es bei der rein *formalen* Angabe wie die entsprechende »widerspruchslogische Figur« (vgl. Daniel 1983, Kap. 1; Ritsert 1983) dann aussehen könnte:

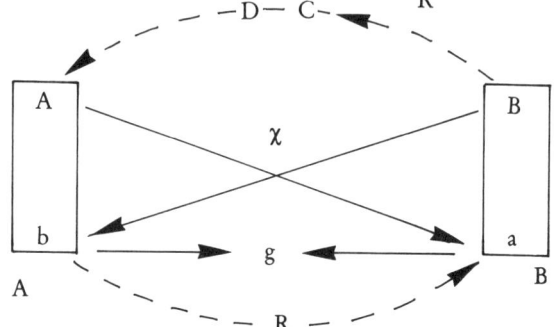

Figur 3:

Dieser Kojèvesche Kreis (vgl. Kojève 1975, S. 108) soll Folgendes ausdrücken:

1.) Es gibt eine strikte Gegensatzrelation g zwischen A und B. z.B. die Existenzbedingungen des einen lassen sich nur auf Kosten derjenigen des anderen verändern.

2.) Gleichwohl gibt es *immanente* (zu den Wesensbestimmungen von A,B...) gehörende Bestimmungen (Merkmale, Existenzbedingungen...) von A, die an sich zu den Wesensbestimmungen von B gehören – und umgekehrt. Damit erhalten wir die Überkreuzrelation χ. Ein Beispiel, das Punkt 1 und 2 zusammennimmt: »Das Kapital kann sich nur vermehren, indem es sich gegen die Arbeitskraft austauscht, indem es Lohnarbeit ins Leben ruft. Die Arbeitskraft des Lohnarbeiters kann sich nur gegen Kapital austauschen, indem sie das Kapital vermehrt, indem sie die Macht verstärkt, deren Sklavin sie ist. *Vermehrung des Kapitals ist daher* Vermehrung des Proletariats, d.h. der Arbeiterklasse.« (Marx/Engels 1952, S. 80)

3.) Von einer weiteren Relation R, die zusätzliche Instanzen C, D... ein- oder zusammenschließt, sei hier abgesehen.

Die Figur sei überdies so formal belassen, wie sie oben im Buche steht, denn es handelt sich um eine *Struktur,* nach der sich recht verschiedenartige Sachverhalte, nicht nur die (erweiterten) Beziehungen von Schuster und Baumeister ordnen lassen. Goehler hat m.E. recht, wenn er den – allerdings zumindest bis zur Figur 3 hin zu erweiternden – Chiasmus als eine bedeutsame *dialektische* Argumentationsfigur bei Marx herausstellt. »Was ist Dialektik?« (Popper in Topitsch 1965). Wohl dem, der eine wirklich verbindliche Antwort wüßte! Die Figur verkörpert bestenfalls *eine* dialektische Argumentationsfigur, deren Zusammenspiel mit anderen vielleicht einen etwas breiteren Begriff von »Dialektik« vermitteln könnte. Sie bereitet immerhin schon bei Aristoteles Möglichkeiten, einen »dialektischen« Problemhorizont zu bearbeiten, den Marx dann in einer nach meiner Überzeugung unübertroffenen Form absteckt: den Problembereich des *Geldes!*

Kapitel 8
Vernunftschluß und Bedingungstotalität

Kant-Lektüre: KrV II 312–319 (A298–309; B355–366)
          II 327–335 (A321–333; B377–397)

Zurück zu Kant! Denn die Operationen, die am Begriff der »Dialektik« vorgenommen werden, führen weg von seinen Vorstellungen von Transzendentaler Dialektik als *Logik des Scheins!* *Daß* das oberste Erkenntnisvermögen sich in spekulative Sätze und Gegensätze verstricken kann, wurde angedeutet, nicht jedoch, wie dieser Schein im einzelnen aussieht oder wie er gar behoben werden könne. Angedeutet wurde auch, daß der Vernunft durchaus positive Funktionen zukommen, daß sie also in doppelter Hinsicht zwiespältig sein kann: Einmal kann sie sich in den Zwiespalt von gleichermaßen beweisbaren spekulativen Sätzen und Gegensätzen verstricken (Kapitel 9), zum anderen aber die unerläßliche Aufgabe übernehmen, den »Stoff der Anschauung« unter »die höchste Einheit des Denkens zu bringen« (II 312). Diese Aufgabe soll in diesem Kapitel skizziert werden. Ihre Erfüllungsmöglichkeit hängt für Kant entscheidend von einer positiven Rolle eigenständiger Vernunftideen ab. Über seine Version des Begriffs der IDEE wäre nun ebenfalls etwas zu sagen.

Eine Unterscheidung von zwei elementaren Gebrauchsarten der Vernunft kann den Weg zur Einsicht in die unabdingbaren Systematisierungsleistungen des obersten Erkenntnisvermögens bereiten: die Unterscheidung eines *logischen* vom *reinen* Gebrauch der Vernunft.

Die Logiker, so erinnert Kant, haben eine klare Auskunft auf die Frage nach den Grundmerkmalen der Vernunft. Sie sei das »Vermögen, mittelbar zu schließen« (II 312). Also wäre, um den *logischen*

Gebrauch der Vernunft abstecken zu können, die Differenz zwischen *mittelbarem* und *unmittelbarem* Schließen auszuloten.

Ganz allgemein gilt einer ja als vernünftig, wenn er die richtigen Schlußfolgerungen aus Voraussetzungen und Umständen zu ziehen versteht. Bei einem *unmittelbaren Schluß*, den Kant auch *Verstandesschluß* nennt, lassen sich die Konsequenzen direkt, ohne Umwege, aus dem vorliegenden Urteil ziehen:

>»In dem Satze: *alle Menschen sind sterblich*, liegen schon die Sätze: einige Menschen sind sterblich, einige Sterbliche sind Menschen, nichts, was unsterblich ist, ist ein Mensch, und diese sind also unmittelbare Folgerungen aus dem ersten. Dagegen liegt der Satz: alle Gelehrten sind sterblich, nicht in dem unterlegten Urteile (denn der Begriff der Gelehrten kommt in ihm gar nicht vor), und er kann nur vermittelst eines Zwischenurteils aus diesem gefolgert werden.« (II 315)

Um einzusehen, worum es bei *unmittelbaren Schlüssen* (consequentia immediata) geht, nehme man sich also ein Urteil wie: >Alle Menschen sind sterblich< vor und unterziehe es einer Satz-*Analyse*. Man braucht nichts anderes als das Ursprungsurteil selbst heranzuziehen, um einzusehen, daß es eine Reihe anderer Urteile in sich einschließt; z.B. das Urteil >Nichts, was unsterblich ist, ist ein Mensch<. Das Verfahren ist demnach im Prinzip das Gleiche, das Kant bei der reinen Begriffsanalyse vorführte: Man braucht nicht aus dem Begriff der >Kugel< herauszugehen, um einzusehen, daß dieselbe rund ist.

Ganz anders liegen die Verhältnisse bei Sätzen wie >Alle Gelehrten sind sterblich<. Es liege das Ausgangsurteil >Alle Menschen sind sterblich< vor. Ich kann es drehen und wenden wie ich will, ohne mindestens ein Zusatzurteil, nämlich: >Alle Gelehrten sind Menschen<, kann ich jene profunde Einsicht über die prinzipielle Vergänglichkeit auch der Klügsten *nicht* ableiten. Wenn man Vernunft tatsächlich als das »Vermögen, mittelbar zu schließen«, ansieht, dann könnte die gelungene Folgerung aus mindestens einem Urteil mittels mindestens eines Zwischenurteils ganz allgemein *Vernunftschluß* heißen.

VERNUNFTSCHLUSS

Urteil 1 (U1): Alle Menschen sind sterblich (Formel: MeP)
Urteil 2 (U2): Alle Gelehrten sind Menschen (Formel: SeM)

Schlußfolgerung: Also gilt: Alle Gelehrten sind sterblich (SeP)

U2 ist das Zwischenurteil

Doch mit Hinweisen auf vernunftschlüssige Gebräuche unseres obersten Erkenntnisvermögens sind wir immer noch nicht bei Einzelheiten jener eigenständigen und höchsten Systematisierungsleistung der Vernunft angelangt. Soweit sie positiv zu bewerten ist, also kein dialektisches Blendwerk bereitet, muß in Rechnung gestellt werden, daß sie sich *nicht direkt* auf Anschauungen bezieht, sondern den von Verstandesregeln geleisteten Synthesen (des Anschauungsmaterials) ihrerseits eine höhere Einheit und Systematik verleiht:

>Der Verstand mag ein Vermögen der Einheit der Erscheinungen vermittelst der Regeln sein, so ist die Vernunft das Vermögen der Einheit der Verstandesregeln unter Prinzipien. Sie geht also niemals zunächst auf Erfahrung, oder auf irgend einen Gegenstand, sondern auf den Verstand, um den mannigfaltigen Erkenntnissen desselben Einheit a priori durch Begriffe zu geben, welche Vernunfteinheit heißen mag, und von ganz anderer Art ist, als sie von dem Verstande geleistet werden kann.« (II 314/A 302; B 359)

Diese besondere Vernunfteinheit läßt sich recht gut im Ausgang von Vernunftschlüssen erläutern: Das Urteil U1 im angeführten Beispiel für Vernunftschlüsse kann man als *Voraussetzung* der Schlußfolgerung ansehen, U2 als eine *Rand- oder Zusatzbedingung*. Doch haben Voraussetzungen nicht ihrerseits Voraussetzungen? Lassen sich nicht Prämissen aus noch höheren Prämissen (und unter Berücksichtigung weiterer und allgemeinerer Bedingungen) ableiten? Wählt man diese Fragestellung, dann betritt man offensichtlich die Stufen einer »*aufsteigende(n) Reihe* der Vernunftschlüsse« (II 334). Deren Ende wäre erreicht, wenn es keine höheren Vorausetzungen mehr gibt, aus denen die Voraussetzungen »niederer« Schlüsse abgeleitet werden können! *Das Streben nach diesem Endpunkt - und das hieße ja auch: nach Vollständigkeit von Erklärungen - läßt sich als die eigentliche Wurzel für den positiven Gebrauch des obersten Erkenntnisvermögens ansehen:* »Daher, wenn eine Erkenntnis als bedingt angesehen wird, so ist die Vernunft genötigt, die Reihe der Bedingungen in aufsteigender Linie und ihrer Totalität nach gegeben anzusehen.« (II 334)

Der positive Vernunftgebrauch wäre demnach Ausdruck all unserer Bemühungen, zur Totalität der - wie Kant sagt - »Bedingungen«[59] für erklärungsbedürftige Sachverhalte vorzudringen! Das kann man sich an drei Fluchtlinien vernünftiger Systematisierungsversuche verdeutlichen:

a) Vernünftig ist die Bemühung, nach immer *allgemeineren* Voraussetzungen von Voraussetzungen zu suchen, mit deren Hilfe sich problematische Sachverhalte schlüssig erklären lassen.

b) Vernünftig wären alle Versuche, die *Gesamtheit* aller Bedingungen (auch der Randbedingungen) abstecken zu wollen, die z.B. in einer Ursachenkette x-y-z... das problematische Ereignis E hervorgerufen haben.

c) Vernunftgemäß kann es sein, nach der *unbedingten,* gleichsam »letzten« Bedingung in Bedingungsketten zu suchen:

»Nun geht der transzendentale Vernunftbegriff jederzeit nur auf die absolute Totalität in der Synthesis der Bedingungen, und endigt niemals, als bei dem schlechthin, d.i. in jeder Beziehung, Unbedingten. Denn die reine Vernunft überläßt alles dem Verstande, der sich zunächst auf die Gegenstände der Anschauung oder vielmehr deren Synthesis in der Einbildungskraft bezieht. Jene behält sich allein die absolute Totalität im Gebrauche der Verstandesbegriffe vor, und sucht die synthetische Einheit, welche in der Kategorie gedacht wird, bis zum Schlechthinunbedingten hinauszuführen. Man kann daher diese die *Vernunfteinheit* der Erscheinungen, so wie jene, welche die Kategorie ausdrückt, die *Verstandeseinheit* nennen.« (II 330/A 326; B 382 f.)

Unvernünftig wäre es allerdings, wie sich noch zeigen wird, anzunehmen, diese hochgesteckten Ziele seien irgendwo erreicht worden oder jemals erreichbar für uns!

Im Augenblick können wir als Resultat festhalten: Die Vernunft als das oberste Erkenntnisvermögen erzeugt nicht nur den dialektischen Schein als Blendwerk, sondern übernimmt eine unerläßliche Aufgabe: Sie zeichnet unseren Erkenntnisbemühungen eine *Zielrichtung* vor, nämlich die, alle mit Hilfe unseres Verstandes erreichten Erkenntnisse in Richtung auf vollständige und zu den »letzten Voraussetzungen« strebende Erklärungen zu systematisieren. Man muß das Unmögliche wollen, um das Mögliche zu erreichen. Diese hochgesteckten Ziele mögen niemals verwirklicht werden, ohne sie »sich vorschweben zu lassen«, gäbe es keinen Erkenntnisfortschritt!

Eine derartige Weise des Vernunftgebrauchs läßt sich gewiß nicht auf formal-analytische Übungen beim mittelbaren Schließen zurückführen. Sie bedeutet *Erweiterung* der Erkenntnis *in Richtung auf* die »absolute Totalität in der Synthesis der Bedingungen« – was den erwähnten Fluchtlinien a und b entspricht – und in *Richtung auf* »das schlechthin Unbedingte« (Fluchtlinie c).

Welche Rolle kommt den IDEEN bei dieser besonderen Art von Synthesis zu? Im Stile einer einfachen Analogie läßt sich sagen: Im Verlauf der ›Transzendentalen Analytik‹ haben sich die zeitschematisierten Kategorien als maßgebliche Bestandteile der *Verstandesprinzipien* herausgestellt. Die Analytik der Grundsätze versteht sich ja in einer Hinsicht als Untersuchung des Anteils eines jeden einzelnen Stammbegriffs beim Aufbau (bei der Konstitution) von Gegenständen als Erscheinung. Auch die Vernunftprinzipien stellen auf ihre besondere Weise *Grundsätze* dar. Doch an die Stelle der zeitschematisierten Stammbegriffe des reinen Verstandes treten nun die *Ideen der reinen Vernunft:*

> »Ich verstehe unter der Idee einen notwendigen Vernunftbegriff, dem kein kongruierender Gegenstand in den Sinnen gegeben werden kann. Also sind unsere jetzt erwogenen reinen Vernunftbegriffe *transzendentale Ideen.*« (II 331/A327; B383)

Der Begriff der IDEE wird auf diese Weise nach zwei Richtungen hin abgegrenzt: Im Unterschied zur klassischen griechischen Philosophie versteht Kant Ideen nicht als unserem Erkenntnisvermögen vorgegebene Wesenheiten. Die Ideen unterscheiden sich aber auch von den Kategorien als Formen des Verstandes. Vor allem dadurch, daß ihre Steuerungsfunktion für Synthesen keine ist, die sich – wie bei den Stammbegriffen – direkt auf Anschauung bezöge und die Konstitution von Gegenständen (als Erscheinung) anleitete. Den Ideen kann nicht irgendein entsprechender »Gegenstand in den Sinnen gegeben werden«. Ihre Bedeutung für Synthesen besteht vielmehr darin, die Verknüpfung von Anschauungselementen, die der Verstand mit Hilfe seiner Kategorien regelt, zur »Einheit der Totalität aller Bedingungen« zu führen. Also geht ein transzendentaler Vernunftbegriff »jederzeit nur auf die absolute Totalität in der Synthesis der Bedingungen, und endigt niemals, als bei dem schlechthin, d.i. in jeder Beziehung, Unbedingten«. Ideen sind »Begriffe der reinen Vernunft; denn sie betrachten alles Erfahrungserkenntnis als bestimmt durch eine absolute Totalität der Bedingungen«. Die Ideen suchen die »synthetische Einheit, welche in der Kategorie gedacht wird, bis zum Schlechthinunbedingten hinauszuführen« (II 330 f.).

Wir sind damit zu den beiden Grundmustern des positiven Vernunftgebrauchs zurückgekehrt: Ideen steuern a) die Erweiterung der

Erkenntnis in Richtung auf *Bedingungstotalität* und b) auf das schlechthin Unbedingte. X hat Y herbeigeführt, aber wodurch ist X zustandegekommen usw. (Fragerichtung a). Was ist die letzte Ursache oder das oberste Erklärungsprinzip für E? (Fragerichtung b) Stets wäre jedoch darauf zu achten, daß damit Erkenntnisziele gesteckt sind und daß wir der Bedingungstotalität oder dem Schlechthinunbedingten in keiner Erfahrung (in der Wirklichkeit) jemals begegnen werden. »Denn die absolute Totalität der Bedingungen ist kein in einer Erfahrung brauchbarer Begriff.« (Ebd.) Mit anderen Worten: Wir können die *absolute* Einheit aller Bedingungen niemals *erfahren* (aufdecken) und als endliche Wesen niemals die Endstation unbedingter Prinzipien *tatsächlich erreichen*. Gleichwohl geben die Ideen unseren Erkenntnisbemühungen Linie und Richtung, sie stellen *regulative Prinzipien* dar!

»Ob wir nun gleich von den transzendentalen Vernunftbegriffen sagen müssen: *sie sind nur Ideen,* so werden wir sie doch keineswegs für überflüssig und nichtig anzusehen haben. Denn wenn schon dadurch kein Objekt bestimmt werden kann, so können sie doch im Grunde und unbemerkt dem Verstande zum Kanon seines ausgebreiteten und einhelligen Gebrauchs dienen, dadurch er zwar erkennen würde, aber doch in dieser Erkenntnis besser und weiter geleitet wird.« (II 332/A329; B385)

Ideen bedeuten gleichsam idealisierte Zielvorstellungen. Wir müssen so arbeiten, *als ob* die Bedingungstotalität abschreitbar und das Schlechthinunbedingte für uns erreichbar wäre.

Schon an dieser Stelle können wir uns die Ursprünge des *transzendentalen Scheins* ausmalen: Das Blendwerk der reinen Vernunft entsteht erst, wenn man die Ideen so verwendet, als könnten sie der Erkenntnis von Sachverhalten dienen, die jenseits der Grenzen unserer sinnlichen Erfahrungsmöglichkeiten gelegen sind. Vernunft verrennt sich in unauflösbare Widersprüche, wenn sie z.B. die Totalität der Bedingungen nicht wie ein Erkenntnis*ziel,* sondern wie etwas behandelt, *worüber* sich Aussagen machen lassen.

Wie sehen die Vernunftideen inhaltlich aus, wieviele gibt es von ihnen? Antwort gibt Kant auf seine bekannte Weise, also mit Hilfe von Einteilungen, die er der formalen Logik entnimmt. Wir haben ja die positiven Funktionen und Zielsetzungen des obersten Erkenntnisvermögens im Ausgang von Formen des mittelbaren Schließens betrachtet. Typen des Schlußfolgerns können nun also als Leitfaden zur Bestimmung der Vernunftideen dienen. Nach Ansicht von Logikern zu Zeiten Kants gibt es drei elementare Typen von Schlüssen:

a) *Kategorische Schlüsse:* In diese gehen Urteile der Form SeP: »Brunellus ist (mit Sicherheit) ein Esel« ein.

b) *Hypothetische Schlüsse:* Ihr Basisurteil lautet: Wenn S, dann P. »Wenn ein Stein in die Luft geworfen wird, dann fällt er anschließend wieder zurück auf den Boden.«

c) *Disjunktive Schlüsse:* Ihr Grundurteil lautet: Entweder S oder P. Brunellus ist entweder ein Tier oder eine Pflanze.

Von daher läßt sich der erste Schritt zur Gewinnung der Vernunftideen tun:

a) Die Vernunft stellt, wie wir gesehen haben, auf das »Unbedingte« ab. Bei kategorischen Urteilen wäre dieser Standpunkt erreicht, könnte man bei dementsprechenden Schlußfolgerungen von einem (logischen) Subjekt ausgehen, das in keinem höheren Urteil, in keiner höheren Voraussetzung mehr als ein Prädikat auftreten kann. Ein solches Subjekt wäre »absolutes Subjekt«. Absolutes Subjekt wäre es demnach auch, wenn es als Subjekt des höchsten, seinerseits nicht mehr weiter ableitbaren Urteils in einer Ableitungshierarchie kategorischer Schlußketten gelten könnte.

b) Im Falle hypothetischer Urteile gilt es, das Unbedingte von der »Wenn«-Klausel in den Ausgangsurteilen der entsprechenden Schlüsse her zu deuten. Das Unbedingte wäre mit *der* Voraussetzung (= »Wenn«) gegeben, der keine weiteren Voraussetzungen (Wenn-Klauseln) mehr vorgeschaltet sind. Bei einem derartigen ›Wenn‹ gäbe es einfach kein ›Wenn und Aber‹ mehr!

c) Bei disjunktiven Schlüssen geht es um's ›Entweder-Oder‹, z.B. um Sein oder Nicht-Sein. Wenn dies die Frage ist, wäre das Unbedingte mit *vollständigen Einteilungen* erreicht. Denn alles wäre dann nach ›entweder-oder‹ sortiert und es bestünde heilsame Klarheit darüber, wo *alles* hingehört (vgl. II 328).

Noch liegt ein loses Ende des Leitfadens herum! Denn seine an die Einteilung der Schlüsse in der formalen Logik angelehnte Gliederung verbindet Kant mit einer weiteren, auf *Vorstellungsarten* bezogenen (vgl. II 335 ff.). Es sei ein Ergebnis der KrV, daß Vorstellungen drei grundlegende Bezugspunkte hätten:

1.) Das Subjekt der Erkenntnis
2.) Dinge als Erscheinungen
3.) Dinge an sich selbst

Vor allem also mittels der Einteilung der Schlußtypen und der Vorstellungsarten knüpft Kant einen vielleicht etwas verknoteten Leitfaden, an dem man sich an Art und Anzahl jener Vernunftideen heranhangeln kann, welche sich auf die »unbedingte(), synthetische() Einheit aller Bedingungen überhaupt« richten (II 336):

1.) Ideen der absoluten (unbedingten) Einheit des denkenden Subjekts.
2.) Ideen der absoluten Einheit der Bedingungen der Erscheinung.
3.) Ideen der absoluten Einheit der Bedingungen aller Gegenstände überhaupt.

Jetzt erst läßt sich mit Fug die Frage nach dem *reinen* Gebrauch des obersten Erkenntnisvermögens stellen: »Mit einem Worte, die Frage ist: ob Vernunft an sich, d.i. die reine Vernunft (in Gestalt des obersten Erkenntnisvermögens – C.D.) a priori synthetische Grundsätze und Regeln enthalte, und worin diese Prinzipien bestehen mögen?« (II 317/A 306; B 363). In diese Prinzipien müßten die IDEEN auf ähnliche Weise eingehen wie die KATEGORIEN in die Grundsätze der transzendentalen Analytik.

Kapitel 9
Satz und Gegensatz –
Über die Vernunftprinzipien

Kant-Lektüre: Als Beispiel KrV II 341–361 (A341 ff.; B399 ff.)

Wenn die Ideen der reinen Vernunft mehr als Zielpunkte (regulative Prinzipien) wären, müßte der *reine* Vernunftgebrauch eigentlich zu »a priori synthetischen Prinzipien« führen. Den drei Ideengruppen entsprechend, lägen diese Vernunftgrundsätze in drei metaphysischen Hauptbereichen:

1.) Im Bereich der rationalen (spekulativen) *Psychologie*. Denn deren Gegenstand wäre das denkende Subjekt in seiner »unbedingten Einheit.«
2.) Im Bereich der *Kosmologie*. Denn der »Inbegriff aller Erscheinung« ist die Welt, deren Komplexität auch der Systemtheoretiker reduzieren will (s.o.S. 126 f.)
3.) Im Bereich der *Theologie*. Denn »... das Ding, welches die oberste Bedingung der Möglichkeit von allem, was gedacht werden kann« (II 336) darstellt, ist *Gott* als das Wesen aller Wesenheiten.

»Also gibt die reine Vernunft die Idee zu einer transzendentalen Seelenlehre (psychologica rationalis), zu einer transzendentalen Weltwissenschaft (cosmologia rationalis), endlich auch zu einer transzendentalen Gotteserkenntnis (theologia transcendentalis) an die Hand.« (Ebd.)

Die Sätze der spekulativen Psychologie, Kosmologie und Theologie wären synthetische Urteile aus reiner Vernunft, die sich auf »Sachverhalte« jenseits der Grenzen unserer Erfahrungsmöglichkeiten beziehen! Sind sie überhaupt möglich? Kant leitet Basisurteile dieser metaphysischen Disziplinen ab, um dann zu zeigen, daß sich mit ihnen der dialektische Schein auftut, den zu erzeugen das oberste Erkenntnisvermögen ebenfalls geeignet ist.

Man braucht nur noch den letzten Knoten des Kantschen Leitfadens aufzuheben, um darauf zu kommen, welche *einzelnen* metaphysischen Basisurteile zu den drei Ideengruppen gehören: Der Anwendung des Einteilungsprinzips in vier *Kategorienarten* (= Quantität, Qualität, Relation und Modalität) auf die drei *Ideengruppen* entspringen die *dialektischen Grundsätze* der reinen Vernunft. Mit anderen Worten: Den drei Ideengruppen der reinen Vernunft entsprechen nicht nur jene drei Hauptthemenbereiche der Metaphysik, sondern diese umgreifen drei Klassen widersprüchlicher Vernunftgrundsätze, die Kant auch »dialektische Schlüsse« nennt:

a) Die Paralogismen der reinen Vernunft (II 341 ff./A 341 ff.; B 399 ff.)
b) Die Antinomien der reinen Vernunft (II 399 ff./A 405 f.; B 437 ff.)
c) Die Ideale der reinen Vernunft (II 512 ff./A 567 ff.; B 595 ff.)

Die Basisurteile in diesen drei Klassen entstammen im wesentlichen der Kreuztabellierung mit den vier Arten von Kategorien.

Mehr als einige grobe Verbindungslinien zum umfangreichen Material Kants über die dialektischen Schlüsse der Metaphysik kann ich hier nicht ziehen.

Die Paralogismen der reinen Vernunft

Weil sie von den Ideen einen *konstitutiven,* nicht bloß einen *regulativen* Gebrauch machen, weil sie also mit dem Anspruch verbunden sind, Einsicht in Gegenstandsbereiche über alle Grenzen unserer (sinnlichen) Erfahrungsmöglichkeiten hinaus zu erweitern, verstricken uns die dialektischen Schlüsse der reinen Vernunft letztlich in eine Logik des Scheins. Die drei metaphysischen Hauptdisziplinen bewegen sich also in unauflösbaren Scheinproblemen und Widersprüchen.

Der dialektische Schein hat allerdings seine Wurzeln genau in den Ansprüchen, die andererseits den positiven Gebrauch der reinen Vernunft ausmachen. Reine Vernunft will zum schlechthin Unbedingten bzw. zur Totalität aller Bedingungen vordringen. Das allein zwingt sie natürlich noch nicht zu Scheinlösungen. Im Gegenteil: Sie zeichnet derartige Zielpunkte im Interesse der allerhöchsten Vereinheitlichung unserer Verstandeserkenntnisse notwendigerweise (a priori) vor. Dialektischer Schein entsteht erst, wenn Vernunft gleichzeitig den Anspruch erhebt, etwas Definitives jenseits der »Grenzen unserer Erfahrung« erkannt zu haben. Unvermeidlich wird der Selbstwiderspruch, wenn sie die Totalität aller Bedingungen nicht wie ein Ziel, sondern wie einen Gegenstands- oder Themenbereich behandelt, über den sich stichhaltige und synthetische Urteile fällen lassen. Vernunfterkenntnis wird auf diese Weise zur Spekulation, die etwas über Wirklichkeiten ausmachen will, an die keine Erfahrung heranreicht.

Die »Paralogismen« bedeuten einen Typus erfahrungsenthobener Scheineinsichten im Bereich der rationalen Seelenkunde. Diese will nach Kant herausfinden, »was unabhängig von aller Erfahrung (welche mich näher und in concreto bestimmt) aus diesem Begriffe *Ich,* so fern er bei allem Denken vorkommt, geschlossen werden kann« (II 341). Anders ausgedrückt: Die spekulative Seelenlehre aus reiner Vernunft versucht, etwas über das »Ich denke«, das alle meine Vorstellungen muß begleiten können, unabhängig von seiner Rolle bei *empirischer* Erfahrung, bei der Erkenntnis von *Gegenständen als Erscheinung* herauszubekommen: »*Ich denke,* ist also der alleinige Text der rationalen Psychologie, aus welchem sie ihre ganze Weisheit auswickeln soll.« (II 342)

Von diesem elementaren Prinzip »Ich denke« ausgehend, will sie beispielsweise zeigen, daß die Seele eine *Substanz* ist.[60] Unabhängig von jeder Erfahrung, empirischen Anschauung, soll also bewiesen werden, man müsse die Seele des einzelnen Subjekts wie eine *primäre Substanz* behandeln. Dementsprechend werden ihr von der rationalen Seelenlehre auch bestimmte Grundeigenschaften (Attribute) zugeschrieben, so etwa die der *Einfachheit* und *Einheit.* Die Seele bewahre Identität im Zeitablauf und stelle eine Wesenheit dar, die in Beziehung zu anderen möglichen Gegenständen im Raum stehen können.

Sein Einteilungsprinzip der vier Kategorienarten einsetzend, gelangt Kant zu vier dialektischen Hauptschlüssen, zu vier Scheinthesen (Paralogismen) der rationalen Seelenkunde:

1) Die Seele ist eine immaterielle (unkörperliche, also denkende) *Substanz.* Descartes hatte sie ja in der Tat als res cogitans bezeichnet;

2) Die Seele ist unzerstörbar (»Inkorruptibilität«);
3) Die Seele ist Ausdruck der persönlichen Identität des Subjekts;
4) Die Seele ist das bewegende Prinzip allen Lebens.

Für Kant handelt es sich in allen vier Fällen um Fehlschlüsse, um trügerischen dialektischen Schein der Erkenntnis. Um die Art seiner Einwände zu kennzeichnen, seien nur zwei Argumentationslinien herangezogen:

Erkenntnis ist nach den Ergebnissen der ›Transzendentalen Ästhetik‹ (Kapitel 2) nicht ohne die Prinzipien unserer Sinnlichkeit, also nicht ohne die Anschauungsformen RAUM und ZEIT möglich. Obendrein gehören die zwölf Stammbegriffe zu den Bedingungen der Möglichkeit einer Erkenntnis der Gegenstände (als Erscheinung). Die metaphysische Seelenkunde versteht die Seele aber als eine körperlose Substanz. Eine körperlose Substanz ist im buchstäblichen Sinn ein Unding, ein Etwas, was niemals als Gegenstand der Erfahrung auftreten kann. Denn der zeitschematisierte Stammbegriff »Substanz« führt nirgendwo auf einen derartigen Sachverhalt *als Erscheinung in Raum und Zeit!* Also handelt es sich hier um eine jener reinen Vernunftideen, welche »die Möglichkeiten der Erfahrung« übersteigen, bei denen dennoch so getan wird, als bezögen sie sich auf ein erfahrbares *Etwas.* Es ergibt sich ein innerer Widerspruch. Darin, in dieser Suggestion, es werde über eine erfahrbare Substanz geredet, die zugleich »körperlos«, also nicht raumzeitlich anschaubar sein soll, liegt der Fehler bei diesem dialektischen Vernunftschluß. »Ich kann Wissen von meinen Erfahrungen, meinen Bewußtseinszuständen haben, aber ich kann kein Wissen von irgendeiner Seelensubstanz haben, der sie angeblich zugehören.« (Wilkerson 1976, S. 106)

Worauf kann sich eigentlich unser aller Annahme stützen, wir besäßen eine durchgehende Einheit in der Zeit, eine »Identität«? Was immer dazu als Antwort herangezogen werden kann, die Annahme einer einfachen und einheitlichen Seelensubstanz ist keine! Denn können wir nicht wenigstens einige empirische Anhaltspunkte für dieses merkwürdige Gebilde anführen, erklären wir nur ein Mysterium durch ein Geheimnis. Abgesehen davon, daß es nach den Ergebnissen der ›Transzendentalen Ästhetik‹ unsere Erfahrungsmöglichkeiten überfordert, nach einer zeitlosen Substanz Ausschau zu halten, würden uns Möglichkeiten für den Entscheid fehlen, warum es nur eine und nicht mehrere dieser Seelensubstanzen in uns geben soll.

Kants Überlegungen zu den Paralogismen der reinen Vernunft folgen vielen Pfaden. Unstrittig dürfte sein, daß das Ich (Selbstbewußtsein) ein herausragendes Motiv seiner theoretischen Philosophie darstellt. Um diesen »höchsten Punkt« noch einmal von einer anderen Seite her zugängig zu machen, könnten einige zügige Schritte durch die Paralogismenkritik dienlich sein:

1. *Schritt:* Die synthetische Einheit der Apperzeption, jenes »Ich denke, das alle meine Vorstellungen muß begleiten können«, erinnert uns in seiner einfachsten Ausprägung an einen schlichten Sachverhalt: Anschauungen und Vorstellungen sind *notwendigerweise,* d.h. hier: von der Organisation unseres Denkens und Sprechens her immer solche einer bestimmten und einzelnen Person. »Es ist für mich sinnvoll, zu fragen, ob eine bestimmte Empfindung schmerzvoll ist oder nicht, oder wie lange sie anhält, oder ob sie nachgelassen hat, aber nicht, ob sie die meine ist.« (Wilkerson 1976, S. 108)

Schon daraus ergeben sich Einwände gegen die rationalistische Seelenkunde: Selbstbewußtsein ist kein Bewußtsein eines Selbst, das man sich wie ein - wenn auch körperloses - Ding, wie eine primäre Substanz ausmalen darf! Auch Humes assoziationspsychologischer Weg der Selbsterkenntnis ist versperrt. Man erfährt über sein »Selbst« nichts, wenn man nach (empirisch) gemeinsamen Merkmalen der dem »inneren Sinn« präsentierten Vorstellungen oder nach den empirischen Gesetzen ihres zufälligen Zusammen-Auftretens (Assoziation) sucht. Auf diesem Wege verliert sich nicht zuletzt das Grundmerkmal der *Selbstbezüglichkeit* »des Ich« in der Unbestimmtheit. Vorstellungsgleichheit ist nicht gleich individueller Identität!

2. *Schritt:* Wie die transzendentale Deduktion der reinen Verstandesbegriffe ausgewiesen hat, ist der Gedanke beim ersten Argumentationsschritt garnicht so trivial, wie er klingen mag. Geht man auf Weisen, die ich zu skizzieren versucht habe (s.o.S. 107 ff.), einige Schritte weiter, dann stößt man auf den entscheidenden Sachverhalt. Kein Gegenstandsbewußtsein ohne Selbstbewußtsein, kein Selbstbewußtsein ohne Gegenstandsbewußtsein! Selbstbewußtsein wäre ohne die Vorstellung einer äußeren Objektwelt, ohne die Fähigkeit (Aktivität; Spontaneität) »des Ich«, einen Unterschied zwischen sich und Nicht-Ich machen zu können, nicht möglich. »Das Ich« ist keine

Substanz (Tat*sache*), sondern - wie Fichte zur kantischen Spontaneität sagt - eine »Tathandlung«.

3. Schritt: Die Schritte 1 und 2 erfreuen uns keineswegs nur mit analytischen Sätzen der Qualität: »Alle Kugeln sind rund«. Es geht nicht um die profunde Einsicht: »Ich bin Ich«, sondern um eine Unterscheidungsleistung, die wir jederzeit bei all unserem Denken und Handeln, in Alltagswelt und Wissenschaft, müssen erbringen können. Anderenfalls wüßten wir weder was von uns selbst, noch von Objekten. Ohne die in dieser Hinsicht laufenden Streitigkeiten austragen zu wollen, sei die Frage in Raum und Zeit gestellt: Ist das ›Ich denke‹ nicht eher Ausdruck der je individuellen Fähigkeit des »Sichunterscheidens-In-sich« (Hegel) als das Ergebnis einer Analyse, die feststellt, daß unsere Sprache nun mal so funktioniert?

4. Schritt: Nehmen wir für's Weitere an, es gäbe erkenntniserweiternde Urteile a priori über sich selbst. Wie sollen die aber möglich sein, wenn die Kritik der metaphysischen Seelenkunde zeigen kann, daß die Seele gar keine primäre Substanz ist? Wenn man von »dem Ich«, »dem Selbst«, »dem Selbstbewußtsein« redet, ist man doch dem Anschein nach mit einer derartigen, körperlosen Substanz befaßt, der man obendrein noch bestimmte Attribute zuschreibt. Anders formuliert: Wie sollen wir überhaupt der Aussagen über »die Identität« fähig sein, wenn personale Identität nicht wie ein substantielles Etwas mit Eigenschaften behandelt werden kann:

»Die Einheit des Bewußtseins, welche den Kategorien zum Grunde liegt, wird hier für Anschauung des Subjekts als Objekts genommen, und darauf die Kategorie der Substanz angewandt. Sie ist aber nur die Einheit im *Denken*, wodurch allein kein Objekt gegeben wird, worauf also die Kategorie der Substanz, als die jederzeit gegebene *Anschauung* voraussetzt, nicht angewandt, mithin dieses Subjekt garnicht erkannt werden kann.« (II 335/ B 421 f.)

5. Schritt: Kant hält der rationalen Seelenlehre entgegen, sie mache Aussagen über eine Seelensubstanz ohne Rücksicht darauf, daß uns Gegenstände immer nur in der Erfahrung als Erscheinungen gegeben sein können. Strawson gibt diesem Einwand eine besondere Wendung: Seiner Auffassung nach lassen sich Begriffe wie ›Ich‹, ›Selbst‹, ›Identität‹ garnicht rein, ohne jeden empirischen Anhaltspunkt für das damit Gemeinte verwenden. Das habe Kant gesehen: »Es ist durchaus klar in Kants Position enthalten, daß jeder Gebrauch des Begriffs eines numerisch identischen Subjekts von Erfahrungen, das Beständigkeit im Zeitablauf hat[61], empirisch anwendbare Kriterien der Identität verlangt, und daß keine derartigen Kriterien durch die notwendige Einheit der Apperzeption geliefert werden« (Strawson 1966, S. 164). Um welche Art Kriterien soll es sich dabei handeln? Nach Strawson wäre zu bedenken, daß »unser gewöhnlicher Begriff *persönlicher* Identität empirisch anwendbare Kriterien für die numerische Identität eines Subjekts von Erfahrungen im Zeitablauf mit sich führt und daß diese Kriterien, obwohl sie nicht gleich denen für körperliche Identität sind, eine notwendige Bezugnahme auf den menschlichen Körper beinhalten«. Vermutlich soll dies heißen: Über die Identität irgendeines erfreulichen oder fragwürdigen Subjekts[62] können wir nicht ohne irgendwelche *empirischen* Anhaltspunkte für ihr Vorhandensein reden. Dabei verschiebt sich allerdings die Bedeutung von ›Identität‹ von der Unterscheidungsleistung (s.o.) in Richtung auf: »Dieser und kein anderer«! Die Anhaltspunkte »draußen« für diese Art Identität sind nach Strawson nicht *gleich* denen, die man benutzen kann, um erfolgreich zu behaupten: Dies und nur dies ist sein unverwechselbarer Heldenkörper! Aber unter Bezugnahme auf ein paar körperliche Merkmale schreiben wir ihm auch jene persönliche Identität zu. Damit wäre so etwas wie ein Ausweg aus den Paralogismen der rationalen Seelenkunde eröffnet. Denn auf der einen Seite bleibt *Erfahrung* für die Bestimmung einer »Identität« maßgebend, auf der anderen geht die persönliche Identität jedoch nicht in der Summe empirischer Anhaltspunkte auf, ohne daß sie als jene mysteriöse Seelensubstanz ausgemalt würde.

6. Schritt: Strawson argumentiert allerdings vom Standpunkt eines *äußeren Beobachters* aus, der Aussagen über die persönliche Identität eher in der Gestalt der unverwechselbaren und zeitlich dauerhaften Einzelheit des anderen machen will. Der Körper dieses Gegenübers als eine Substanz *in Raum und Zeit* (Erfahrung, Anschauung) gilt als die sinnliche Basis für diesen Beobachter, anhand derer er seinem Gegenüber »Identität« zuschreibt, ohne daß er diese Identität mit dem Körper des beobachteten Subjekts gleichsetzen dürfte. *Aufgrund* körperlicher Anhaltspunkte sagt er etwas über die Identität des anderen und seine speziellen Seelenzustände aus. Allerdings füllen Aussagen über Möglichkeiten und Grenzen dieses Rückschlusses die philosophischen Bände.

7. Schritt: Die Nachfolger Kants, vor allem Fichte, sind einen etwas anderen Weg gegangen. Fichte fordert die Leser seiner Texte auf: »Merke auf dich selbst; kehre deinen Blick von allem, was dich umgibt ab, und in dein Inneres...« (1961, S. 9). Daran schließt sich die nächste Empfehlung an, man solle sich selbst und sonst nichts anderes denken. Dazu sei ein jeder, der bei Trost ist, ja wohl fähig. Schließlich frage man sich, was man bei diesem speziellen Akt anstelle. ICH, das Zentrum dieser Spontaneität, vollziehe – was jeder andere im Prinzip auch kann – den *Akt* des Sichselbstdenkens, bei dem Denken und Gedachtes, Subjekt und Objekt, keine zwei *getrennten Substanzen* darstellen! Dieses Einssein werde ich also nicht inne, indem Ich »mein Ich« wie ein Ding betrachte, sondern in der Tathandlung des Sichselbstdenkens, damit in der Erbringung der Unterscheidungsleistung, werde ich mir dieser Aktivität als der meinen (selbstveranlaßten) bewußt. Das ICH erweist sich dem Selbstdenken nicht als eine Tat-*Sache* (Substanz!), sondern als Tat-*Handlung!* Also nimmt in diesem Falle auch kein Spiegel-Ich einen Beobachterstandpunkt gegenüber einem Ich-Ding ein, wie es die rationale Seelenlehre so will. Beim Sichselbstdenken ist man sich seiner ohne alle Umwege über körperliche Anhaltspunkte gewiß. Strawson erhebt keinen Einspruch gegen diese Behauptung: Er meint ausdrücklich, »es gäbe keinen Sinn, zu denken oder zu sagen: Ich erinnere mich mit Bestimmtheit, daß diese innere Erfahrung aufgetreten ist, aber ist sie als meine Erfahrung aufgetreten?« (Strawson 1966, S. 165)

8. Schritt: Strawsons Vorschläge mögen strittig sein oder nicht. Fichte mag weiterhin in das läppische Klischee des »absoluten Idealisten« gezwängt werden. Sie haben beide auf ihre je spezifische Weise die Mängel beheben wollen, die Kant anhand der Ich-Vorstellung der psychologia rationalis aufzeigte. Niemand wird ernsthaft behaupten können, das in den Paralogismen der reinen Vernunft aufgenommene Problem sei heutzutage nur noch von philosophiegeschichtlicher Bedeutung. Der Blick in irgendeinen der einschlägigen soziologischen Texte zum Thema »Identität« würde einen schnell eines Besseren belehren und mit Paradebeispielen der Verdinglichung des Ich-Begriffs geradezu überwältigen. Auch die Streitfrage der kriteriengebundenen oder kriterienlosen Bestimmung der eigenen Identität ist weit davon entfernt, ausgestanden zu sein: »Da in der Selbstzuschreibung von vielen Zuständen Fehlidentifikationen (nicht empirisch, sondern wegen der Sinnwidrigkeit des Gegenteils) ausgeschlossen sind, muß gefolgert werden, daß die Selbstidentifikation in diesen Fällen ohne allen Gebrauch von Kriterien der Identität erfolgt« (Henrich in Marquard/Stierle 1979, S. 177; vgl. auch Bieri 1981, S. 199 ff.). Liegt das wirklich nur daran, wie unsere Sprache bei der ersten Person Singular funktioniert, oder ist die Tathandlung eine *Kompetenz,* die faktisch in Anspruch genommen werden kann und muß?[63]

Die Paralogismenlehre steckt einen Problemhorizont ab, in den noch viele Theoretiker wacker ausschreiten werden.

Die Antinomien der reinen Vernunft

»Antinomien« nennt Kant jene Vernunftprinzipien, welche sich mit Fragen des unbedingten Ursprungs bzw. der Gesamtheit der Bedingungen einer Bedingungskette befassen. Die positive Seite des reinen Vernunftgebrauchs besteht darin, unseren Erkenntnisbemühungen, dem Streben nach dem Schlechthinunbedingten und/oder nach Einsicht in die Totalität aller Bedingungen interessierender Sachverhalte ein *Ziel* zu stecken. Das führt nicht zwangsläufig in Widersprüche. Doch in dem Moment, wo der Anspruch erhoben wird, auf der Suche nach der Bedingungstotalität etwas über die Welt jenseits der Grenzen unserer sinnlichen Erfahrungsmöglichkeiten auszumachen, verstrickt sich die Vernunft unabweisbar in Widersprüche mit sich selbst.

Die Paralogismen der reinen Vernunft versprachen dem Anschein nach kategorische Schlußfolgerungen über das Subjekt der Erkenntnis als Substanz. Art und Struktur der Antinomien ergeben sich im Ausgang von hypothetischen Schlüssen über die Erscheinungswelt. Sie dokumentieren die dialektischen Grundsätze einer *rationalen Kosmologie.*

Zum wiederholten male die Tafel der vier Kategorienarten einsetzend, entwickelt Kant vier Paare von Aussagen (Thesis) und Gegenaussagen (Antithesis) über die Welt als Inbegriff aller Erscheinungen.

Die *1. Antinomie* beschäftigt sich mit dem Streben der Vernunft, die Gesamtheit (Totalität) der verschiedenen Dinge und Ereignisse in Raum und Zeit abzugrenzen. Welche Ausdehnung hat die Welt in Raum und Zeit? Gibt es einen *leeren* Raum jenseits der am weitesten entfernten Objekte oder nicht? Gibt es eine *ereignislose* Zeit vor den ersten Ereignissen oder nicht? Als Thesis und Antithesis formuliert:

Thesis: »Die Welt hat einen Anfang in der Zeit und ist dem Raum nach auch in Grenzen eingeschlossen.« (II 412)

Antithesis: »Die Welt hat keinen Anfang und keine Grenzen im Raume, sondern ist, sowohl in Ansehung der Zeit, als des Raums, unendlich.« (II 413)

Beide Sätze sind antinomisch, sie schließen einander aus. Also könnte eigentlich nur einer von ihnen wahr sein. Doch Kant versucht zu zeigen, daß sich *für beide* ein absolut stichhaltiger Beweisgang anführen läßt! Ein endgültiger Entscheid zwischen Thesis und Antithesis wird dadurch unmöglich! Aufgelöst werden kann dieser Widerspruch nur, indem man die beiden kosmologischen Grundurteile als Ausdruck eines Scheinproblems erkennt. Es entsteht allein dadurch, daß über ›die Totalität‹ aller Bedingungen und Voraussetzungen so geredet wird, als sei sie etwas, worüber man Aussagen genau nach der Art derjenigen machen könne, welche über Gegenstände (als Erscheinung) gemacht werden. Der ganze Spuk verschwindet, wenn man einsieht: Die »Totalität von Bedingungen oder Erscheinungen« ist kein Sachverhalt, der jemals in unserer Erfahrung auftreten könnte.

Die *2. Antinomie* ergibt sich aus Versuchen des obersten Erkenntnisvermögens, die Totalität der Merkmale komplexer (zusammengesetzter) Gegenstände (Substanzen) durch sorgfältige Aufgliederungen näher zu bestimmen. Gibt es letzte, unteilbare Substanzen (Atome!) oder müssen wir von der unendlichen Teilbarkeit aller Substanzen ausgehen? Wiederum sind *beide* Möglichkeiten sehr wohl denkbar, wiederum läßt sich nach Kant für *beide* ein schlagender Beweis führen.

Thesis: »Eine jede zusammengesetzte Substanz in der Welt besteht aus einfachen Teilen, und es existiert überall nichts als das Einfache oder das, was aus diesem zusammengesetzt ist.« (II 420)

Antithesis: »Kein zusammengesetztes Ding in der Welt besteht aus einfachen Teilen, und es existiert überall nichts Einfaches in derselben.« (II 421)

Mir scheint es sinnvoll, das Streben der Vernunft, das hinter der 1. Antinomie steht, als Streben nach *extensiver Totalität* zu bezeichnen. Sie möchte gleichsam das Ganze aller Einzelheiten überschauen. Die 2. Antinomie gründet hingegen in einem Streben nach *intensiver Totalität*. Vernunft möchte, zergliedernd, in die letzten Einzelheiten gehen. Beide Strebungen sind positiv richtungsweisend, beide führen jedoch zum dialektischen Trugschluß, wenn »Totalität« als erfahrbarer Bereich behandelt wird. In Antinomien verstrickt sich die Vernunft also, wenn beide Totalitäten wie ein jenseits der Grenzen unserer Sinnlichkeit stehender und dennoch mit begrifflichen Mitteln auslotbarer *Kosmos* behandelt werden. Kant nennt die beiden ersten Antinomien auch »mathematische Antinomien«.

Während bei den mathematischen Antinomien die Gegensätze entstehen, weil der Anspruch erhoben wird, die extensive und intensive Totalität nicht als Ziel bloß anzustreben, sondern kosmologisch zu erkennen, beziehen sich die beiden anderen, die »dynamischen Antinomen«, auf den unbedingten Ursprung von Ereignissen.

Die *3. Antinomie* befaßt sich mit der Frage, ob es auch »Kausalität aus Freiheit« gibt. Ursachen und Wirkungen gelten als »zeitassymetrisch«, die Wirkung kann der Ursache zeitlich nicht vorangehen. Also kann man sich die Welt als eine riesige, zeitlich geordnete Kette von Ursachen und Wirkungen vorstellen. Die alte aristotelische Frage liegt mithin nahe: Weist diese Kette einen autonomen Ursprungsort auf, dem keine weitere Ursache vorgelagert ist, oder nicht? Thesis und Antithesis der 3. Antinomie drücken beide Denkmöglichkeiten aus:

Thesis: »Die Kausalität nach Gesetzen der Natur ist nicht die einzige, aus welcher die Erscheinungen der Welt insgesamt abgeleitet werden können. Es ist noch eine Kausalität durch Freiheit zu Erklärung derselben anzunehmen notwendig.« (II 426)

Antithesis: »Es ist keine Freiheit, sondern alles in der Welt geschieht lediglich nach Gesetzen der Natur.« (II 427)

Wiederum liefert Kant für *beide* Sätze jeweils einen Beweis, den er für schlagend hält. Das dialektische Blendwerk entsteht auch in diesem Falle dadurch, daß die unendliche Bedingungskette für Ereignisse gar kein Sachverhalt ist, der jemals Gegenstand der Erfahrung sein könnte. Gleichwohl behandelt die rationale Kosmologie sie wie ein Gebiet, das man bestimmen könne, nicht wie ein Ziel, das es anzustreben gelte.

Mit der *4. Antinomie* leiten die Wege schon in das Gebiet der rationalen Theologie hinüber (s.u.). Denn nun wird die Frage aufgeworfen, ob es ein »schlechthin notwendiges Wesen« gibt, das als eine »schlechthin notwendige Welturursache außer der Welt« wirkt oder nicht.

Thesis: »Zu der Welt gehört etwas, das, entweder als ihr Teil, oder ihre Ursache, ein schlechthin notwendiges Wesen ist.« (II 434)

Antithesis: »Es existiert überall kein schlechthinnotwendiges Wesen, weder in der Welt, noch außer der Welt, als ihre Ursache.« (II 435)

So gestellt, gibt es keinen Entscheid zwischen Frage und Gegenfrage. Für beide Annahmen lassen sich gleich gute Gründe geltend machen. Der Widerspruch stammt daher, daß Aussagen über ein »schlechthin Unbedingtes« in Anspruch genommen werden, das niemals Gegenstand unserer Erfahrung sein kann!

Alle vier Antinomien gliedern sich nach These und Antithese. Die vier *Thesen* zusammen genommen, beschreiben nach Kant die Position des metaphysischen *Dogmatismus,* die vier *Antithesen* die des philosophischen *Empirismus.* Allesamt dokumentieren sie Dialektik als *Logik des Scheins,* als Trugschlüsse, in die sich reine Vernunft unter bestimmten Voraussetzungen verstricken *muß.*

Kants Antinomienlehre hat im buchstäblichen Sinne Schule gemacht. Während seiner Tätigkeit als Rektor am Nürnberger Ägidiengymnasium konnte Hegel dem seiner Meinung nach begrenzten Vergnügen nachgehen, Schüler mit vorbereitendem Unterricht in Philosophie zu erfreuen. Den Berichten über die von ihm vorgeschlagenen und abgehaltenen Unterrichtsstunden läßt sich entnehmen, daß er es auch als seine Aufgabe ansah, »die Studierenden in das abstrakte Denken einzuleiten, womit bei Gelegenheit des Dialektischen, mit dessen vormaliger (!) Gestalt sie an den kantischen Antinomien bekannt gemacht wurden, auch Anfänge des spekulativen Denkens sich verbanden« (Hegel, *Werke 4,* S. 296). In unseren Tagen überwiegen jedoch die Vorbehalte gegenüber den Hinweisen auf

Vorzüge. So hält beispielsweise Wilkerson die Frage nach der Unendlichkeit oder Endlichkeit des Raums als Kosmos mit der Einsteinischen Relativitätstheorie für entschieden: »Nach Einsteins Relativitätstheorie ist der Raum endlich in dem Sinne, daß alles, was sich in beliebige Richtung von einem bestimmten Punkt aus in gerader Linie fortbewegt, letztlich zu diesem Punkt zurückkehrt; Gleichwohl ist der Raum ohne alle Grenzen, von grenzenloser Ausdehnung« (1976 S. 120). Als etwas verwirrend muß es allerdings anmuten, daß die modernsten Physiker immer neue Teilchen teilen und auch nicht so recht sagen können, wo dieser Prozeß wohl sein Ende fände. Wie ist es überdies mit dem Anfang der Welt? Gab es den »big bang« oder nicht?

Philosophiegeschichtliches Beispiel 5: Gottesbeweise

»Aufklärung ist der Ausgang des Menschen aus seiner selbstverschuldeten Unmündigkeit« (VI 53/A481). Habe »Mut, dich deines *eigenen* Verstandes zu bedienen« ist ihr Wahlspruch. Sich des eigenen Verstandes bedienen zu können, setzt aber auch voraus, daß die weltlichen und geistigen Mächte von ihren Bevormundungsversuchen endlich Abstand nehmen. Vernunft ist jeder Instrumentalisierung der Menschen und allen Verordnungen eines blinden Glaubens entgegengesetzt. Bemühungen, die Spannung zwischen Vernunft (ratio) und Glauben (fides) auszutragen, sind allerdings wesentlich älter als die Aufklärungsphilosophie. Selbst die christlich-scholastische Theologie-Philosophie bewegt sich in diesem Spannungsfeld. »Ratio« bedeutet allerdings im scholastischen Denken nicht einfach die klare und klärende Menschenvernunft etwa als Kraft der Analyse. Über allen Bemühungen um Erkenntnis steht z.B. für *Anselm von Canterbury* (1033-1109) die objektive Vernunft als ›Veritatis ratio‹ oder ›fidei ratio‹. Mit fidei ratio sind Vernunft und Glauben in der christlichen Offenbarung, in diesen als gesichert geltenden *Glaubenswahrheiten* vereint. »Fidei ratio« versteht sich somit nicht als Vernunft, deren sich der Mensch als Erkenntnisvermögen bedienen könnte, sondern als ›logos‹, im Wort Gottes offenbar gewordene Wahrheit. Deswegen betont Anselm: »Neque enim quaero intelligere ut credam; sed credo ut intelligam. Nam et hoc credo, quia nisi credidero non intelligam«. (Ich suche nicht nach Vernunfteinsicht, um zu glauben, sondern ich glaube, um Einsicht zu gewinnen. Ja, ich glaube sogar, daß ich niemals zur Vernunfteinsicht gelangte, hätte ich keinen Glauben.) ›Fides quaerens intellectum‹ ist der Glaube auf der Suche nach Vernunfteinsicht. Wissen mit Hilfe der menschlichen Erkenntnisvermögen soll nur auf der Grundlage der christlichen Glaubenswahrheiten erreichbar sein.

Unter diesen Voraussetzungen wäre es etwas irreführend, die *Gottesbeweise* aus der Tradition christlichen Philosophierens allein als Bemühungen um den Beweis des Daseins Gottes mit strengen logischen Mitteln, eben als einen aus schlüssiger Vernunft zu lesen. Dessen wird man natürlich auch am berühmtesten der Gottesbeweise, an dem Anselms inne: Zu den entscheidenden Voraussetzungen seines Beweisverfahrens im ›Proslogion‹ gehört ein der Offenbarung und damit den Glaubenswahrheiten entstammender »Name«, eine Anrede Gottes: »Wir aber glauben: Du bist Etwas, über dem Nichts Größeres gedacht werden kann.« (*Proslogion* 1; 101/4) K. Barth nennt diesen als Gebet oder Ausdruck der Glaubensbereitschaft gesprochenen Satz die »Formel für den *Namen* Gottes, wie er dem ihn erkennen wollenden Gläubigen offenbar ist« (1958, S. 98). Der gläubige Christ darf und soll nichts Höheres und Vollkommeneres neben Gott anerkennen; denn Gott ist ihm als ›ens realissimum‹ und ›ens perfectissimum‹, als das wirklichste[64] und vollkommenste Wesen offenbar. Der Name Gottes lautet demnach: »Id quo maius cogitari nequit«. (Das, über dem ein Höheres nicht gedacht werden kann.) Ein Heide und Tor (insipiens), der sich den *sprachlichen Sinn,* den *Inhalt* dieses Namens vergegenwärtigen kann, hat damit eine *Vorstellung* von Gott in seinem Bewußtsein, auch wenn er das wirkliche *Dasein* Gottes leugnen sollte. Der Name Gottes ist dem Heiden gegenwärtig, wenn er versteht, was ›Id quo maius cogitari nequit‹ meint, selbst wenn er behaupten sollte: Gott ist in Wirklichkeit garnicht da!

Allerdings, daß einer sich etwas *denken* kann, bedeutet noch lange nicht, daß das Gedachte in Wirklichkeit (in re) da ist, also existiert. Nun wird aber ein Heide, der ›Id quo maius cogitari nequit‹ als einen möglichen Gedanken zuläßt, folgende logische Schlußfolgerung ziehen müssen: Ein Wesen, dem auch das Merkmal der Existenz in re, also des wirklichen Daseins zukommt, ist etwas Höheres als das, welches *bloß* im Gedanken da ist. Also muß man mit dem Namen Gottes auch seine Existenz in re anerkennen, andernfalls verstrickt man sich in einen Widerspruch: »Wenn also ›Das, über dem ein Größeres nicht gedacht werden kann‹, nur in der Erkenntnis da ist, dann ist ›Das, über dem ein Größeres *nicht* gedacht werden kann‹, ein solches, über dem ein Größeres gedacht werden *kann*. Das kann es aber nicht sein.« (*Proslogion* I 101/17)

Immer wieder sind im christlichen Mittelalter Gottesbeweise versucht worden, immer wieder wurde der klassische Beweis von Anselm kommentiert und kritisiert. Schon zu Anselms Zeiten hat der Mönch Gaunilo einen klassischen Einwand erhoben: Man könne sich leicht eine schöne, paradiesische Insel denken, die in jeder denkbaren Hinsicht vollkommen sei, die aber noch nie jemand gesehen habe. Der *Gedanke,* daß die Insel vollkommen und damit auch existent ist, erlaubt keinesfalls die Schlußfolgerung, daß sie irgendwann einmal gefunden werden *muß!*

Andere, ebenso berühmte Gottesbeweise werden vom aristotelischen Flügel der scholastischen Philosophie vorgetragen. Deren Nachhall spürt man selbst noch in Kants Antinomienlehre; denn sie gehen meistens von Aristoteles' Bewegungstheorie und der Frage nach *letzten* Bewegungsursachen aus. »Alles, was sich bewegt, muß von etwas bewegt werden.« Anerkennt man dieses Konzept einer äußeren Anstoßbewegung bei Aristoteles, dann stellt sich natürlich die Frage, wer oder was hat den Anstoß für den Anstoß des Anstoßes gegeben? Kann man das bis alle Unendlichkeit hinterfragen? (2. Antinomie). Stößt man demgegenüber auf einen letzten und obersten Anstoßgrund? (1. Antinomie).

Auch vom Konzept der *inneren* Bewegung der Dinge her ergibt sich bei Aristoteles das gleiche Problem. Innere Bewegungen, so haben wir gesehen, sind Prozesse der Formvollendung. Gibt es eine letzte, oberste Form der Formen, zu der hin alles strebt, oder nicht. Aristoteles gibt auf diese Fragen schon Antworten mit theologischen Implikationen. Denn nach seiner Überzeugung ist es undenkbar, daß es eine Ursache der Ursache der Ursache... bis in alle Unendlichkeit geben könne. »Da Bewegung immer und ohne Unterbrechung sein muß, so muß es ein Ewiges geben, das ursprünglich bewegt, sei es eines oder mehrere, und somit einen ersten unbewegten Beweger«

(*Physik*, S. 280/258b4). Diesen »ersten unbewegten Beweger« (proton kinoun akineton) nennt er manchmal auch ›theos‹ (Gott.) »Unbewegt« bleibt dieser Beweger in der Hinsicht, daß ihm keine weitere Anstoßbewegung mehr vorgelagert sein kann. Denn wäre ihm ein Anstoßprinzip vorgegeben, das ihn in Bewegung setzt, wäre er garnicht der oberste Beweger. Dennoch heißt dies nicht, »theos« sei in sich bewegungslos!

Innere Bewegungen wurden als Prozeß der Formvollendung, als Prozeß von der Potentialität zur Aktualität beschrieben. So kann die Dynamik des ersten Bewegers allerdings nicht geartet sein. Denn »Potentialität« bedeutet ja eine noch nicht vollendete Formbestimmung, eine Unvollkommenheit, die der erste Beweger nicht aufweisen kann.

»Wenn es nun etwas gäbe, das fähig wäre, zu bewegen oder zu bewirken, das aber tatsächlich nicht verwirklicht, so müßte es keine Bewegung geben. Denn das, was über ein Vermögen (= Potentialität – C.,D.) verfügt, braucht nicht zu verwirklichen (= Aktualität – C.D.).« (*Metaphysik*, S. 310/1071b15)

Also muß ›theos‹ gleichsam *reine Aktualität,* reine Form sein. Denn befände sich der oberste Beweger auch nur teilweise in einem Zustand der Potentialität, in einem Stadium vor der Formvollendung, dann wäre das oberste Prinzip kein – wie Aristoteles sagt – »vorzügliches« (ebd., S. 320/1074b), sondern ein unvollkommenes. (Man sieht: Auch der Gedanke des ›ens perfectissimum‹ ist offensichtlich schon bei Aristoteles angelegt!)

Doch wie soll man sich diese »reine Aktualität« als *Prozeß* veranschaulichen. Aristoteles macht einen Vorschlag, dessen Nachhall wiederum über die Jahrtausende hinweg zu hören ist – nicht zuletzt in der ICH-Theorie von Kant, Fichte und Hegel: Da die Aktualität des obersten Bewegers keine sein kann, bei der sich das, was zunächst nur möglich ist, zur formvollendeten Wirklichkeit entfaltet, muß die Bewegung Gottes mit ihrem unmittelbaren Vollzug auch schon vollendet sein. Das bedeutet keinen Prozeß, bei dem sich etwas Mögliches langsam herausbildet wie die Pflanze aus dem Samen! Mit dem Samen muß die Pflanze gleichsam schon formvollendet dastehen! Suchen wir nach einem Beispiel für diesen merkwürdigen Prozeßtyp, dann stoßen wir auf die Bewegung des *Sichselbstdenkens:*

»Der Geist ist auch selbst denkbar wie die denkbaren Dinge. Denn bei den stofflosen Dingen ist das Denkende und das Gedachte eines und dasselbe.

Denn die betrachtende Wissenschaft und das derart Gewußte sind dasselbe... Bei den Dingen mit Materie ist er nur der Möglichkeit nach identisch mit dem jeweiligen Denkgegenstand.« (Aristoteles: *Von der Seele,* Ed. Gigon, S. 332/429b/430 a5)

Wenn ich *mich* denke, dann sind denkende Instanz und gedachter Gegenstand unmittelbar eins, beim Denken von Dingen in der Welt, »Dingen mit Materie« also, steht *unser* Denken nur potentiell, der Möglichkeit nach, in Übereinstimmung mit dem jeweiligen Gegenstand des Denkens.

Für die christlichen Theologen des Mittelalters ist Gott gewiß nicht oberstes Anstoßprinzip, sondern *Schöpfergott.* Aber die Argumente zum Beweis der Existenz dieses Gottes lassen sich bei Thomas v. Aquin und vielen anderen schwerlich aus der aristotelischen Bewegungslehre herauslösen. Anders als Anselm geht Thomas davon aus, es könne keine direkte Begründung der Existenz Gottes nur aus dessen »Name«, aus der Anrede als ens perfectissimum heraus, geben. Gottesbeweise sind Versuche, zu zeigen, daß der Satz: ›Gott existiert‹ wahr ist. Gewiß ist im Begriff »Gott« *an sich* das Merkmal »Existenz« enthalten. Demnach wäre das Urteil ›Gott existiert‹ genau so ein analytischer Satz wie ›Der Kreis ist rund‹. Aber *für uns,* als endliche Wesen, ist die Aussage ›Gott existiert‹ nicht so unmittelbar einsichtig und selbstverständlich wie: ›Der Kreis ist rund‹. Das liegt daran, daß wir - anders als bei einem Kreis, dessen Eigenschaften wir in reiner Anschauung konstruieren können - keine hinlängliche Einsicht in das Wesen Gottes haben.

›Gott existiert‹ stellt also kein analytisches oder synthetisches Urteil a priori dar, geschweige denn eine empirische Aussage a posteriori. Wenn obendrein der Weg der mystischen Versenkung in Gott nicht gegangen werden soll, bleibt in der Tat nur ein Ausweg offen: »Der Satz ›Gott existiert‹ ist... eine Wahrheit, die nicht unmittelbar und intensiv erfaßt wird, sondern aus anderen Erkenntnissen abgeleitet werden kann und muß, also der Demonstration fähig und bedürftig ist.« (M. Grabmann 1949, S. 106) An dieser Stelle kommt Aristoteles' Bewegungslehre in's Spiel: Unsere tagtäglichen sinnlichen Beobachtungen lehren uns zweifelsfrei, daß es Bewegung in der Welt gibt. »Alles aber, was bewegt wird, wird von einem anderen bewegt«. Das ist der Grundsatz aller Anstoßbewegungen bei Aristoteles. Der Anstoß setzt aber auch die innere Dynamik der Dinge in Gang.

»Denn bewegen ist nichts anderes als aus der Möglichkeit (= Potentialität - C.D.) in die Wirklichkeit (= Aktualität -C.D.) herauszuführen.«

Dem entspricht die aristotelische Theorie von der inneren Tendenz zur Formvollendung. Bleiben wir bei den Anstoßbewegungen, dann bedient sich Thomas v. Aquin (in seiner *Summa theologiae* I 2, 3) der gleichen Argumentationsstruktur wie Aristoteles: Alles, was bewegt ist, muß von einem anderen bewegt sein. Wenn aber dasjenige, welches etwas anderes in Bewegung gesetzt hat, selbst von etwas anderem bewegt wurde, dann muß dieses selbst wieder von einem Dritten bewegt worden sein usf. »Man kann aber nicht in's Unendliche fortschreiten!«

Warum nicht?: »... dann gäbe es kein erstes Bewegendes und infolgedessen auch kein anderes Bewegendes, weil die zweiten Bewegenden nur dadurch bewegen, daß sie von dem ersten Bewegenden bewegt sind, wie der Stock nur dadurch bewegt, daß er von der Hand bewegt ist. Folglich ist es notwendig, daß man an ein erstes Bewegendes kommt, das von keinem bewegt wird; und darunter verstehen alle Gott.«

Eine ähnliche Argumentationslinie bei Thomas geht davon aus, wir fänden in der sinnfälligen Welt eine Ordnung der wirkenden Ursachen vor. Nun wissen wir aber mit absoluter Sicherheit, daß nichts in der Sinnenwelt die Ursache seiner selbst (causa sui) sein kann. Anderenfalls wäre es ja »früher als es selbst«, was offenkundig unmöglich ist; denn keine Wirkung geht ihrer Ursache in der Zeitordnung voran. Also bilden alle Kausalzusammenhänge eine Ordnung, bei der »das Erste die Ursache des Mittleren und das Mittlere die Ursache des Letzten ist, möge das Mittlere aus mehreren oder nur einem bestehen«. Ursachen stehen gleichsam in Ursachen-Wirkungsketten. Verschwindet eine Ursache, so verschwindet auch die ihr nachgeordnete Wirkung. Gäbe es mithin keine *absolut erste* Ursache, könnte es auch nicht die Fälle der nachgeordneten Wirkungen in der für uns erfahrbaren Welt geben:

»Wenn man aber bei den wirkenden ins Unendliche fortschreitet, dann wird es keine erste wirkende Ursachen und so weder eine letzte Wirkung noch mittlere wirkende Ursachen geben, was offenbar falsch ist. Mithin ist es notwendig, eine erste wirkende Ursache anzunehmen, die alle Gott nennen.«

Uns heute mögen diese und die weiteren Argumentationslinien thomistischer Gottesbeweise als sophistisch, scholastisch und versponnen, jedenfalls als nicht besonders überzeugend vorkommen. Eine derartige Betrachtungsweise ist nicht frei von Eitelkeit. Wenn man sich klar macht, daß die aristotelische Physik die mittelalterlichen Naturlehren mit der gleichen Nachdrücklichkeit beeinflußte wie die Newtonsche Mechanik das Aufklärungsdenken (nicht zuletzt die KrV!), wird man die besondere Suggestivität derartiger Beweisgänge vielleicht doch nachempfinden können. Angesichts des Entwicklungsstandes des *christlichen* Abendlandes zu Kants Zeiten läßt sich aber auch ein doppelter Aspekt seines Werkes verstehen: Der Sachverhalt, daß Gottesbeweise und Gottesbegriff weiterhin eine besondere Rolle in seiner aufklärerischen Erkenntniskritik beibehalten, und daß er dennoch von der damaligen Variante des Radikalenerlasses bedroht war:

»Unsre höchste Person hat schon seit geraumer Zeit mit großem Mißfallen ersehen, wie Ihr Eure Philosophie zur Entstellung, Herabwürdigung und Entehrung mancher Haupt- und Grundlehren der Heiligen Schrift und des Christentums mißbraucht, wie Ihr dies namentlich in Eurem Buch ›Religion innerhalb der Grenzen der bloßen Vernunft‹ desgleichen in andern kleineren Abhandlungen getan habt... Wir verlangen des ehsten von Euch bei Vermeidung unserer höchsten Ungnade, daß Ihr Euch künftighin nichts dergleichen werdet zuschulden kommen lassen, sondern vielmehr Eurer Pflicht gemäß Euer Ansehen und Eure Talente dazu anwendet, daß unsre landesväterliche Intension mehr als bisher erreicht werde, widrigenfalls Ihr Euch bei fortgesetzter Renitanz unfehlbar unangenehmer Verfügungen zu gewärtigen habt.« (Brief des obersten Dienstherrn von Immanual Kant an denselben aus dem Jahre 1794)

Gott schütze uns vor derart »landesväterlicher Intension«!

Die Ideale der reinen Vernunft

»Ideale der reinen Vernunft« zählen zu der Klasse von Vernunftprinzipien, die bei überfliegendem Gebrauch den dialektischen Schein der rationalen Theologie, der spekulativen Gotteskunde erzeugen. Ganz allgemein gesehen, wäre das »Ideal der reinen Vernunft« in dialektischen Schlüssen eine Idee, welche sich auf ein *einzelnes* Ding beziehen soll, das jenseits all unserer Erfahrungsmöglichkeiten seine vorbildliche Existenz pflegt. Man denke etwa an das sokratische Paradigma der vollkommenen Tugend und Weisheit als gleichsam in einer einzelnen Person verkörpert, der man jedoch niemals in »irgendeiner Erfahrung« begegnen kann.

»Tugend, und, mit ihr, menschliche Weisheit in ihrer ganzen Reinigkeit sind Ideen. Aber der Weise... ist ein Ideal, d.i. ein Mensch, der bloß in Gedanken existiert, der aber mit der Idee der Weisheit völlig kongruieret. So wie die Idee die *Regel* gibt, so dient das Ideal in solchem Falle zum *Urbilde* der durchgängigen Bestimmung des Nachbildes, und wir haben kein anderes Richtmaß unserer Handlungen, als das Verhalten dieses göttlichen Menschen in uns, womit wir uns vergleichen, beurteilen, und dadurch uns bessern, obgleich es niemals erreichen können.« (II 513 f./A 569; B 597)

Positiv zu bewerten sind diese Ideale wiederum in der Hinsicht, daß sie unseren Erkenntnisbemühungen ein »unentbehrliches Richtmaß« geben. Sie sind Ausdruck jener unerläßlichen Funktion des obersten Erkenntnisvermögens, einen Begriff von dem, »was seiner Art ganz vollständig ist«, vorzuzeichnen. Wie bei den platonischen Paradigmata wird es mit ihrer Hilfe möglich, »den Grad und die Mängel des Unvollständigen zu schätzen und abzumessen« (II 514/A570; B598). Dialektischer Schein entsteht auch in diesem Falle erst, wenn ein Ideal der reinen Vernunft so verstanden wird, als bezöge es sich auf die Merkmale eines überweltlichen Einzelsubjekts. Und mit der 4. Antinomie tat sich schon die Widersprüchlichkeit aller Fragen nach der Existenz oder Nichtexistenz eines »schlechthin notwendigen Wesens« auf. Kurz: Beim Mißbrauch der Ideale der reinen Vernunft in dialektischen Schlüssen wird dieses schlechthin notwendige Wesen wie eine einzelne Person behandelt, die jenseits aller anschaulichen Erfahrbarkeit als das vollkommene Wesen existiert.

Aristoteles, Anselm, Thomas und Descartes haben allesamt Beweise für die Existenz *Gottes* als eines »schlechthin notwendigen« und »vollkommensten Wesen« zu liefern versucht. Doch Gottesbeweise bedeuten für Kant das klarste Beispiel maßloser Ansprüche jener rationalistischen, dem dialektischen Schein verfallenden Theologie, welche sich anheischig macht, etwas über Namen und Wesen Gottes herauszufinden. Kant greift nun seinerseits beim Versuch, diesen dialektischen Nebel zu durchdringen, auf die klassichen Vorstellungen von Gott an der Spitze aller Ursachenketten zurück:

»Man sieht Dinge sich verändern, entstehen und vergehen; sie müssen also, oder wenigstens ihr Zustand eine Ursache haben. Von jeder Ursache aber, die jemals in der Erfahrung gegeben werden mag, läßt sich eben dieses wiederum fragen: Wohin sollen wir nun die *oberste* Kausalität billiger verlegen als dahin, so auch die *höchste* Kausalität ist, d.i. in dasjenige Wesen, was zu der möglichen Wirkung die Zulänglichkeit in sich selbst ursprünglich enthält, dessen Begriff auch durch den einzigen Zug einer allbefassenden Vollkommenheit sehr leicht zu Stande kommt. Diese höchste Ursache halten wir denn für schlechthin notwendig, weil wir es schlechterdings notwendig finden, bis zu ihr hinaufzusteigen, und keinen Grund, über sie noch weiter hinaus zu gehen.« (II 527/A 589 f.; B 617 f.)

Nach Sichtung aller einschlägigen Anläufe vertritt Kant die Auffassung, es ließen sich drei und nur drei Grundarten von Beweisen für die Existenz Gottes unterscheiden: der ontologische, der kosmologische und der physikotheologische Gottesbeweis.

Der *ontologische Gottesbeweis* hat seine einflußreichsten Fassungen durch *Anselm,* später durch *Descartes* erhalten. Seinen Hauptgedanken darf man vielleicht – mit Kant – in der Aussage zusammenfassen, der Begriff eines Gottes, dem keine Existenz zugesprochen werden könne, sei ein in sich widersprüchlicher Begriff. Gott als dem ens perfectissimum könne also nicht ohne Widerspruch ›Existenz‹ als eine Eigenschaft, als ein Prädikat, abgesprochen werden. Zu Gott als absolutem Subjekt gehört das Wesensmerkmal des Seins. Anderenfalls wäre er keineswegs das vollkommenste Wesen.

Der Grundgedanke des *kosmologischen Gottesbeweises* lautet: »Wenn etwas existiert, so muß ein schlechterdingsnotwendiges Wesen existieren. Nun existiere, zum mindesten, ich selbst: also existiert ein absolut notwendiges Wesen.« (II 537/A 604; B 632) Ansätze zu dieser Beweisstrategie finden sich wiederum bei Descartes. Ganz schlüssig klingt dieser Schluß allerdings nicht. Vielleicht läßt er sich so entschlüsseln: Wenn überhaupt etwas existiert, dann ist es kausal von etwas anderem abhängig. Nun ist dieses Etwas wiederum von einem anderen Etwas kausal abhängig, welches nun seinerseits... Wir stehen wiederum vor der alten aristotelischen Denkfigur der endlosen Ursachenkette. Nun kann aber – trotz aller Unauflöslichkeit der 1. Antinomie – der Begriff einer unendlichen und unabgeschlossenen Reihe von Ursachen und Wirkungen kein vernunftgemäßer Begriff sein. Warum nicht? Nun, Kant hat ja selbst betont, Vernunft *strebe* nach Vollständigkeit der Einsicht in Bedingungen (Bedingungstotalität) bzw. nach dem Zielpunkt der unbedingten Voraussetzung. Also muß es eine erste, ihrerseits *nicht* verursachte Ursache an der Spitze der Kausalkette geben. Bei Aristoteles heißt sie »der unbewegte Beweger«; bei Descartes versteht sie sich als christlicher Schöpfergott. Descartes argumentiert: Ich zumindest existiere, dessen bin ich mir absolut gewiß. Ego cogito, ergo existo! Doch existiere ich nicht *durch* mich selbst! Also muß es am Ende der zahllosen Ursachen, welche mein Dasein bedingen, eine oberste geben. Gott als Schöpfer! Er hat in letzter Instanz mein Dasein bewirkt.

Das entscheidende Argument beim *physikotheologischen Gottesbeweis* lautet:

»Allerwärts sehen wir eine Kette von Wirkungen und Ursachen, von Zwecken und Mitteln, Regelmäßigkeit im Entstehen oder Vergehen, und, indem nichts von selbst in den Zustand getreten ist, darin es sich befindet, so weiset er immer weiter hin nach einem anderen Dinge, als einer Ursache, welche gerade eben dieselbe weitere Nachfrage notwendig macht, wo, daß auf solche Weise das ganze All im Abgrunde des Nichts versinken müßte, nähme man nicht etwas an, das außerhalb diesem unendlichen Zufälligen, für sich selbst ursprünglich und unabhängig bestehend, dasselbe behielte und als die Ursache ihm zugleich seine Fortdauer sicherte.« (II 550 / A 622; B 650)

Mit anderen Worten: Die geordnete Welt um uns herum kann nicht das Ergebnis des bloßen Zufalls sein, sie muß nach diesem »Beweisgang« einen Schöpfer haben.

Trotz all des logischen Scharfsinns, der in sie investiert ist: für Kant erwiesen sich die Gottesbeweise in letzter Instanz als dialektische Trugschlüsse. Keiner von ihnen ist stichhaltig, keiner als synthetisches Urteil aus reiner Vernunft möglich. Er geht sie nacheinander durch, um im Detail zu beweisen, daß Vernunft wiederum einen trügerischen Schein erzeugt, weil sie Erkenntnisansprüche über alle Grenzen unserer Erfahrungsmöglichkeiten hinaus erhebt. Zur Illustration seiner kritischen Einwände greife ich einen Argumentationsgang wider den ontologischen Gottesbeweis heraus:

Urteile weisen die Elementarstruktur S e P auf. ›Gott existiert‹ wäre damit ein inhaltlicher Einsetzungsfall in diese Form; denn ›Gott‹, einem wie eine Einzelperson vorgestelltem Subjekt, wird die Eigenschaft (das Prädikat) der ›Existenz‹ zugeschrieben. Das Prädikat ›existent‹ gehört aber zu einer ganz anderen Klasse von Eigenschaftsworten als Attribute wie ›rot‹, ›rund‹, ›groß‹. Es ist ohne weiteres informativ, zu sagen, irgendein Einzelding sei ›rot‹. Auf diese Weise werden Tatsachen, allerdings Erfahrungstatsachen im Rahmen meiner Rezeptivität und Spontaneität festgestellt. Sage ich jedoch: ›Die Katze existiert‹, so gewinne ich durch das Existenzprädikat keine *zusätzlichen* Informationen über Eigenschaften des lieben Tieres. Denn entweder spreche ich über ein sichtbar vorhandenes Exemplar der Gattung ›Katze‹ – dann habe ich mit dem Prädikat ›existent‹ nichts zu ihrer zusätzlichen Kennzeichnung herbeigeschafft. Oder ich male mir ein bislang noch nicht festgestelltes Exemplar mit roten Ohren und weißen Pfoten aus. Danach stelle ich fest: »Sieh' da, es existiert.« Das liefert in der Tat zusätzliche Information. Allerdings habe ich damit nur die Auskunft erhalten, daß es *in der Erfahrung,* in den Grenzen unseres sinnlichen Anschauungsvermögens einen Mäusefänger dieser Qualität gibt.

Bei Gottesbeweisen geht es demgegenüber um das Verhältnis des wirklichen zum »bloß Möglichen« (II 534). Einem Etwas, das sich jenseits all unserer Erfahrung bewegen soll, werden Prädikate, vor allem das der ›Existenz‹, zugeschrieben! In solchen Fällen nutzt es mir garnichts, wenn ich das Prädikat ›existent‹ zum Subjekt ›Gott‹ hinzufüge. Denn ich kann mir jederzeit ohne den geringsten Widerspruch *denken,* daß das jenseits der Erfahrung *Mögliche* garnicht *wirklich* ist! »Und so enthält das Wirkliche nichts mehr als das bloß Mögliche. Hundert wirkliche Taler enthalten nicht das mindeste mehr, als hundert mögliche.« (II 534) Das heißt: Wenn ich zu den hundert erträumten Talern bloß verbal hinzufüge: »Sie existieren« in meinem Geldbeutel, dann wurde allenfalls meine Phantasie bereichert!

Hält man sich vor Augen, wie viele Argumente dieser Art Kant zusammengetragen hat, um die Rolle der Religion innerhalb der Grenzen der reinen Vernunft abzustecken, wird man seinen getadelten Abstand von der »landesväterlichen Intension« sicherlich abmessen können.

Kapitel 10
Gott, Freiheit und Unsterblichkeit

Kant-Lektüre: KrV II 582–605 (A669–A704; B697–732)

Kritik der metaphysischen Ansprüche, Erkenntnisse aus reiner Vernunft zu verbreiten, entzieht auch der rationalistischen Gotteskunde den Gegenstand. Die Erkenntnismöglichkeiten, die uns offenstehen, erlauben es nicht, einem ens perfectissimum auch noch das Existenzprädikat zuzuerkennen. Alle Versuche, etwas über die Eigenheiten des vollkommensten Wesens auszumachen, wurzeln letztlich nur in den überzogenen Ansprüchen des obersten Erkenntnisvermögens. Ein Ideal der Vernunft wird zur jenseits aller Erfahrung existierenden Einzelperson hochstilisiert.

Vernunft ist ein zwiespältiges Instrument. Auf der einen Seite zeichnet sie all unseren Erkenntnisbemühungen die unabdingbare Zielrichtung auf »Bedingungstotalität« oder das »schlechthin Unbedingte« vor. Andererseits verstrickt sie sich in metaphysische Scheinprobleme, indem sie Bedingungstotalität und das Unbedingte zu Gegenstandsbereichen verdinglicht, über die sich erkenntniserweiternde Urteile aus reiner Vernunft sollen fällen lassen. »Die Vernunfteinheit ist die Einheit des Systems« (II 590), systematische Einheit der Erkenntnis durch Synthesis aller erreichten Einzeleinsichten. Doch dialektischer Schein bleibt unabweisbar, wird Vernunfteinheit als ein *konstitutives Prinzip,* als etwas behandelt, was sich mit den Mitteln der erfahrungsgestützten Erkenntnis ausloten ließe. Sie ist demgegenüber »bloß regulativer Grundsatz und Maxime, den empirischen Gebrauch der Vernunft durch Eröffnung neuer Wege, die der Verstand nicht kennt, ins Unendliche (Unbestimmte) zu befördern und zu befestigen, ohne dabei jemals den Gesetzen des empirischen Gebrauchs im mindesten zuwider zu sein« (ebd.). »Vernunfteinheit«

meint ein *regulatives Prinzip,* also ein *Ziel,* nicht aber einen erreichbaren oder vorfindbaren *Sachverhalt.* An ihr macht sich aber auch die kritische Einsicht fest, daß dialektischer Schein nicht einfach ein willkürliches Gaukelspiel der Metaphysik darstellt, sondern einen nur äußerst schwer zu vermeidenden Selbstwiderspruch des obersten Erkenntnisvermögens bedeutet. Reine Vernunft kann nämlich »diese systematische Einheit nicht anders denken, als daß sie ihrer Idee zugleich einen Gegenstand gibt, der aber durch keine Erfahrung gegeben werden kann« (ebd.) Anders ausgedrückt: Vernunft zeichnet den Erkenntnisbemühungen die Zielrichtung auf »systematische Einheit« vor. Doch kann sie all die von ihr gesteckten Ziele garnicht anders veranschaulichen als dadurch, daß sie den entsprechenden *Ideen* »einen Gegenstand gibt«, eine Entsprechung in der *Wirklichkeit* verleiht. Doch diese korrespondierende Realität soll zugleich jenseits der Grenzen unserer Erfahrung liegen. Verdinglichung ist das Dilemma der reinen Vernunft. Wir verfügen über die Idee eines vollkommensten Wesens, verstricken uns aber sofort in dialektische Trugschlüsse, wenn wir diese Idee mit Mitteln der Tatsachenforschung ausmessen wollen. Es ist ein Trugschluß, »wenn man sie für die Behauptung, oder auch nur die Voraussetzung einer wirklichen Sache hält, welcher man den Grund der systematischen Weltverfassung zuzuschreiben gedächte« (II 591). Kurz: Ideen sind für Kant *Leitideen,* der Erkenntnis die Richtung weisende Vorstellungen.

Alle *Ideen* weisen in letzter Instanz die Richtung auf jene Vernunfteinheit der Erkenntnis. Die je einzelne *Idee* verkörpert *bestimmte* »Gesichtspunkte«, aus welchen »einzig und allein man jene, der Vernunft so wesentliche und dem Verstande so heilsame, Einheit verbreiten kann« (ebd.). Art und Anzahl dieser Ideen sollen noch einmal erinnert werden:

1) Idee der absoluten (unbedingten) Einheit des denkenden Subjekts;
2) Idee der absoluten Einheit der Bedingungen der Erscheinungen;
3) Idee der absoluten Einheit aller Bedingungen der Gegenstände überhaupt.

ad 1: »Das erste Objekt einer solchen Idee bin ich selbst, bloß als denkende Natur[65] (Seele) betrachtet.« (II 591) In ihrer positiven Funktion, als regulatives Prinzip der reinen Vernunft, kommt dieser Idee die folgende Aufgabe bei vernunftbestimmter Synthesis zu:

Es geht um »Prinzipien der systematischen Einheit in Erklärung der Erscheinungen der Seele, nämlich alle Bestimmungen, als in einem einigen Subjekte, alle Kräfte, so viel möglich, als abgeleitet von einer einigen Grundkraft, allen Wechsel als gehörig zu den Zuständen eines und desselben beharrlichen Wesens zu betrachten, und alle *Erscheinungen* im Raume, als von den Handlungen des *Denkens* ganz unterschieden vorzustellen.« (II 591 f.)

Die erste Idee ist also die eines in der Zeit fortbestehenden Ich (im Verhältnis zum Nicht-Ich), in dem sich alles Wissen als Grund seiner Einheit zusammenfaßt (Identität).

ad 2: »Die zweite regulative Idee der bloß spekulativen Vernunft ist der Weltbegriff überhaupt.« (II 593) Diese Idee richtet die Erkenntnisbemühungen auf Synthesis aller Erscheinung zur Bedingungstotalität aus.

»Die absolute Totalität der Reihen dieser Bedingungen und der Ableitung ihrer Glieder ist eine Idee, die zwar im empirischen Gebrauch der Vernunft niemals völlig zu Stande kommen kann, aber doch zur Regel dient, wie wir in Ansehung derselben verfahren sollen, nämlich in der Erklärung gegebener Erscheinungen (im Zurückgehen oder Aufsteigen), so, *als ob* die Reihe an sich unendlich wäre, d.i. indefinitum, aber wo die Vernunft selbst als bestimmende Ursache betrachtet wird (in der Freiheit), also bei praktischen Prinzipien, als ob wir nicht ein Objekt der Sinne, sondern des reinen Verstandes vor uns hätten, wo die Bedingungen nicht mehr in der Reihe der Erscheinungen, sondern außer derselben gesetzt werden können, und die Reihe der Zustände angesehen werden kann, *als ob* sie schlechthin (durch eine intelligible Ursache) angefangen würde...« (II 593/ A 685; B 713)

Die zweite Idee steckt uns also das Aufsteigen zu den letzten Ursachen in Bedingungsketten bzw. den Durchlauf durch alle Kettenglieder als Ziel. Gleichzeitig eröffnet sie uns »in Ansehung« unserer moralisch-praktischen Vernunft einen Untersuchungsweg, als ob wir als freie Wesen Kausalketten selbst, spontan, in Gang setzen oder wenigsten beeinflussen könnten.

ad 3: »Die dritte Idee der reinen Vernunft, welche eine bloß relative Supposition eines Wesens enthält, als der einigen und allgenugsamen Ursache aller kosmologischen Reihen, ist der Vernunftbegriff von Gott.« (II 594) Gott tritt nun doch als regulatives Prinzip der Vernunft, also mit positiver Bedeutung in die Überlegungen der rationalistischen Erkenntnistheorie ein:

»Die höchst formale Einheit, welche allein auf Vernunftbegriffen beruht, ist die *zweckmäßige* Einheit der Dinge, und das *spekulative* Interesse der Vernunft macht es notwendig, alle Anordnung in der Welt so anzusehen, als ob sie aus der Absicht einer allerhöchsten Vernunft entsprossen wäre... Die Voraussetzung einer obersten Intelligenz, als der alleinigen Ursache des Weltganzen, aber freilich bloß in der Idee, kann also jederzeit der Vernunft nutzen und dabei doch niemals schaden.« (II 594)

Die Idee des vollkommensten Wesens hat mithin für Kant eine den anderen Ideen gleichrangige Bedeutung bei der Ausrichtung unserer Erkenntnisbemühungen auf *Vernunfteinheit*.

Den Schein abzutragen, der zwangsläufig entsteht, wenn *regulative* Ideen wie gegenstands*konstitutive* Prinzipien behandelt werden, darin besteht die Aufgabe der Vernunftkritik als Metaphysikkritik. Ist das Geschäft einer Kritik der reinen Vernunft deswegen nur Aufräumarbeit mit Scheinproblemen? In einer Hinsicht, auf die Widerlegung dialektischer Trugschlüsse, trifft das sicherlich zu.

»Man wird bei einer flüchtigen Übersicht dieses Werks wahrzunehmen glauben, daß der Nutzen davon doch nur *negativ* sei, uns nämlich mit der spekulativen Vernunft niemals über die Erfahrungsgrenze hinaus zu wagen, und das ist auch in der Tat ihr erster Nutzen.« (II 30/BXXV)

Doch wird mit der Zurückdrängung überzogener Ansprüche der spekulativen Vernunft einerseits auch Raum geschaffen für einen Gedanken an *Kausalität aus Freiheit*, für die Prinzipien der *praktischen* Vernunft. Denn die zweite regulative Idee eröffnet ja alle Möglichkeiten für die These, die Vernunft könne »selbst als bestimmende Ursache« (s.o.), als Urheberin von Kausalitäten in der Erscheinungswelt auftreten. Zum anderen führen uns die Ideen durchaus ein gutes und unabdingbares Stück über die »Erfahrungsgrenzen« hinaus. Nicht, indem sie Einsicht in übersinnliche, unserem sinnlichen Anschauungsvermögen entzogenen Bereiche - etwa die der platonischen Wesenheiten - eröffneten, sondern eine über die Verstandeseinheit hinausgehende Vernunfteinheit der Erkenntnisse als Ziel vorzeichnen und von daher die theoretische Systematisierung unseres Wissens voranbringen. (Heute könnte man vielleicht ›theoretische Terme‹ als erfahrungsüberschreitende, für Wissenssystematisierung gleichwohl unerläßliche Pendants ansehen.) Die Erfahrungsgrenzen *müssen* überschritten werden, um überhaupt zu systematischem Wissen vorzudringen. Die Erfahrungsgrenzen *dürfen nicht* in bestimmten Formen passiert werden, soll nicht der dialektische Schein das zwangsläufige Ergebnis sein.

In letzter Instanz wurzeln für Kant alle metaphysischen Grenzüberschreitungen und Trugschlüsse im aussichtslosen Versuch, das Nadelöhr unseres sinnlichen Anschauungsvermögens, der Rezeptivität, zu umgehen und zu den *Dingen an sich* vordringen zu können. Das gilt für den »transzendentalen Gebrauch« der Verstandesbegriffe genau so gut wie für den der Vernunftideen:

»Der transzendentale Gebrauch eines Begriffs in irgend einem Grundsatz[66] ist dieser: daß er auf Dinge *überhaupt* und *an sich selbst,* der empirische aber, wenn er bloß auf *Erscheinungen,* d.i. Gegenstände einer möglichen *Erfahrung,* bezogen wird.« (II 269/A239; B 298)

Wenn wir etwas über *Gegenstände* aussagen wollen, geht es nicht anders: Wir müssen die Anteile unserer Sinnlichkeit mit verrechnen. »Daher erfordert man auch, einen abgesonderten Begriff *sinnlich zu machen,* d.i. das ihm korrespondierende Objekt in der Anschauung darzulegen, weil, ohne dieses, der Begriff (wie man sagt) ohne *Sinn,* d.i. ohne Bedeutung bleiben würde.« (II 270/A 240; B 299) Kant nennt das ›Ding an sich‹ (Materie) auch ›Noumenon‹ und versteht es als Gegenstand, sofern dieser »nicht Objekt einer sinnlichen Anschauung ist (II 277). Wir müßten uns allerdings gottgleicher Fähigkeiten begabt ansehen, wollten wir das Noumenon als »Objekt einer nicht-sinnlichen Anschauung« näher bestimmen. Von einer derartigen Anschauungsweise, nämlich der *intellektuellen,* ist unsere Sinnlichkeit aber meilenweit entfernt.

»Wenn wir also die Kategorien auf Gegenstände, die nicht als Erscheinungen betrachtet werden, anwenden wollten, so müßten wir eine andere Anschauung, als die sinnliche, zum Grunde legen, und alsdann wäre der Gegenstand ein Noumenon in *positiver Bedeutung.*« (II 278)

Wir mögen uns die intellektuelle Anschauungsweise erträumen können, wir vermögen nicht, uns ihrer zu bedienen. Gegenstände sind also allemal *Gegenstände für uns.* Gegenstände als Erscheinung (phainomena), von denen man die Formen und Inhalte unserer Sinnlichkeit nicht einfach abziehen kann, um in eine metaphysische Hinterwelt der Dinge an sich vorzudringen. Vernunft, die *diese* Grenzüberschreitung wagt, *muß* sich nach Kant in den Selbstwiderspruch verstricken.

Gerade bei den Idealen der reinen Vernunft ist Rücksicht auf den Unterschied zwischen Phainomena und Noumena geboten! Erst wenn wir diese Doppelung des Gegenstandsbegriffs jederzeit im Auge behalten und den trügerischen Spekulationen über das ansichseiende Absolute – sei es die Bedingungstotalität, sei es das schlechthin Unbedingte, sei es Gott, Freiheit oder die Seele – aus dem Wege gehen, es nicht länger wie eine anschauliche Tatsache behandeln, wird nach Kant auch der Platz für eine Sittenlehre des Handelns und für eine Theologie des wahren Glaubens frei (vgl. II 31 ff.):

»Ich mußte also das *Wissen* (in seiner trugschlüssigen Gestalt – C.D.) aufheben, um zum *Glauben* Platz zu bekommen, und der Dogmatismus der Metaphysik, d.i. das Vorurteil, in ihr ohne Kritik der reinen Vernunft fortzukommen, ist die wahre Quelle aller Moralität widerstreitenden Unglaubens, der jederzeit gar sehr dogmatisch ist.« (II 33/BXXX).

Erst damit wird der Platz geräumt für *Ideen, Ideale, Paradigmata*, erst dann können sie ihre unerläßliche Funktion als *Leitideen* der Wissensystematisierung übernehmen. Und wären Kants Leitfäden tatsächlich aus festem Material, ließen sich die drei Hauptideen der reinen Vernunft auch in folgender Fassung vortragen:

1.) Vernunft prägt die Idee eines »beharrlichen Wesens« einer unsterblichen Seele (Vernunftidee der *Unsterblichkeit*).
2.) Vernunft zeichnet die Leitidee einer Bedingungstotalität vor, welche jedoch Kausalität aus moralisch-praktischer Freiheit ausdrücklich *nicht* verschließt (Vernunftidee der *Freiheit*).
3.) Vernunft zeichnet die Idee einer zweckmäßig ordnenden, allerhöchsten Vernunft vor (*Gott* als Vernunftidee).

Es hat Kant nicht vor dem Zorn seiner obersten Dienstherrn geschützt, daß er die dritte Idee den beiden anderen nochmals vorordnete.

Kritisches Beispiel 4: Fichtes Elefant

Basistext:

J.G. Fichte: *Erste und Zweite Einleitung in die Wissenschaftslehre,* Hamburg
1961, S. 68–70

Wer: »Beethoven?« fragt, erhält mit erheblicher Wahrscheinlichkeit
vier Noten aus der 5. Sinfonie zur Antwort. Wer: »Kant?« fragt,
kann mit drei Worten rechnen: *Ding an sich.* Doch einmal angenommen, so gibt Kant zu bedenken, »die durch unsere Kritik notwendig
gemachte Unterscheidung der Dinge, als Gegenstände der Erfahrung
von eben denselben, als Dingen an sich selbst, wäre garnicht gemacht« (II 31), die Folgen wären nicht sehr erfreulich. Wir müßten
dann nämlich davon ausgehen, alles was ist, unterstünde den Gesetzen der Kausalität, der Notwendigkeit. Es ergäbe sich dann schlicht
und einfach ein Widerspruch, wenn man behauptete, ein jedes Subjekt sei Natur- (oder Gesellschafts-) Zwängen unterworfen, verfüge
jedoch gleichzeitig über einen freien Willen.

»Wenn aber die Kritik nicht geirrt hat, da sie das Objekt in *zweierlei Bedeutung* nehmen lehrt, nämlich als Erscheinung, oder als Ding an sich selbst;
wenn die Deduktion ihrer Verstandsbegriffe richtig ist, mithin auch der
Grundsatz der Kausalität nur auf Dinge im ersten Sinn genommen, nämlich
so fern sie Gegenstände der Erfahrung sind, geht, eben dieselbe aber nach der
zweiten Bedeutung ihm nicht unterworfen sind, so wird eben derselbe Wille
in der Erscheinung (den sichtbaren Handlungen) als dem Naturgesetze notwendig gemäß und so fern *nicht* frei, und doch andererseits, als einem Dinge
an sich selbst angehörig, jenem nicht unterworfen, mithin als frei gedacht,
ohne, daß hierbei ein Widerspruch vorgeht.« (II 31)

Als (spontaner) Urheber von Taten, als wollendes Subjekt, ist der
Mensch frei, doch sind seine Akte, als für andere sichtbare Handlungen (Erscheinungen), immer auch aus Kausalzusammenhängen heraus interpretierbar. Beide Deutungen können widerspruchsfrei zusammenstehen – vorausgesetzt, so betont Kant, man anerkennt jenen
gedoppelten Dingbegriff!
Hinzu kommt, daß eine Antwort auf die zweite Hauptfrage einer
Kritik der reinen Vernunft, wie nämlich der Verstand der Natur die
Gesetze vorschreiben könne, wie die kopernikanische Wende möglich ist, ebenfalls von der Unterscheidung der Dinge an sich von den

Dingen als Erscheinung abhängig ist. Denn was ist *Natur?* Eben *nicht* der Inbegriff ansichseiender Dinge und an sich seiender Beziehungen zwischen ihnen! »*Natur* ist das *Dasein* der Dinge, sofern es nach allgemeinen Gesetzen bestimmt ist.« (III 159)

Doch die wichtigsten dieser Gesetze entnehmen wir nicht einfach beobachteten Vorgängen, sondern *legen* sie den Anschauungen *auf!* So »klingt es zwar anfangs befremdlich, ist aber nichts desto weniger gewiß, wenn ich in Ansehung der letzteren (Gegenstände als Erscheinung – C.D.) sage: *der Verstand schöpft seine Gesetze (a priori) nicht aus der Natur, sondern schreibt sie dieser vor*« (III 189/A113). Diese Vorschrift besteht eben im Aufbau, in der *Konstitution* von Erfahrungsobjekten durch kategorial gesteuerte Synthesis von Anschauungen!

»Denn wir haben es nicht mit der Natur der *Dinge an sich selbst* zu tun, die ist sowohl von Bedingungen unserer Sinnlichkeit als des Verstandes unabhängig, sondern mit der Natur, als einem Gegenstande möglicher Erfahrung, und da macht es der Verstand, indem er diese möglich macht, zugleich, daß Sinnenwelt entweder gar kein Gegenstand der Erfahrung oder eine Natur ist.« (III 191/A117)

Natur ist der Inbegriff der nach spontanen Verstandesregeln und -grundsätzen geordnete Zusammenhang der Dinge als Erscheinungen.

Besonders in der ›Transzendentalen Ästhetik‹, aber auch andernorts in der KrV gibt es einschlägige Stellen, die eine besondere Version des *Verhältnisses* von Dingen an sich und Dingen als Erscheinung stützen: Die von uns niemals erkennbaren Dinge an sich (Materie$_1$) wirken auf unsere Rezeptivität ein und rufen dadurch Eindrücke als Empfindungsstoff (Materie$_2$) unserer Anschauungen hervor. Dieser Empfindungsstoff wird unter Anleitung der Verstandesbegriffe synthetisiert und mit ideellen Zielen vor Augen in Richtung auf Vernunfteinheit systematisiert. Eine derartige Konstruktion, ob sie nun Deutungsalternativen zulassen mag oder nicht, hat die unmittelbaren Nachfolger Kants zu bösen Worten angeregt:

»Es ist darum die größte Inkonsequenz, einerseits zuzugeben, daß der Verstand nur Erscheinungen anerkennt, und andererseits dies Erkennen als *etwas Absolutes* zu behaupten, indem man sagt: das Erkennen *könne* nicht weiter, dies sei die *natürliche,* absolute Schranke des menschlichen Wissens.« (Hegel 1959, S. 83 f.)

Fichte hat einen der Haupteinwände gegen die Unterscheidung der Noumena von den Phainomena in eine übersichtliche Form gebracht: Wie weit, so fragt er, reicht nach Kant eigentlich die Anwendbarkeit des Stammbegriffs der *Kausalität?* Nach allem, was wir gerade gehört haben, nur bis zu den Dingen als Erscheinung! Auf keinen Fall bis zu den Dingen an sich! Also gilt er nur für das, »was schon für uns, und in uns selbst ist« (Basistext, S. 68). »Was aber ist ein Noumen?« (Ebd., S. 69). Offensichtlich etwas, was nach den von Kant »nachgewiesenen Gesetzen des Denkens zu der Erscheinung nur hinzu *gedacht* wird, und nach diesen Gesetzen hinzu gedacht werden *muß*...« (ebd.).

Damit stoßen wir schon auf die erste Merkwürdigkeit, daß etwas, was jenseits allen Zugangs für das Denken stehen soll, zu den Erscheinungen notwendigerweise hinzu*gedacht* werden muß! Aber wozu wollen Kantinterpreten die Noumena sonst noch nutzen? Auf die oben beschriebene Weise:

> »Dieser Gedanke eines Dinges an sich ist durch die Empfindung begründet, und die Empfindungen wollen sie wieder durch den Gedanken eines Dinges an sich begründen lassen: Ihr Erdball ruht auf dem großen Elefanten und der große Elefant – ruht auf ihrem Erdballe.« (Ebd.)

Mit anderen Worten: Die Kategorie der Kausalität soll sich nur bis zu den Dingen als Erscheinung erstrecken, gleichzeitig wird von den Noumena jedoch behauptet, sie »affizierten unser Gemüt«, *wirkten* (Kausalität!) auf unsere Rezeptivität ein. Also können wir doch etwas über diese angeblich unbestimmbaren Dinge an sich aussagen, eben dies, daß sie unser Gemüt affizieren. Aber wir können doch nur die Dinge als Erscheinungen erkennen und die Kategorie der Kausalität gilt nur (von den Fragen des moralisch freien Willens abgesehen) für Dinge für uns... Erde und Elefant!

Nicht nur, daß etwas, das dem Denken unzugänig sein soll, zu den Erscheinungen hinzugedacht werden muß, diesem Hinzugedachten wird obendrein Kausalität zugeschrieben, die es garnicht haben dürfte, weil »Kausalität« nur für Dinge als Erscheinungen gilt.

Ein nicht unerheblicher Teil der Kantkritik seiner Nachfolger entwickelt sich als Auseinandersetzung mit diesem Problem. Kant hätte mit einiger Wahrscheinlichkeit artige Überlegungen angestellt, um welchen Preis seine Nachfolger des leidigen Dinges an sich Herr geworden sind. Gewiß, auf seinen eigenen Vorschlag, es als »Grenz-begriff« der Erkenntnistheorie anzusehen, paßt die lakonische Ant-wort Hegels: Eine Grenze zu ziehen, heißt, über diese Grenze schon hinaus zu sein. Aber wie verhält es sich gerade mit Hegels ›Idee‹. Muß die einem nicht manchmal wie eine spekulativ ausgelotete Be-dingungstotalität vorkommen, die zum widersprüchlich in sich selbst bewegten, sich selbst denkenden Übersubjekt, Gott, gesteigert wurde? Selbst die modernen Sprachphilosophen scheinen das Pro-blem der Materie nur verdrängt zu haben. Alles, was wir wissen, wis-sen wir nur in und durch *Sprache.* Gewiß, gewiß, aber damit ist *das, was* wir wissen, nicht immer nur sprachlicher Natur.

Doch eines bleibt klar und deutlich: das große philosophische Problem der theoretischen Philosophie Kants wurzelt im Verhältnis von Materie$_1$ zu Materie$_2$ und zu den Formen a priori unserer Er-kenntnisvermögen! Solange Kant Interesse erweckt, wird der stete Strom der Auslegungen gerade dieser Themenstruktur weiterfließen.

Schlußwort:
Feyerabend mit der reinen Vernunft? Pfade zwischen Absolutismus und Relativismus

Basistext:

F.A. Hanson: *Anthropologie und die Rationalitätsdebatte*, in Duerr 1981, S. 245–272

Was leistet die theoretische, was die praktische Vernunft? Kants Antworten auf beide Fragen werden zweifellos von der Ansicht beeinflußt, WIR alle MÜSSTEN auf ganz bestimmte Weisen denken und handeln. Zum einen Eindrücke mit Hilfe der Anschauungsformen Raum und Zeit strukturieren, nach kategorialen Regeln synthetisieren und zur Einheit des Selbstbewußtseins erheben, letztlich nach Vernunfteinheit streben. Zum anderen verpflichte uns der eine kategorische Imperativ zum sittlichen Handeln. Doch diese rationalistische These, es gäbe allgemeinverbindliche und notwendige Prinzipien triftiger Einsicht und gerechten Handelns, wurde gerade in jüngster Zeit schwer erschüttert. Bestimmte Anthropologen (vgl. Duerr 1981), Soziologen (vgl. z. Mehan/Wood 1975), Wissenschaftshistoriker und Wissenschaftstheoretiker (Kuhn 1967), Sprachwissenschaftler aller Schattierungen (Wittgenstein, Whorf, Foucault) mögen sich in mancherlei Hinsicht streiten, in einem Punkt scheinen sie sich einig: Ein kantianisches Programm, das nach einer bestimmten Menge von Denkmustern, Anschauungsformen, Grundpositionen der Erkenntnisbemühung sucht, deren sich alle sprachfähigen Subjekte bedienen müßten, sei ein rationalistischer Aberglaube! Obendrein sei die aristotelische Logik, an deren Haken Kant seine dünnen Leitfäden allesamt festmachte, nicht nur verändert und ergänzt worden, man müsse sich überdies langsam mit dem Gedanken vertraut machen, daß es nicht ›die Logik‹ sondern ganz verschiedene ›Logiken‹ geben könne (Haack 1978, S. 221 ff.).

Was bleibt dann aber noch von der Rationalität des Rationalismus übrig? Die Suche nach intellektueller Sicherheit in Form von Klarheit, Allgemeinverbindlichkeit, Wahrheit, Konsistenz und geregeltem Vorgehen (Methode), so hört man (Feyerabend 1975, S. 27 f.), kann sich nicht an Prinzipien und Regeln festmachen, denen *wir alle* folgen *müßten*, wollen wir zur Einsicht gelangen. Letztlich gilt überhaupt nur ein Prinzip: Anything goes! Für uns alle (!) kann nur eine (!) Richtschnur wegweisend sein: Jede beliebige Logik, jede handhabbare Argumentationsfigur, jede anerkennungsfähige Grundvorstellung oder Metapher..., die - ja was? - Erkenntnisse verspricht?, Einsichten vertieft?, ist als methodos, Weg, - wohin? - gleichermaßen zulässig!

Derart neue Tendenzen zur Liberalisierung von Wegen der Vernunft, die Durchsetzung der Ansicht, daß ›methodos‹ keine Einbahnstraße ist, weisen zweifellos besondere Vorzüge auf: Eindimensionale, engstirnige Vorstellungen vom allein zulässigen Vernunftgebrauch rücken zunehmend ins Zwielicht. Ein heilsames Unbehagen breitet sich aus, ob man abendländische Spielarten »vernünftigen« Vorgehens so ungebrochen der äußeren Natur und anderen Lebenswelten aufherrschen könne! Auf der anderen Seite türmt sich allerdings zur Zeit ein Problemberg auf, in dem kantische Motive doch wieder ein ebenso merkwürdiges wie unterirdisches Leben führen. Ich kann ihn nicht abtragen, aber vielleicht, ganz kurz, anhand der Rationalitätsdebatte in der Anthropologie einen Eindruck von seinem Panorama vermitteln:

Ganz am Anfang dieses Buches habe ich ›Rationalität‹ auch als ›Zweckrationalität‹ beschrieben, deren logische Struktur Kant in die Form hypothetischer Imperative gießt. Zweckrational ist auch die Struktur der technischen oder instrumentellen Vernunft, deren zweifelhaften Segnungen wir in der zerstörten Umwelt begegnen oder am Schicksal sog. »primitiver« Völker ablesen können. Das Etikett der »Primitivität« wird den anderen im Lichte einer rationalistischen Wissenschafts- und Technikgläubigkeit aufgeklebt, die bis zum blanken Zynismus gedeihen kann: »Wir bieten den Aborigines Arbeitsplätze. Sie sollten dankbar sein. Das gibt ihnen die Chance, sich zu assimilieren, so zu werden wie wir. Nicht wir müssen uns nach ihrer Kultur richten, sondern sie sich nach der unseren.« (Zit. in Duerr 1981, S. 126)[67] Die australischen Ureinwohner werden ohnehin gern als Musterfall »traditionaler« Agenten angeführt. So sind sie z.B. der Meinung, das Fieber eines Stammesgenossen ließe sich dadurch senken, daß man ihm Blut abzapft und dieses zum Kühlen in den Schatten stellt. Unser Urteil, dies sei ein wenig zweckgerechtes, also »irrationales« Vorgehen, verdankt sich der Ausrichtung an instrumenteller Vernunft: Rational ist eine Handlung dann, wenn die zur Erreichung eines gesteckten Ziels eingesetzten Mittel »für uns und an sich« tauglich sind!

Hanson (in Duerr 1981, S. 246 ff.) nennt diese Art Beobachten und Urteilen »Motivationsanalyse«. Denn in der Tat sind derartige Untersuchungen abhängig davon, daß man etwas über die Ansichten, Gründe, Absichten, kurz: die Motive der Ureinwohner und über die Mittel herausfindet, die »für sie« zur Verfügung stehen. Das Verstehen ihres merkwürdigen Tuns scheint letztlich erst erreicht, »wenn der Untersuchende imstande ist, den Standpunkt des Handelnden vorbehaltlos zu teilen und zu bestätigen, daß er in dessen Lage dasselbe tun würde« (ebd., S. 247). Was »für uns« irrational ist, kann dann »für sie« außerordentlich zweckgerecht sein.

Allerdings muß man beachten, daß sich der Begriff »rational« in der anthropologischen Literatur dabei nicht selten und unter der Hand von »zweckrational« in Richtung auf »den kulturell besonderen Regeln gerecht« verändert. Denn sicher würde der australische Ureinwohner nicht so hervorragend in seiner besonderen Welt zurechtkommen, bediente er sich nicht erfolgreicher »Techniken« der Nahrungsbeschaffung. Wie dem auch sei: »Verstehen« hat im Falle der »Motivationsanalyse« die Bedeutung: Sich-Einleben in die Regeln der fremden Lebenswelt, Nachvollziehen *ihrer* Motive, nicht aber Vorstrukturierung des Materials mit den eigenweltlichen Kategorien und Inhalten. Vor allem nicht: Aufherrschen der Rationalitätsstandards der eigenen Kultur! Zweifellos ein einleuchtendes Programm! Doch zur letzten Folgerichtigkeit gediehen, führt es in das Labyrinth des *Relativismus.* Diesem erscheint (z.B.) die Kultur der »Wilden« als eine Lebenswelt, deren völlig eigenartigen Regeln und Abläufe grundsätzlich nur »von innen«, in der Rolle des voll »einsozialisierten« Teilnehmers verstanden werden können. »Hin und wieder wird die Position des Relativismus in der Anthropologie zu einem kaum erträglichen Extrem getrieben. Ihm zufolge bilden alle Kulturen je besondere Konstellationen von Werten und Bräuchen;

und deshalb sind sie alle gleich gut oder gleich schlecht, da sie nur unter dem Aspekt ihrer spezifischen Werte betrachtet werden können. Nach dieser Auffassung darf kein Anthropologe noch sonst jemand ein Urteil über andere Kulturen abgeben, das auf dem eigenen Wertsystem (des Anthropologen) beruht.« (Witherspoon in Duerr 1981, S. 100 f.)

Die strikte Gegenposition zum Relativismus ist die des *Universalismus.* Für diesen führt »der einzige Weg, dieses gewalttätige Aufpfropfen unserer Vorstellungen auf die Kulturen anderer Völker zu rechtfertigen, ... über die Annahme, daß es ein theoretisches Modell gibt oder geben kann, das sich angemessen auf jedes menschliche Verhalten anwenden läßt. Das bedeutet, daß es einem menschlichen Wesen möglich ist, seine metaphysische Grundlage innerhalb einer oder mehrerer Kulturen zu transzendieren und eine Theorie des menschlichen Verhaltens zu konstruieren, die nicht kulturspezifisch ist.« (Ebd., S. 116) Er gerät aber fortlaufend in den Verdacht, seine heimische Position rationalistisch zum Allerweltsgedanken hochzutreiben.

Zwischen der Scylla des Relativismus und der Charybdis des Universalismus bewegt sich die anthropologisch-ethnologische Debatte der Gegenwart. Lassen wir die Frage völlig offen, wie der Kurs dazwischen tatsächlich gehalten werden könne. Er scheint einfach nicht unabhängig von Annahmen gefahren werden zu können, die merkwürdig an Kant erinnern: So wird man gegen den Relativismus mit Fug einwenden können, »daß, falls es keine allen Menschen gemeinsame Konzepte oder Erfahrungen von Realität geben könne, zwangsläufig die Mitglieder von unterschiedlichen Gesellschaften buchstäblich separate Realitäten bewohnen und in verschiedenen Welten leben würden«. – Diese Position der isolierten Lebenswelten vertreten in der Tat einige Ethnomethodologen im Bereich der Soziologie! – »Am nachdrücklichsten hat wohl Martin Hollis darauf bestanden, daß ohne die Existenz von universalen Wahrheits-, Realitäts-und Rationalitätskriterien jede einzelne Kultur für jede andere hermetisch verschlossen wäre.« (Hanson, ebd., S. 149) Wenn dem so ist, sind wir doch wieder bei Prinzipien, die WIR ALLE einsetzen MÜSSEN. Angeführte Kandidaten erinnern an die KrV: »Die meisten Autoren... stimmen mehr oder weniger darin überein, daß Regeln der Negation, Identität und Widerspruchsfreiheit universale

Rationalitätskriterien konstituieren...« (Ebd., S. 250). Ja, sogar Vertreter des strengsten Relativismus begrüßen und bestätigen die Kopernikanische Wende Kants. Whorf sieht kulturspezifische Sprachen, etwa die der Eskimos oder Hopis, als Regelsysteme an, die Erfahrungen im buchstäblichen Sinne *machen*. Jede Sprache, so betont Whorf, enthält in ihrer Grammatik eine *kulturspezifische* Kosmologie, Weltanschauung, Auffassung von menschlichen Lebenszusammenhängen etc., die Erfahrung, Denken und Verhalten steuern. *Wir alle* können offensichtlich nicht anders als – auf wenn auch je verschiedene Weisen, vielleicht nicht nur mit zwölf Stammbegriffen – Gegenstände als Erscheinung zu konstituieren? Oder: Dreier (in Duerr 1981, S. 136) beschreibt die Raum-Zeit-Vorstellungen der Navajo-Indianer, die ganz anders geartet sind als die der Newtonschen Physik. Gleichwohl erhebt er den Anspruch, sie *als* Raum-Zeit-Vorstellungen identifizieren zu können.

Vielleicht gehört seine Art der anthropologischen Studie in den Bereich dessen, was Hanson (ebd., S. 252 ff.) »Institutionenanalyse« nennt: Bei dieser Vorgehensweise traut sich der Anthropologe als äußerer Beobachter Aussagen über Zusammenhang, Zusammenwirken und Funktionen von Elementen, beispielsweise Institutionen, einer fremden Kultur zu, ohne daß sich deren Mitglieder dieser Zusammenhänge bewußt sein müßten. Er bemüht sich mithin um »objektive« Erfahrungstatsachen – und steht damit wieder vor Kants Ausgangsproblem: *vor der Frage nach den Bedingungen der Möglichkeit allgemeinverbindlicher und notwendiger Erkenntnis!*

Anything goes? Vielleicht. Man muß nur wissen wie!

Anmerkungen

1 Zitiert wird nach der Ausgabe: Immanuel Kant: *Werke in sechs Bänden*, hg. von W. Weischedel, Darmstadt 1959. (Zitiert als I–VI mit Seitenangabe; KrV = II). In der Regel sind die Seitenzahlen der Akademieausgabe von Kants Werken, die in den meisten Ausgaben mit angeführt werden, auch angegeben (A und B bezeichnen die beiden Ausgaben der KrV).

2 Kant unterscheidet »Regeln der Geschicklichkeit« oder »Ratschläge der Klugheit« letztlich danach, ob es sich um technische Veranstaltungen zur Hervorbringung oder Ratschläge zum »größten Wohlsein« des Subjekts handelt (vgl. IV 45 f.; AB 42 ff.).

3 Kant versucht, zu zeigen, daß auch Selbstmordabsichten, gemessen am kategorischen Imperativ, unsittlich sind (IV 52; AB 52).

4 Die gelungene *Begründung* eines Prinzips hat allerdings noch nicht die empirische *Überzeugung* des Adressaten dieses Begründungsversuches zur Folge. Es bedarf auch der »Achtung vor dem Sittengesetz«.

5 Mit der »rethorischen« Seite, mit der Diskrepanz zwischen gelingender *Begründung* und vielleicht dennoch mangelnder *Überzeugung* befaßt sich Kant ausführlich im Rahmen seiner praktischen Philosophie.

6 Zu Freges Lehre, »daß der Gedanke vom Denkenden unabhängig ist«, siehe auch die klaren Passagen in: Frege 1978, S. 46–50 (Zitat S. 48).

7 »Metaphysik« war ursprünglich nur ein Begriff für eine Reihe Aristotelischer Schriften, die nach (meta) der Naturlehre (physis) eingeordnet wurden. Da »physis« auch als »Urgrund« (Prinzip) übersetzt werden kann, verdichtet sich der Begriff z.B. zu dem einer Lehre über Wesensbestimmungen des Seienden. Hier soll er als Ausdruck für Antworten auf die Frage: Was können wir *a priori* wissen? genommen werden.

8 Ich setze an dieser Stelle bewußt diese vagen und unaufgelösten Begriffe ein. Sie werden weiter unten ein Stück weit aufgehellt.

9 Die Zahlen in Klammern beziehen sich auf die Seiten- und Abschnitte der dreibändigen Platon-Ausgabe von Henricus Stephanus (Paris 1578), die das Auffinden in den verschiedenen Platonausgaben erleichtert.

10 Ockhams razor leitet sich von der Lehre Wilhelm von Ockhams (ca. 1300–1349/50) her: »Entia non sunt multiplicanda praeter necessitatem.«

Auf Deutsch: Man soll Wesenheiten nicht unnötig vermehren. Genau genommen, heißt es bei Ockham: »Pluralitas non est ponenda sine necessitate.« (Die Vermehrung von Wesenheiten darf nicht über das Notwendige hinaus vorgenommen werden).

11 Vom Kolumbus-Trauma sollen vor allem angelsächsische Sprachphilosophen geplagt sein, die ständig den Anschein erwecken müssen, sie wären zu völlig neuen Ufern aufgebrochen. Das hat mir jedenfalls ein australischer Philosoph mündlich versichert.

12 »Neu« wenigstens im Sinne von: »im anerkannten Wissen über diesen Tatbestand bislang noch nicht enthalten.«

13 Zum Unterschied zwischen Aussagen, die oben in die Urteilsform gebracht wurden, und »Sätzen« nur so viel: »Je crois«, »I believe« und »Ich glaube« sind drei verschiedene *Sätze*, die die gleiche *Aussage* (Proposition) erhalten.

14 »Sinnvoll« hat einen bedeutsamen Doppelsinn, den man eigentlich im Auge behalten müßte: a) Sinnhaltig, also Sinn enthaltend und b) akzeptabler Sinngehalt aufgrund irgendwelcher Kriterien.

15 Sehr empfehlenswert ist auch die Lektüre von G. Simmels knappem Exkurs über das Problem: Wie ist Gesellschaft möglich, in ders. 1958.

16 Die Frage, wie Schützens Position von der *transzendentalen* Phänomenologie Edmund Husserls (vgl. ders. 1976) beeinflußt ist und welche besondere Wende Husserl der kantischen Transzendentalphilosophie gegeben hat, sei weitgehend ausgeklammert. Einen ersten Einblick in das Verhältnis Husserls zu Kant geben die §§ 25 und 28 in Husserl 1976.

17 Eine andere, ergänzende Funktion hat die Horizont-Metapher, wenn es bei Husserl heißt: »Impliziert in der jeweiligen Wahrnehmung des Dinges ist ein ganzer ›Horizont‹ nicht aktueller und doch nichtfungierender Erscheinungsweisen und Geltungssynthesen« (1976, S. 162). Die Selbstverständlichkeiten der Lebenswelt nennt Husserl auch »unthematischer Horizont.«

18 Das leitet sich von der lat. »constitutio« her: Man stellt etwas (z.B. im Tempel) auf. »Constituere« meint: hinstellen, verankern, ansiedeln, errichten, schaffen, bauen, veranstalten. Es meint aber auch »gesetzlich festlegen«. »Constitutio« wurde von daher auch für Verfassungen gebraucht. Das Aufstellen und fest Verankern klingt auch im philosophischen Begriff der »Konstitution« nach!

19 »Daher kommt eben auch in Frage das in verschiedenen allgemeinen Weisen immer wieder erfolgende Zurückgreifen des Wissenschaftlers auf die Lebenswelt mit ihrem stets verfügbaren anschaulichen Gegebenheiten, wozu wir gleich mitrechnen können seine ihr jeweils schlicht angepaßten Aussagen, rein deskriptiv in derselben vorwissenschaftlichen Urteilsweise vollzogen, die den okkasionellen Aussagen des praktischen Alltagslebens eigen ist.« (Husserl 1976, S. 125)

20 Vgl. dazu Frege 1980, S. 40 ff.) Auch für die Schütz-Schule ist eine an G.H. Mead anschließende Diskussion um *objektiven* Handlungssinn wichtig! S. dazu J. Ritsert: *Die gesellschaftliche Basis des Selbst,* in: Soziale Welt 31, 1980, Heft 3, bes. S. 296 ff.

21 Ich lege hin und wieder besondere Akzente auf das Beispiel »Zeit«, weil es in der soziologischen Literatur ausführlicher behandelt wird als der Raum oder soziale Raumvorstellungen.

22 »Gegeben« meinte ja nicht zuletzt auch »von Gott gegeben«.

23 Darüber, ob die Konstruktion isolierbarer Sinnesdaten haltbar ist oder nicht, wird auch heute noch gestritten.

24 Es sind dies also Empfindungen, die als das Ergebnis einer »Wechselwirkung meiner Sinnlichkeit und irgendeinem Teil der Welt außerhalb meiner« angesehen werden müssen (Bennett 1966, S. 15).

25 Die Argumentationsfigur »Dialektik von Wissen und Wahrheit« bei Hegel (vgl. Daniel 1983) scheint mir von diesen beiden Akzenten maßgeblich beeinflußt.

26 »Artes Liberales« sind »freie Künste«, wobei »Kunst« als »Kunstfertigkeit« zu verstehen ist. Die Erstellung eines Gemäldes oder einer Skulptur galt damals als biederes Handwerk und zählte zu den »artes mecanicae«, die im allgemeinen von Unfreien und Freigelassenen ausgeübt wurden.

27 Welcher – vermutlich syrische – Autor sich hinter dem Pseudonym verbirgt, ist nicht bekannt. Das Pseudonym geht auf eine Geschichte im alten Testament zurück: Der Apostel Paulus hatte einst auf dem Areopag, dem attischen Gerichtshügel, eine Predigt gehalten, die viele Athener, auch das Areopag-Mitglied Dionysos zum Christentum bekehrte.

28 Er hatte die Lehre verbreitet, Maria habe als Menschenmutter den geschichtlichen Menschen Jesus geboren, dessen göttliche Eigenschaften als zweites Wesensmerkmal neben seiner Menschennatur anzusehen sei.

29 Eigentlich: Abu a-Walid Muhammad ibn Roschd aus Cordoba.

30 Zur Logica Nova gehören nicht nur neu übertragene logische Schriften wie »Sophistici Elenchi« (Widerlegung von Sophismen) oder die Lehre von Schlüssen und Beweisen (Analytik), sondern auch eine Reihe naturphilosophischer Schriften des Aristoteles.

31 Die einzelnen Exemplare einer Menge von Einzeldingen können eine allgemeine Eigenschaft *besitzen,* ein allgemeines Merkmal *tragen.* Einige Esel sind Albinos, also *weiß.* Doch kann man gewiß nicht sagen, ein Esel verkörpere die *Weiß*-heit. »Weiß« ergibt sich als Mischung von Licht verschiedener Wellenlänge. Zwar kann mit Fug sagen, Brunellus sei überraschenderweise »weiß«, doch heißt das nicht, er verkörpere die Weißheit im Sinne der physikalischen Definition von »Weißheit« als Lichtmischung. M.a.W.: Er stellt ein Einzelexemplar der Merkmalsklasse »Weißheit« dar und verkörpert somit die allgemeine Eigenschaft »weiß« nicht

als Einzelfall. Er ist schlicht und einfach »weiß«, statt – wie üblich – grau zu sein. Gleichwohl können Einzeldinge bestimmte *Ausprägungen* des gleichen Merkmals *verkörpern*. Wenn es eine der Lichtdefinition gleichrangige Definition des Artmerkmals »Esel« gäbe, ist klar: Brunellus *ist* nun einmal ein »Esel« im Sinne der Definition. Das Exemplar *verkörpert* so die Art! (Sekundäre Substanz!).

32 Zu den einschneidenden Unterschieden gehört zweifellos der, daß Aristoteles glaubte, mit den sekundären Substanzen unabdingbare Artmerkmale wirklicher Dinge (essentielle Eigenschaften) angeben zu können.

33 »Anschauung« wäre in diesem Falle aber als *aktive* und ihrer selbst *bewußte* Anordnung der Einbildungskraft-Synthesen zu lesen. Die zweite, durchaus auch nicht unpassende Lesart wäre: *Gibt* der Synthesis verschiedene Vorstellungen in der reine Anschauung, die durch Einbildungskraft zustande kommt, *bewußte* Einheit.

34 »Denn da nur vermittelst solcher reinen Formen der Sinnlichkeit uns ein Gegenstand erscheinen, d.i. ein Objekt der empirischen Anschauung sein kann, so sind Raum und Zeit reine Anschauungen, welche die Bedingungen der Möglichkeit der Gegenstände als Erscheinungen a priori enthalten, und die Synthesis in denselben hat objektive Gültigkeit.« (II 129/A 89; B 121 f.)

35 »Denn das empirische Bewußtsein, welches verschiedenen Vorstellungen begleitet, ist an sich zerstreut und ohne Beziehung auf die Identität des Subjekts« (II 137/B 139).

36 Hier ist der Akzent offensichtlich etwas anders gesetzt als bei »Synthesis durch Einbildungskraft«! Ob in diesem Falle Widersprüche bei Kant auftauchen, mag offenbleiben.

37 »Systeme« sind zunächst ganz schlicht gegen andere Systeme, oder ganz allgemein »die Umwelt« abgrenzbare Mengen von *Elementen,* zwischen denen bestimmte *Beziehungen* bestehen, wobei allerdings die »Systemtheorie notwendigerweise System-Umwelttheorie sein muß; denn die Funktion der Systembildung, der Sinn von Systemen, läßt sich nur rekonstruieren, wenn der Bezugspunkt der Analyse außerhalb des Systems selbst liegt, in der Relation zwischen System und Umwelt« (Willke 1982, S. 4). Und worin wurzelt nun der Sinn von Systemen als umweltbezogenen und gegen Umwelt abgegrenzten Beziehungsgefügen zwischen Elementen? Im Falle der sozialen Systeme, deren Elemente nach dieser Auffassung nicht die Individuen als primäre Substanzen, sondern deren einzelne Akte sind(!), sei er darin zu sehen, »daß ausgegrenzte Bereiche geschaffen werden, die es ermöglichen, die die menschliche Aufnahmekapazität überwältigende Komplexität der Welt in spezifischer Weise zu erfassen und zu verarbeiten« (ebd.). Die Welt steckt nicht nur voller Merkwürdig-, sondern auch voll unendlicher Möglichkeiten. Mit dieser Überfülle des Welt-

geschehens werden wir dadurch fertig, daß wir *bestimmte* Beziehungen Ordnungen, zwischen Elementen aus- und gegen andere abgrenzen, um sie auf Dauer zu stellen. »Organisation« ist also für Systemtheoretiker das Grundmuster für das Fertigwerden mit der unendlichen Komplexität des Weltgeschehens.

38 »Wenn diese Notwendigkeit der Selbstimplifikation universell gilt, gilt sie auch für selbstreferentielle Verhältnisse. In selbstreferentiellen Systemen impliziert Selbstimplifikation sich selbst; sie läßt sich erfassen, bewußt machen, auf Begriffe bringen – aber nur durch noch stärkere Selbstimplifikation.« (Basistext b, S. 236)

39 »Stelle ich mir z. B. ein Dreieck vor, so sehe ich nicht nur, daß dies eine von drei Linien eingeschlossene Figur ist, vielmehr schaut zugleich auch mein geistiges Auge jene drei Linien an, als ständen sie vor mir, und dies nenne ich bildlich vorstellen.« (Descartes 1641, S. 92)

40 »Der Begriff der Größe sucht in eben der Wissenschaft seine Haltung und Sinn in der Zeit, diese aber an den Figuren, den Korallen des Rechenbretts, oder den Strichen und Punkten, die vor Augen gestellt werden.« (II 270/ A 240; B 299)

41 An dieser Stelle führt Kant sein berühmtes Argument ein, daß die Anwendung von Regeln nicht ihrerseits nach absolut strengen Regeln geschehen kann, für deren Anwendung es wiederum strenger Regeln bedürfte usf. ad infinitum. Irgendwann kommt es auf Urteilskraft und Mutterwitz an!

42 Zur Ansicht, das Kausalprinzip sei kein synthetisch-apriorischer Satz, s. W. Stegmüller: »Das Problem der Kausalität« in ders.: 1970): »Das Kausalprinzip lautet in unserer Fassung: ›Zu *jedem* Ereignis *gibt es* eine adäquate Erklärung‹. In der ursprünglichen Fassung wurde es so formuliert: ›Zu *jedem* Ereignis *gibt es* eine Ursache‹. Es handelt sich um eine kombinierte All- und Existenzaussage. Und da bekanntlich Allsätze nicht verifizierbar und Existenzsätze nich falsifizierbar sind, so kann das allgemeine Kausalprinzip weder das eine noch das andere sein... Dieses Moment rückt das Kausalprinzip in eine Nähe zu den logischen Tautologien und ist vielleicht dafür verantwortlich zu machen, daß dieses Prinzip häufig als ein a priori gültiger Satz angesehen wurde.« (S. 18) Als Tautologie wäre es super-analytisch.

43 Kategorien machen ja Synthesis *bewußt!*

44 Auf Naturerkenntnis und ihre Möglichkeit bezogene Sätze!

45 An dieser Stelle wäre die begleitende Lektüre der §§ 18–22 der »Prolegomena« zu empfehlen, in denen Kant seine bekannte Unterscheidung von »Wahrnehmungsurteilen« und »Erfahrungsurteilen« einführt (III 163/ A 77 ff.).

46 Seine Fabel dient der Beantwortung der Frage, wie man sich eine in der Zeit beharrende Substanz vorzustellen habe. Was ist das sich Durchhal-

tende, das Wachs immer noch Wachs sein läßt, obwohl es in der Hitze geschmolzen ist?

47 Diese Stadien in der Entwicklung der platonischen Ideenlehre werden im allgemeinen an drei zeitlich geordneten Gruppen seiner Werke festgemacht: a) die frühen Dialoge: *Apologie, Kriton, Laches, Lysis, Charmides, Euthyphron, Hippias I + II, Protagoras, Gorgias, Ion.* Dann die mittleren Dialoge: *Menon, Phaidon, Politeia, Symposion, Phaidros, Euthydemos, Menexenos, Kratylos.* Die späten Dialoge: *Parmenides, Theaitet, Sophistes, Politicos, Timaios, Kritias, Philebos* und der Text *Nomoi (Die Gesetze).*

48 »Wann also trifft die Seele die Wahrheit? Denn wenn sie mit dem Leib versucht, etwas zu betrachten, dann offenbar wird sie von diesem hintergangen – Richtig. – Wird also nicht in dem Denken, wenn irgendwo, ihr etwas von dem Seienden offenbar? – Ja. – Und sie denkt offenbar am besten, wenn nichts von diesem sie trübt, weder Gehör noch Gesicht, noch Schmerz und Lust, sondern sie am meisten ganz für sich ist, den Leib gehen läßt und soviel irgend möglich ohne Gemeinschaft und Verkehr mit dem Seienden nachgeht. – So ist es.« (*Phaidon,* Rowohlts Klassiker 27, S. 17–22)

49 Gemeint ist Parmenides von Elea (Hauptwerke ca. 480 v.Chr.), der als Begründer der Ontologie gilt: »Wo ich auch anfange, gemeinsame Grundlage (meiner gesamten Darlegung) ist und bleibt das Seiende; denn darauf werde ich immer wieder zurückkommen.« (Capelle 1953, S. 164)

50 »Im Blickfeld der aristotelischen Philosophie liegen die Naturprozesse, nicht wie bei Platon das Sein.« (Düring 1966, S. 200)

51 Lloyd betont: »... während Substanz in einer Hinsicht auf den individuellen Komplex von Form und Stoff angewendet wird, wird es in einer anderen nur in Bezug auf Form alleine gebraucht.« (1968, S. 131) Dem entspricht unsere Unterscheidung von ›ousia$_1$« und »ousia$_2$«. Düring hebt hervor: »Sein Leben lang war Aristoteles der Ansicht, daß das individuelle existierende Einzelding das einzige ist, was wirklich Existenz hat, d.h. in seiner Sprache ausgedrückt, das primär eine ousia ist.« (1966, S. 102)

52 »Entelechie« setzt sich aus ›telos‹ = Ziel und Zweck sowie » echein« = haben zusammen.

53 »Wie etwas also wirkt, so ist seine Natur, und wie seine Natur ist, so wirkt es, wenn nicht etwas dazwischen kommt.« (*Physik* S. 80/199a 30) Den Zustand eines Exemplars abweichend von oder unterhalb der ausgebildeten Form nennt Aristoteles »STERESIS« (lat. privation). Das Ding hat seine Wesensbestimmung nicht erreicht oder verfehlt.

54 »Natura« hat in diesem Falle die Bedeutung von »Wesensbestimmung.«

55 Als Beispiel für einen neuzeitlichen Versuch, eine Begründungslogik zu entwickeln, s.S. E. Toulmin: *Der Gebrauch von Argumenten*, Kronberg 1975

56 Vgl. auch: Die Dialektik »befaßt sich mit der Auffindung eines für die Entscheidung einer gestellten Frage geeigneten ›topos‹ und mit der Schlußfolgerung aus diesem« (*Histor. Wörterbuch d. Philosophie,* Stichwort »Dialektik«).

57 Sehr grob ließe sich dieser erweiterte Bedeutungshorizont im Ausgang von folgender Einteilung abstecken: (1) *Unterschied.* Das betrifft simple Merkmalsdifferenzen von Exemplaren der einen oder verschiedener Gattungen und Arten. Diese Rose ist rot, jene ist weiß. Sie unterscheiden sich in ihren Farben. Von »Widerspruch« kann so nicht die Rede sein (Hegel: »Einfache Unterschiede«). (2) Es gibt natürlich unterschiedliche Merkmale, die einander *ausschließen.* ›Blumen sind entweder wohlriechend oder nicht wohlriechend‹. Der syntaktischen *Form* nach handelt es sich hier um einen *strikten Gegensatz,* dem Inhalt nach nicht. Denn es gibt ja durchaus noch *geruchlose* Blumen. Das heißt: Es gibt mindestens ein drittes Beispiel (Tertium) zwischen den beiden Extremen. (3) »Der Widerspruch« ist strikter Gegensatz (Kontradiktion) Begriffe oder Sätze sind dann so verfaßt, daß kein »Drittes« dazwischen gedacht werden kann. »Die Rose ist gelb oder nicht gelb«. Dieses Merkmal wäre bei dialektischen Argumentationsfiguren festzuhalten und trotzdem wären Sätze wie ›Dieser Junggeselle ist verheiratet‹, »Brunellus, der Esel, ist ein Vogel« abzuweisen.

58 Der Chiasmus stellt eine der rhetorischen Grundfiguren aus der aristotelischen Lehre von der Rhetorik dar.

59 Ich schlage vor, den kantischen Begriff der »Bedingung«, soweit er allgemein verwendet wird, mit »Ursache für« und »Grund für« zugleich zu übersetzen.

60 Die Paralogismen Kants enthalten wesentliche Motive seiner Descartes-Kritik.

61 An dieser Stelle liegt der Aufhänger für die Anwendung der Kategorie »Substanz«; denn ihr Schema ist Beharren in der Zeit! Parallel dazu stellen wir uns unsere Identität als etwas Dauerhaftes in der Zeit, als unseren unveränderlichen Wesenskern vor.

62 »Subjekt von Erfahrungen« soll wohl heißen: Der Immergleiche, der so seine Erfahrungen hat oder macht.

63 Vgl. die eigentümlich nach Fichte klingende Formulierung von. R. Chiskolm (1981, S. 1): »Ich werde die Ansicht vertreten, die primäre Form aller Referenz sei die Referenz auf uns selbst, die wir normalerweise ausdrücken, wenn wir das Pronomen der 1. Person benutzen.«

64 Dahinter steht die mittelalterliche Lehre von den Wirklichkeitsgraden, die noch bei Descartes eine Rolle spielt.

65 Das spielt auf Descartes' Formulierung des Ich als ›res cogitans‹ an.

66 Dem entsprechen Verstandesgrundsätze und Vernunftprinzipien.

67 Es handelt sich dabei um die Verlautbarung des Vertreters eines Bauxit-Konzerns, der in Australien auf dem Gebiet der Ureinwohner schürft.

Literaturverzeichnis

AG Soziologie: *Denkweisen und Grundbegriffe der Soziologie,* Frankfurt/Main 1978 (⁵1983).

Apel, Böhler, Berlich, Plumpe: *Praktische Philosophie/Ethik - Aktuelle Materialien. Reader zum Funkkolleg,* Band 1, Frankfurt/Main 1980.

Apel, K.O.: *Transformation der Philosophie,* 2 Bände, Frankfurt/Main 1973.

Aristoteles: *Nikomachische Ethik,* (Ed. Dirlmeier), Frankfurt/Main 1957.

- *Kategorien. Lehre vom Satz (Organon I/II),* Hamburg 1958.

- *Metaphysik-Schriften zur Ersten Philosophie,* (Ed. F. Schwarz), Stuttgart 1970.

- *Physik,* (Ed. o. Gigon), Zürich 1962.

Barth, K.: *Fides quaerens intellectum - Anselms Beweis der Existenz Gottes im Zusammenhang seines theologischen Programms,* Zollikon 1958.

Becker, O.: *Grundlagen der Mathematik,* Frankfurt/Main 1975.

Bennett, J.: *Kant's Analytic,* London 1966.

-: *Kant's Dialectic,* London 1974.

Bergmann, W.: *Die Zeitstrukturen sozialer Systeme - Eine systemtheoretische Analyse,* Berlin 1981.

Bieri, P.: (Hrsg.): *Analytische Philosophie des Geistes,* Königstein/Ts. 1981.

Bieri, P.: *Zeit und Zeiterfahrung - Exposition eines Problemberichts,* Frankfurt/Main 1972.

Bornscheuer: *Topik - Zur Struktur der gesellschaftlichen Einbildungskraft,* Frankfurt/Main 1976.

Brand, B.: *Die grundlegenden Texte von Ludwig Wittgenstein,* Frankfurt/Main 1975.

Broad, C.D. › *Kant‹ - An Introduction,* (Ed. Levy), London 1978.

Bubner, R.: *Handlung, Sprache und Vernunft - Grundbegriffe praktischer Philosophie,* Frankfurt/Main 1976.

Bubner/Cramer, Wiehl (Hg.): *Neue Hefte für Philosophie: Zur Zukunft der Transzendentalphilosophie,* Heft 14, 1978.

v. Campenhausen, H.: *Griechische Kirchenväter* Stuttgart 1960.

- *Lateinische Kirchenväter,* Stuttgart 1960.

Capelle, W.: *Die Vorsokratiker - Fragmente, Quellen, Berichte,* Stuttgart 1953.

Chisholm, R.: *The first Person - An Essay on Reference and Intentionality,* London 1981.

Cohen, R/Nagel E.: *An Introduction to Logic,* New York 1962.

Daniel, C.: *Theorien der Subjektivität,* Frankfurt/Main 1981.

- *Hegel verstehen - Einführung in sein Denken,* Frankfurt/Main 1983.

Descartes, R.: *Abhandlung über die Methode des richtigen Vernunftgebrauchs (1637),* Stuttgart 1961.

- *Meditationen über die Erste Philosophie (1641),* Stuttgart 1971.

De Vries, I.: *Grundbegriffe der Scholastik,* Darmstadt 1980.

Düring, I.: *Aristoteles - Darstellung und Interpretation seines Denkens,* Heidelberg 1966.

Duerr, H.P.: *Der Wissenschaftler und das Irrationale,* 2 Bde., Frankfurt/Main 1981.

Fichte, J.G.: *Erste und zweite Einleitung in die Wissenschaftslehre,* Hamburg 1961.

- *Ausgewählte Werke* (Ed. F. Medicus), Darmstadt 1962.

Frege, G.: *Kleine Schriften* (Ed. Angelelli), Hildesheim 1967.

- *Schriften zur Logik und Sprachphilosophie - Aus dem Nachlaß,* Hamburg 1978.

- *Funktion, Begriff, Bedeutung - Fünf logische Studien,* Göttingen[5]1980.

Freud, S.: *Abriß der Psychoanalyse - Das Unbehagen in der Kultur,* Frankfurt/Main 1958 ff.

Furth, H.G.: *Intelligenz und Erkennen - Die Grundlagen der genetischen Erkenntnistheorie Piagets,* Frankfurt/Main 1972.

Goehler, G.: *Die Reduktion der Dialektik durch Marx,* Stuttgart 1980.

Grabmann, M.: *Die Geschichte der scholastischen Methode,* 2 Bände, Berlin 1956.

- *Thomas von Aquin - Persönlichkeit und Gedankenwelt. Ein Einführung.* München 1949.

Guthrie, W.K.C.: *Die griechischen Philosophen von Thales bis Aristoteles,* Göttingen 1963.

- *A History of Greek Philosophy,* 4 Bände, Cambridge 1969.

Haack, S.: *Philosophy of Logics,* Cambridge 1978.

Habermas, J.: *Technik und Wissenschaft als ›Ideologie‹,* Frankfurt/Main 1968.

Hacker, P.M.S.: *Events and Objects in Space and Time,* MIND 361, 1982, S. 1-19.

Hegel, G.W.F.: *Frühe politische Systeme,* (ed. Goehler), Frankfurt/Main - Berlin - Wien 1974.

- *Enzyklopädie der philosophischen Wissenschaften /*1830), Hamburg 1959.

Hegselmann, R.: *Normativität und Rationalität - Zum Problem praktischer*

Vernunft in der Analytischen Philosophie, Frankfurt/Main 1979.

Horkheimer, M./Adorno, Th.W.: *Sociologica II - Reden und Vorträge,* Frankfurt/Main 1962.

Hume, D.: *Eine Untersuchung über den menschlichen Verstand,* Hamburg 1955.

Husserl, E.: *Die Krisis der europäischen Wissenschaften und die transzendentale Phänomenologie,* den Haag 1976.

Jaeger, W.: *Aristoteles - Grundlegung einer Geschichte seiner Entwicklung,* Berlin 1955.

Kambartel, F.: *Erfahrung und Struktur - Bausteine zu einer Kritik des Empirismus und Formalismus,* Frankfurt/Main 1968.

Kohlberg, L.: *Zur kognitiven Entwicklung des Kindes,* Frankfurt/Main 1974.

Kojève, A.: *Hegel,* Frankfurt/Main 1975.

Krings,H./ Wild, Ch.: *Handbuch philosophischer Grundbegriffe,* München 1974.

Kroner, R.: *Von Kant bis Hegel,* Tübingen [2]1961.

Kuhn, Th. S.: *Die Struktur wissenschaftlicher Revolutionen,* Frankfurt/Main 1967,

Leibniz, G.W.: *Die Hauptwerke* (ed. G. Krüger), Stuttgart 1958.

Leinfellner, W.: *Einführung in die Erkenntnis- und Wissenschaftstheorie,* Mannheim/Wien/Zürich 1980.

Loux, J. (Hg.): *Ockham's Theory of Terms, Part I of the Summa Logicae,* Notre Dame Indiana, 1974.

Lloyd, G.E.R.: *Aristotle: The Growth and Structure of his Thought,* Cambridge 1968.

Luhmann, N.: *Soziologische Aufklärung,* Köln und Opladen 1970.

Luhmann, N./Schorr, K.E.: *Zwischen Technologie und Selbstreferenz? Fragen an die Pädagogik,* Frankfurt/Main 1982.

Marquard/Stierle (Hg.): *Identität,* München 1979.

Marx, K.: *Zur Kritik der Politischen Ökonomie,* Berlin (Ost) 1974.

Marx, K./Engels, F.: *Ausgewählte Werke,* Bd. I/II, Berlin (Ost) 1952.

Meggle, G.: *Analytische Handlungstheorie, Bd. 1: Handlungsbeschreibungen,* Frankfurt/Main 1977.

Mehan/Wood: *Die Realität der Ethnomethodologie,* New York 1975.

Mehrtes, H.: *Vom Geist des Widerspruchs,* in: Wechselwirkung Nr. 15, Nov. 82, S. 6-12.

Mittelstraß, J.: *Neuzeit und Aufklärung - Studien zur Entstehung der neuzeitlichen Wissenschaft und Philosophie,* Berlin/New York 1970.

Moody, E.A.: *Studies in Medieval Philosophy, Science and Logic,* Berkeley/Los Angeles 1975.

Oelmüller, W.: *Transzendentalphilosophische Normenbegründungen,* Paderborn 1978.

- *Normenbegründung, Normendurchsetzung,* Paderborn 1978.
Piaget, J.: *Die Bildung des Zeitbegriffs beim Kinde,* Frankfurt/Main 1974.
Pieper, J.: *Scholastik. Gestalten und Problem der mittelalterlichen Philosophie,* München 1960.
Platon, : *Sämtliche Werke* (Ed. Grassi, Hess), Reinbek b. Hamburg 1957.
Prauss, G. (Hg.): *Kant - Zur Deutung seiner Theorie von Erkennen und Handeln,* Köln 1973.
Putnam, H.: *Philosophy of Logics,* London 1971.
Quine, W.v.O.: *From a logical point of view,* New York 1953.
- *Grundzüge der Logik,* Frankfurt/Main 1974.
Ritsert, J.: *Hegelsche Argumentationsfiguren und Marxsche Darstellungsweise - Fragmente einer Diskursanalyse des ›Kapital‹. Beitrag für »Paradigma«,* Nr. 2 (Ed. G. Semerari), Bari 1983.
- *Anerkennung, Selbst und Gesellschaft - Zur gesellschaftlichen Konstitution von Subjektivität in Hegels ›Jenaer Realphilosophie‹,* Soziale Welt 32 1981, S. 275.
- *Die gesellschaftliche Basis des Selbst. Entwurf einer Argumentationslinie im Anschluß an Mead,* in: Soziale Welt 31, 1980, Heft 3, S. 288-310.
Röttges, H.: *Dialektik als Grund der Kritik. Grundlegung einer Neuinterpretation der Kritik der reinen Vernunft durch den Nachweis der Dialektik von Bedeutung und Gebrauch als Voraussetzung der Analytik,* Königstein/Ts. 1981.
Rorty, R. *Der Spiegel der Natur - Eine Kritik der Philosophie,* Frankfurt/Main 1981.
Simmel, G.: *Soziologie - Untersuchungen über die Formen der Vergesellschaftung,* Berlin 1958.
Sohn-Rethel, A.: *Warenform und Denkform - Aufsätze,* Frankfurt/Main 1971.
Schütz, A.: *Gesammelte Aufsätze,* (3 Bände) The Hague 1971.
Strawson, P.F.: *The Bounds of Sense - An Essay on Kant's Critique of Pure Reason,* London 1966.
Stegmüller, W.: *Aufsätze zur Wissenschaftstheorie,* Darmstadt 1970.
Strombach, W.: *Die Gesetze unseres Denkens - Eine Einführung in die Logik,* München 1970.
Teichner, W.: *Kants Transzendentalphilosophie - Grundriß,* München 1978.
Thomas, v. Aquin: *Über das Sein und das Wesen* (De Ente et Essentia), Darmstadt 1980.
- *Summa Theologiae,* London 1963.
Topitsch, E. (Hg.): *Logik der Sozialwissenschaften,* Köln/Berlin 1965.
Toulmin, S.E.: *Der Gebrauch von Argumenten,* Kronberg 1975.
Tugendhat, E.: *Selbstbewußtsein und Selbstbestimmung,* Frankfurt/Main 1979.
Tweedale, M.: *Abailard on Universals,* Amsterdam 1976

Vorländer, K.: *Philosophie des Mittelalters*, Reinbek b. Hamburg 1964.

Waismann, F.: *Einführung in das mathematische Denken*, München 1970.

Weber, M.: *Soziologie - Weltgeschichtliche Analysen - Politik*, Stuttgart 1956.

Willke, H.: *Systemtheorie - Einführung in die Grundprobleme*, Stuttgart/New York 1982.

Wilkerson, T.E.: *Kant's Critique of Pure Reason - A Commentary for Students*, Oxford 1976.

Wimmer, R.: *Universalisierung in der Ethik - Analyse, Kritik und Rekonstruktion ethischer Rationalitätsansprüche*, Frankfurt/Main 1980.

Winch, R.: *Die Idee der Sozialwissenschaft und ihr Verhältnis zur Philosophie*, Frankfurt/Main 1966.

Wittgenstein, L.: *Schriften*, Frankfurt/Main.

Wolff, M.: *Der Begriff des Widerspruchs - Eine Studie zur Dialektik Kants und Hegels*, Königstein/Ts. 1981.

Sachregister

Kursiv gesetzte Ziffern beziehen sich auf die Anmerkungen

Abstraktion 100 f.
Aesthetik 71 f.
- s.a. Transzendentale Ae.
Akkomodation 82
Allgemeinheit d. Erkenntnis 47 f.,
  74
Aktualität 165, 205
Akzidentien 95, 122, 140
Akzidenz 96
Analogien s. unter Erfahrung
Analyse 30, 46, 137
Analytik 140 ff., 175, *30*
Analytisch 53 ff.
Analytische Philosophie 137
Anamnese 38, 40
Anerkennung 20
Anschauung 29, 71 ff., 98, 107,
  132 f, *33*
- äußere A. 77
- Formen d. A. 59, 85, 134, 136
- intellektuelle A. 73, 119, 217
- innere A. 77
- reine A. 99, 132
- Axiome d. A. 149
Ansichsein 94
Anthropologie 17, 224 ff.
Antinomien 191, 198 ff.
- mathematische A. 200
- dynamische A. 200
Antizipation d. Wahrnehmung
  149
Aposteriori 44, 53

Apperzeption 109, 115 f., 118 f.
Apprehension 111
Apriori 25, 39, 44, 47, 51, 53, 63,
  82
Apriorien 61
- soziale A. bei A. Schütz 61 f.
Apriorismus 61
Argumentationsfigur, dialektische
  177
Artes liberales *26*
Assimilation 82
Außenwelt 64
Axiome 27, 135, 156
- A. d. Anschauung 149

Begriff 29 f., 45, 99 f., 101, 107, 142
- empirische B.-e 100, 106
Beobachtungsdaten 54, 71
Beweger, erster 206 f.
Bewußtsein »überhaupt« 112
Brunellus 94 f., 102

Chiasmus 178, *58*
Chorismos 165

Deduktion 50, 101 f., 151
- D. d. reinen Verstandesbegriffe
  105 ff., 117
Diätik 13
Dialektik 71, 89, 171, 201, *56*
- transzendentale D. 170 ff.
- D. bei Marx 179 ff.

Ding an sich 98, 217 ff., 219 f.
Dogmatismus 115 f., 129, 201, 218
Doxa 163

Einbildungskraft 71, 111, 143, 185,
    33
Einheit 110 f.
-   absolute E. 214
Empfindung 71, 73, 110 f., 221
Empirismus 42, 51, 54, 80, 84, 201
Empirisch 73, 98 f.
Empirizismus 54 f.
Entelechie 166, 52
Episteme 12, 163
Erfahrung 41, 64, 72, 77, 139, 216
-   sinnliche 42, 71, 78
-   Empeiria 71
-   Bedingungen d. Möglichkeit d.
    E. 59, 116
-   Analogien d. E. 145, 149
Erkennen 83 f., 98
Erkenntnisvermögen 21, 31, 44, 54,
    59, 69, 97 f., 169
Erläuterungsurteil s. Urteil, analyti-
    sches
Erscheinung 71, 77, 99, 108, 135,
    149, 163, 216 f., 220
Erweiterungsurteil s. Urteil, syn-
    thetisches
Explikation 50

Fakultätenpsychologie 31 f., 59, 77
Form 37 f., 74, 92, 160, 164, 174,
    51
-   F. d. Erscheinung 71, 74
-   Formbegriff bei Aristoteles
    167 f.
Freiheit 213 ff., 219
Funktion 100 f.

Gegenstand 72, 81, 106, 111, 149,
    216, 219

-   s.a. Objekt
Genus 94 f.
Geometrie 38, 41, 49, 89, 131, 134
Gesetz 18 f., 21
-   Naturgesetz 155, 220
Glaube 202 ff., 218
Gott 90, 208 ff., 213 ff.
-   Gottesbeweise 202 ff., 210 f.
Grammatik 89
Grundsätze 142 ff., 151, 175
-   transzendentale G. 173

Höhlengleichnis 161 f.

Ich 31, 80 f., 109 ff., 113, 115 ff,
    125, 152, 175, 195, 197
-   Vorstellung d. »Ich denke« 109,
    112, 194
-   Nicht-Ich 154, 175
Ideale d. reinen Vernunft 191,
    208 ff.
Idealisierung 66 f.
Idealismus
-   transzendentaler I. 74, 117
Ideen 37 ff., 49, 168, 174 ff., 182,
    186, 214, 222
-   I. bei Platon 159 ff, 46
Identifikation 153, 198
Identität 110, 116, 125 ff., 128 f.,
    193, 195, 197
-   Ich-I. 115 f.
Imperativ 14, 3
-   hypothetischer I. 15 f., 224
-   kategorischer I. 18 – 21
-   I. d. Geschicklichkeit 16
Individualität 120, 122

Kategorien 59, 83 ff., 101, 105 f.,
    110, 112, 133, 136, 142, 148 ff.,
    175, 189, 43
-   K. bei Aristoteles 92 ff., 97
Kausalität 41 ff., 107, 125, 144, 146,

149, 155, 207, 210 f., 219, 221,
  42
- K. aus Freiheit 200, 216
Klugheit 13 ff., 18, *2*
Kognitive Entwicklung 80 f., 84
Kompetenz 83, 198
Komplexität 126 f., *37*
Konstitution 63, 65, 114, *18*
Konstruktion, ideelle 26, 37 f.
Kontingenz 48, 51, 108, 147
Kopernikanische Wende 29 f., 81,
  115
Korrespondenzregeln 138
Kosmologie 190

Lebenswelt 61 f., *17, 19*
Logik 23 ff., 45 ff., 51, 138, 183,
  188, 223
- logica vetus 91 f., 96
- logica nova *30*
- transzendentale L. 101
- L. des Scheins 173, 182, 191,
  201

Maxime 14 f., 19
Materie 74, 217, 220
- M. d. Empfindung 71, 74, 111
Mathematik 24 f., 41, 49, 51, 89,
  130, 135 ff., 143
Maturationismus 80
Metaphysik 28 f., 170, *7*
Methode 22 f.
Moralisches Handeln 17 f.

Nativismus 80, 84
Natur 220
Naturwissenschaft 25, 27 f., 131,
  155
Notwendigkeit 47 f., 74, 109, 115,
  125, 132, 147, 173
Noumenon 99, 217, 221
Nous 12

Objekt 98
- O.-konstitution 81, 97, 114
  s.a. Gegenstand
Objektgebrauch 122
Operator 138
Organisation *37*
Organon 92, 140

Paradigmata 209, 218
Paralogismen 191 ff., *60*
Patristik 90
Person 123
Phänomen s. Erscheinung
Phainomenona 99, 114, 217 f., 221
Phronesis 12 f.
Physik 25, 28, 155
Poiesis 13
Postprädikament 93
Potentialität 165, 205
Prädikabilien 95 f.
Praktische Philosophie 17, 21
Praxis 13
Proprium 96
Psychoanalyse 30 f.
Psychologie 190

Quadrivium 89
Qualität 92, 100
Quantität 92, 100, 145

Rationalität 11, 124, 224
- wissenschaftl. R. 22, 27, 33
  (s.a. Zweckrationalität, Ver-
  nunft)
Raum 69 ff., 75 f., 85, 133 f., 148,
  152, 193, 227
Reduktionismus 55
Reduktion v. Komplexität 126 f.
Reflexion 121, 124
Regel 83, 177
Regulative Prinzipien 187, 214
Relativismus 225

Relativitätstheorie 201
Res cogitans 192, *65*
Rezeptivität 71 ff., 97, 170
Rhetorik 89, 171

Schein
- dialektischer S. 191 ff., 201
- transzendentaler S. 187
  s.a. Logik des Scheins
Schemata, transzendentale 145 ff.,
  148
Schlußlehre (Argumentationslogik)
  24, 50 f., 183 f., 188
Scholastik 91, 202 ff.
Seele 39, 193
Selbst 113, 194
Selbstbewußtsein 110 f., 118, 125,
  152, 154, 194
Selbstbezüglichkeit
  s. Selbstreferenz, personale
Selbstgesetzgebung d. Vernunft 21,
  28, 60, 118
Selbstreferenz, personale 121,
  124 ff., 194
Sich-selbst-Denken 205 f.
Sinne 31 f., 76 f.
- äußerer u. innerer S. 75 f., 78,
  107
Sinnlichkeit 70 ff., 77, 98, 107, 133,
  143, 146, 169
Sittenlehre 218
Sophia 12
Sozialität 126
Soziologie 56 - 68, 123 - 129, 226
Species 94
Spontaneität 82, 98, 110, 118, 120
Sprache 54, 137, 140, 222, 227
Steresis 53
Stoff 94, 167 f., *51*
Struktur 81 f.
- kognitive S. 83
Subjektgebrauch 122

Substanz 92 f., 147, 151 ff., 192, *51,
  60*
- primäre S.-en 94 f., 108, 122,
  165
- sekundäre S.-en 94 f., 140, *31,
  32*
Substratum 168
Synonymität 56 f.
Synthesis 83, 100 ff., 108, 111 f.,
  115, 129, 132, 150, *33*
Synthetisch 53 ff.
System 126, *37*
Systemtheorie 124 ff.

Tathandlung 100, 118 f., 195, 197
Tatsachenaussage 49 ff.
Techné 12 f.
Technik 12
Theologie 190, 201
Theorem 135
Theoretische Philosophie 21, 22 -
  33
Theorie
- axiomatisch-deduktive *27*
Topos 172
Totalität 184, 186, 199, 215
- Bedingungstotalität 187, 211,
  213
- extensive u. intensive T. 200
Transzendental 56 f., 60, 173
Transzendentale Aesthetik 70 f.,
  193
Transzendentale Analytik 70, 84
Transzendentale Dialektik 71
Transzendentalphilosophie 57
Trivium 89
Tugend 12 f., 159
Typen 64 f.
Typisierung 64 f.

Unbedingte, das 185, 187 f., 213 f.
Universalismus 226

Unsterblichkeit 213 ff
Urteil 44 ff., 52, 102, 144
- analytisches U. 46, 49, 51, 156
- aposteriorisches U. 48, 51, 156
- apriorisches U. 48, 50, 144
- synthetisches U. 46 f., 49, 51 f.,
  58 f., 130 ff., 155
Urteilskraft 70, 143

Vernunft 11, 31, 95, 119 f., 143,
  169
- instrumentelle 12 f.
- praktische 11, 14, 18 ff.
- Ideen d. reinen V. 186, 214 ff.
- Vernunftprinzipien 170, 190 ff.
- Vernunftschluß 183
- technische 12 f.
- theoretische 25, 28, 32
- Stammbegriffe d. reinen V.
  97 ff., 106, 114, 144
- Vernunfteinheit 213 f.
Verstand 31, 52, 59, 70, 98, 101,
  106 f., 115, 143, 169
- Verstandesbegriffe s. Kategorien
- reine Verstandesbegriffe 100 ff.,
  105 ff.

- Verstandesschluß 183
Vorstellung 49 f., 73, 97, 153
- Einheit v. V. 108 f.
- reine V. 133

Wahrheit
- Tatsachenwahrheit 49, 53
- Vernunftwahrheit 49
- logische W. 55 f.
Wahrnehmung 149, 154
Wesen 93, 165
Widerspruch 45 f., 51, 179
- Satz v. W. 47 f., 177
- Selbstwidersprüchlichkeit 55 f.
  s.a. Antinomien
Wille 14, 18
- autonomer u. heteronomer W.
  18, 21
Wissenschaft 27

Zahl 25, 130
Zeit 69 ff., 75 ff., 81, 84 f., 107,
  133, 147 ff., 152, 193, 227
- objektive Z. 78
Zweckrationalität 16, 224

Personenregister

Kursiv gesetzte Ziffern beziehen sich auf die Anmerkungen

Anselm v. Canterbury 202 ff., 209
Apel, K.O. 17, 58
Aristoteles 12 f., 71, 91 ff., 97, 102,
    142, 144, 165 –168, 177 f., 204 –
    208, 209, *7, 30*
Augustinus 90
Averroes 92

Barth, K. 203
Becker, O. 33
Bennett, J. 9, 104, 175, *24*
Bergmann, W. 70
Bieri, P. 71, 79, 121
Boethius 91 f., 93
Bornscheuer 171 f.
Brand, B. 122
Broad, C.D. 9, 73, 101, 103, 132,
    135, 147, 149
Bubner, R. 13

Chiskolm, R. *63*
Cohen, R. 47, 51

Daniel, C. 104, 124, 177, *25*
Descartes, R. 22, 26, 28, 111, 118,
    134, 153, 159, 192, 209, 211, *39,
    64, 65*
Dionysius Areopagita 90, *27*
Dreier, Ted 227
Düring, I. *50*
Duerr, H.P. 223

Ebbinghaus 136
Euklid 27

Feyerabend, P. 224
Fichte, J.G. 114, 116 – 122, 129,
    175, 197, 205, 221 f., *63*
Foucault, M. 223
Frege, G. 23, 25, *6*
Freud, Sigmund 30
Furth, Hans G. 79

Gaunilo 204
Goehler 178 ff.
Grabmann, M. 206
Guthrie 38, 166 f.

Haack, S. 55, 223
Habermas, J. 61
Hacker, P.M.S. 75, 153
Hanson, F.A. 225 ff.
Hegel, G.W.F. 20, 105, 114, 175,
    201, 205, 220, *25*
Hegselmann, R. 17
Henrich, D. 118
Hollis, M. 226
Horkheimer, M. 12
Hume, David 40 ff., 48 ff., 51 ff.,
    65, 108, 132, 146 f., 194
Husserl, E. 61 ff., *16, 17, 19*

Inhelder, B. 79

Kambartel, F. 54
Kohlberg, L. 81 f., 85
Kojève, A. 180
Kopernikus 29
Krings, H. 60
Kuhn, Th.R. 223

Leibniz, G.W. 49, 69
Leinfellner, W. 54
Lloyd, G.E.R. 12, 94, *51*
Luhmann, N. 124 – 129

Marx, K. 178 ff.
Mc Taggart 70, 78
Mead, G.H. *20*
Mehan, J. 223
Mehrtes, H. 136
Mittelstraß, J. 26 f.
Moody, E.A. 137

Nagel, E. 47, 51
Nestor 91
Newton 69, 155

Ockham, W. 41, *10*
Oelmüller, W. 17

Parmenides *49*
Petrus Lombardus 90
Piaget, J. 79 ff.
Pieper, J. 91
Platon 39 ff., 91, 159 – 164, 165, 174, *47, 48*
Popper, K. 138 ff., 180
Porphyrius 92, 96

Putnam, H. 25
Pythagoras 40

Quine, W.v.O. 24 f., 53 – 57

Ritsert, J. *20*
Rorty, R. 32, 121
Russell, B. 23

Schorr, K.E. 124 –129
Schütz, A. 61 –66, *16*
Simmel, G. *15*
Sohn-Rethel, A. 61
Sokrates 38 ff., 159 – 164, 170
Stegmüller, W. *42*
Strawson, P.F. 9, 75, 105, 138, 151, 195 ff.

Teichner, W. 9
Thales v. Milet 26 f.
Thomas v. Aquin 92, 206 f., 209
Toulmin, S.E. *55*
Tugendhat, E. 124
Tweedale, M. *31*

Weber, Max 16
Whorf, L. 223, 227
Wild, Ch. 60
Wilkerson 9, 69, 103, 105, 108 f., 116, 153 ff., 194, 202
Willke, H. *37*
Wittgenstein, L. 23, 41, 121 ff., 223
Witherspoon, G. 226
Wood, H. 223

Bücher der Reihe Campus Studium

V.M. Bader, J. Berger H. Ganßmann, J.v.d. Knesebeck
Einführung in die Gesellschaftstheorie
Gesellschaft, Wirtschaft und Staat bei Marx und Weber
Einbändige Sonderausgabe
3. Auflage 1983. 517 S., ISBN 3-593-32813-5

Claus Daniel
Hegel verstehen
Eine Einführung in sein Denken
1982. 248 S., ISBN 3-593-32552-7

Claus Daniel
Theorien der Subjektivität
Einführung in die Soziologie des Individuums
1981. 252 S., ISBN 3-593-32547-0

Peter Franz
Soziologie der räumlichen Mobilität
Eine Einführung
1983. 228 S., ISBN 3-593-32556-X

Axel Honneth, Hans Joas
Soziales Handeln und menschliche Natur
Anthropologische Grundlagen der Sozialwissenschaften
1980. 172 S., ISBN 3-593-32545-4

Urs Jaeggi, Manfred Faßler
Kopf und Hand
Das Verhältnis von Gesellschaft und Bewußtsein. Eine Einführung
1982. 192 S., ISBN 3-593-32551-9

Wolfgang Littek, Werner Rammert, Günther Wachtler (Hg.)
Einführung in die Arbeits- und Industriesoziologie
2., erweiterte Auflage 1983. 420 S., ISBN 3-593-32548-9

Campus Verlag · Myliusstraße 15 · 6000 Frankfurt/Main